煤炭院校特色应用型本科系列教材

MEITAN YUANXIAO TESE YINGYONGXING BENKE XILIE JIAOCAI

煤炭企业财务管理案例

主　编　姜德伟

副主编　董思思　张保东

中国矿业大学出版社

·徐州·

内 容 简 介

本书结合煤炭行业及企业的特点，融合前沿的财务理论和最新的财务实践，采用煤炭企业最新财务案例，形成有煤炭院校特色的应用型本科财务管理案例教材。本书主要包括煤炭企业财务分析、财务预算、筹资管理、投资管理、营运资金管理、利润分配管理、并购与重组，以及煤炭企业集团财务管理等内容。

本书可作为煤炭院校财务管理专业教材，也可供煤炭行业财务工作者参考。

图书在版编目(CIP)数据

煤炭企业财务管理案例 / 姜德伟主编. — 徐州 ：中国矿业大学出版社，2024. 11. — ISBN 978-7-5646-6280-6

Ⅰ. F426.21

中国国家版本馆 CIP 数据核字第 20242ZJ345 号

书　　名　煤炭企业财务管理案例
主　　编　姜德伟
责任编辑　史凤萍　吴学兵
出版发行　中国矿业大学出版社有限责任公司
（江苏省徐州市解放南路　邮编 221008）
营销热线　(0516)83885370　83884103
出版服务　(0516)83995789　83884920
网　　址　http://www.cumtp.com　**E-mail**:cumtpvip@cumtp.com
印　　刷　江苏淮阴新华印务有限公司
开　　本　787 mm×1092 mm　1/16　**印张** 14.25　**字数** 365 千字
版次印次　2024 年 11 月第 1 版　2024 年 11 月第 1 次印刷
定　　价　45.00 元
（图书出现印装质量问题，本社负责调换）

前　言

高质量、高水平的教材是高等院校提高教学质量和教学水平的根本保证之一，也是高等院校办学质量和办学水平的标志之一。目前财务管理教材理论性强，但实践性弱，同时，现有财务管理教材是通用性教材，没有结合特定行业及企业的特点，迫切需要一本具有实践性、专业性、创新性的案例教材，为此我们结合煤炭行业及企业特点组织编写了这本案例教材。

本书依据高等院校应用型人才培养目标和培养模式的要求，以提高学生的应用能力和实践能力为目标，结合煤炭行业及企业的特点，融合前沿的财务理论和最新的财务实践，采用煤炭企业财务案例，注重实践，将理论与实践相结合，系统介绍和具体说明财务理论和实践。全书共分八章，包括财务分析、财务预算、筹资管理、投资管理、营运资金管理、利润分配管理、并购与重组、集团财务管理，每章均由理论综述与案例分析组成。

本教材由姜德伟任主编，负责制定写作大纲并组织编写。具体分工如下：黑龙江科技大学姜德伟编写第 1 章、第 3 章、第 7 章；黑龙江科技大学董思思编写第 2 章、第 4 章、第 6 章；龙煤控股集团李晓洁、王明富、汤丰瑞、顾东宇、沙倩、罗培斌编写第 5 章；龙煤控股集团张保东、杨立学、李丽、李金龙、高芝良、张强编写第 8 章。

本书是黑龙江省高等教育教学改革项目“基于案例教学的《高级财务管理》一流课程建设（SJGY20210783）”和黑龙江省高等教育教学改革项目“新文科背景下管理类专业专精特新产业学院建设研究（SJGZ20220144）”的研究成果。

本书在编写过程中，参阅了大量国内外文献，在此，向各位专家、学者表示衷心感谢！尽管我们尽了很大努力，并试图有所创新，但水平所限，书中难免有疏漏和不当之处，恳请各位同行专家、学者及广大读者批评指正，并提出宝贵意见，以便我们进一步修改和完善。

作　者

2024 年 5 月

目　录

第 1 章　煤炭企业财务分析

本章主要包括企业财务分析理论综述和煤炭企业财务分析案例两部分。通过学习，了解财务分析的意义和作用，掌握并运用偿债能力分析、营运能力分析、盈利能力分析，理解、运用综合分析与评价方法。

1.1　理论综述

1.1.1　财务分析概述

财务分析是以财务报告和其他资料为主要依据，采用一系列专门的分析技术和方法，对企业财务状况和经营成果进行分析和评价，分析企业经营过程中的利弊得失和发展趋势，从而为改进企业财务管理工作和优化经济决策提供重要财务信息的活动。

1.1.1.1　财务分析的目的

（1）评价企业财务状况

财务分析根据企业财务报表等核算资料，对企业整体的财务状况作综合和细致的分析，并对其作出评价。财务分析应全面了解企业资产的流动性状态是否良好，资本结构和负债比例是否恰当，现金流量状况是否正常，企业长短期的偿债能力是否充分，从而评价企业长短期的财务风险与经营风险，为企业投资人和管理当局等提供有用的决策信息。

（2）评价企业盈利能力

一个企业是否长期具有良好和持续的盈利能力，是一个企业综合素质的基本表现。企业要生存和发展，就必须能获得较高的利润，这样才能在激烈的市场竞争中立于不败之地。企业的投资者、债权人和经营者等都十分关心企业的盈利能力，只有盈利能力强的企业才能保持良好的偿债能力。

（3）评价企业资产管理水平

企业资产作为企业生产经营活动的经济资源，其管理效率的高低直接影响到企业的盈利能力和偿债能力。财务分析应对企业资产的占有、配置、利用水平、周转状况和获利能力等作出全面和细致的分析。

（4）评价企业未来发展能力

无论是企业的投资者，还是债权人或经营者等，都十分关心企业的未来发展能力。只有通过全面和深入细致的财务分析，才能对企业未来的发展趋势作出正确的评价。通过财务分析，可以反映企业的偿债能力和盈利能力、资产管理质量和成本费用控制水平，从而对企业未来的发展作出合理的预测和正确的评价。

1.1.1.2 财务分析的意义

(1) 财务分析是财务预测、决策与计划的基础

财务预测、决策、计划、控制和分析构成财务管理的循环。财务决策是财务管理的关键，财务计划的正确与否对财务活动的效果有着十分重要的影响，财务控制是财务计划的实施以及对财务活动过程的约束和调节。通过分析了解过去，掌握现在，预测未来，进而进行正确的决策。只有搞好财务分析，才能掌握经济活动的规律，确保财务预测、决策、计划和控制的准确性。

(2) 财务分析是正确评价财务活动、考核财务业绩的依据

通过财务分析，不仅能把握财务活动的结果是好是坏，财务计划是否完成，经营目标的实现程度，有何值得借鉴的经验或教训，以及如何发扬成绩、矫正不足等问题，而且能分清各部门、各单位的工作成果及其对财务计划执行情况与经济效益的影响。因而通过财务分析，可以了解各部门的财务业绩，确定各部门的财务活动对整个企业财务成果的影响，划清经济责任，并据此进行奖惩。

(3) 财务分析是挖掘内部潜力、提高经济效益的手段

在市场经济条件下，为了谋求生存和发展，每个企业都不可避免地面临着激烈的市场竞争。通过财务分析，对企业现有的财务状况和经营成果进行评价，发现财务管理中存在的薄弱环节及影响财务状况和经营成果的有利因素和不利因素，以进一步挖掘潜力，促进经济效益的提高。

1.1.1.3 财务分析的分类

(1) 全面分析和专题分析

按照内容和范围划分，财务分析分为全面分析和专题分析。

全面分析是指对企业的财务状况和经营成果进行全面、系统、综合的分析。通过全面分析，从财务活动总体上总结经验，改进工作，预测未来，提高财务管理水平。

专题分析是指对某一个财务问题进行专门的分析。专题分析一般是对财务活动中存在的主要问题或关键性问题进行具体深入的分析。

(2) 静态分析和动态分析

按照方法划分，财务分析分为静态分析和动态分析。

静态分析是根据某一时点或某一时期的财务报表或分析信息，分析报表中各项目或报表之间各项目关系的财务分析形式。静态分析的目的在于找出财务活动的内在联系，揭示其相互影响与作用，反映经济效率和财务现状。

动态分析是根据几个时期的财务报表或相关信息，分析财务变动状况的财务分析形式。动态分析的目的在于通过对不同时期财务活动的对比分析，揭示财务活动的变动及规律。

(3) 内部分析和外部分析

按照主体划分，财务分析分为内部分析和外部分析。

内部分析主要指企业内部经营者对企业财务状况的分析。内部分析的目的在于判断和评价企业生产经营是否正常、顺利。

外部分析主要指企业外部的投资者、债权人及政府有关部门等，根据各自的需要对企业的有关情况进行分析。

内部分析和外部分析并不是完全孤立的。要保证财务分析的准确性，内部分析有时也

应站在外部分析的角度进行，而外部分析也应考虑或参考内部分析的结论。

1.1.1.4　财务分析的方法

财务分析的方法较多，常用的方法主要有比较分析法、比率分析法、趋势分析法和因素分析法等几种。

(1) 比较分析法

比较分析法是将报告期的某一项实际经济指标同某些选定的基准指标进行数量上的比较，确定其增减差异，用以评价企业财务状况及经营成果的方法。在实际工作中，根据分析的目的不同，比较分析法有以下三种形式：实际指标与计划指标比较；本期指标与历史指标比较；企业指标与行业平均指标比较。

(2) 比率分析法

比率分析法是财务分析最基本、最重要的方法，通过计算各种比率指标来评价企业财务状况和经营状况。

比率指标的类型主要有以下三种：相关比率；构成比率；效率比率。① 相关比率，是指同一时期两个相关的指标进行对比求出的比率，用以反映经济指标之间的相互关系。② 构成比率，是指某一部分占总体的比重，用以反映总体经济指标中各个组成部分安排得是否合理、结构比例是否协调。③ 效率比率，是某项经济活动中所费与所得的比率，反映投入与产出的关系。利用效率比率指标，可以进行得失比较，考察经营成果，评价经济效益。

(3) 趋势分析法

趋势分析法是根据企业连续几年或几个时期的分析资料，运用指数或完成率的计算，确定分析期各有关项目的变动情况和趋势的一种财务分析方法。趋势分析法既可以用于对财务报表的整体分析，即分析一定时期报表各项目的变动趋势，也可以对某些主要指标的发展趋势进行分析。

(4) 因素分析法

因素分析法是依据分析指标与其影响因素的关系，确定各因素对分析指标影响程度的一种方法。采用因素分析法时，必须注意因素分解的关联性、因素替代的顺序性、顺序替代的连环性及计算结果的假定性。

因素分析法包括连环替代法和差额分析法两种。连环替代法是因素分析法的最基本的形式。首先将总体指标分解成若干个小指标体系，然后依次顺序地用实际数去替代标准数，逐项确定各个因素对总体的影响程度。差额分析法是连环替代法的简化形式，直接用实际数与标准数之间的差额来计算各因素对指标变动影响程度的一种方法。

1.1.2　财务能力分析

1.1.2.1　偿债能力分析

偿债能力是指企业偿还本身所欠债务的能力。对企业偿债能力进行分析，对于企业投资者、经营者和债权人都有着十分重要的意义。

对企业偿债能力的分析可从以下两个方面进行。

(1) 短期偿债能力

短期偿债能力是指企业偿还流动负债的能力。对短期偿债能力进行分析，首先要明确影响短期偿债能力的因素，通过对一系列反映短期偿债能力的指标进行计算与分析，说明企业短期偿债能力状况及其原因。评价短期偿债能力的财务比率主要有：流动比率、速动比率、现金比率、现金流动负债比率等。

① 流动比率。流动比率是衡量企业流动资产偿还流动负债的能力。其计算公式如下：

$$流动比率=\frac{流动资产}{流动负债} \tag{1-1}$$

流动比率越大，说明短期债务的偿还能力越强。因为流动比率高，表明企业可以变现的资产数额大，债权人遭受损失的风险小。但是，流动比率过大，说明企业有较多的资金滞留在流动资产上未加以更好地运用，资金周转可能减慢从而影响其获利能力。一般认为，流动比率保持在200%左右为宜。

运用流动比率评价企业短期偿债能力，应注意以下几个问题：

第一，偿债能力判断必须结合所在行业的标准。不同行业因其资产、负债占用情况不同，流动比率会有较大差异。流动比率为200%是一般情况，而不是绝对标准。

第二，注意人为因素对流动比率的影响。流动比率是根据资产负债表计算出来的，管理人员出于某种目的，可以运用各种方式进行调整。

第三，应结合企业的生产经营性质与特点以及流动资产的结构状况进行分析。这是因为不同生产经营特点对资产流动性的要求不同，另外，流动资产中各项目的变现能力也不同。

第四，无法从动态上反映企业的短期偿债能力。流动比率是时点指标，并不能代表整个时期的情况。

② 速动比率。速动比率是衡量企业流动资产中可以立即用于偿付流动负债的能力。其计算公式如下：

$$速动比率=\frac{速动资产}{流动负债} \tag{1-2}$$

其中，速动资产是指流动资产中变现能力强、流动性能好的资产，如货币资金、应收票据、应收账款、交易性金融资产等，或者说是流动资产总额中减去流动性能较差的存货等项目后的余额。

速动比率弥补了流动比率的不足，可更好地判断短期债务的偿还能力。通常认为速动比率为100%较为适宜。从理论上说，速动比率为100%，即速动资产额等于流动负债额时，偿还流动负债的能力应该是较强的。

③ 现金流动负债比率。现金流动负债比率是经营活动现金净流量与年末流动负债的比例，表示经营活动现金净流量对流动负债的保障程度。其计算公式如下：

$$现金流动负债比率=\frac{年经营现金净流量}{年末流动负债} \tag{1-3}$$

该指标直观地反映出企业偿还流动负债的实际能力。用该指标评价企业偿债能力要更加谨慎。现金流动负债比率越大，表明企业经营活动产生的现金净流量越多，越能保障企业按期偿还到期债务；但是该指标并不是越大越好，指标过大表明企业流动资金利用不充分，获利能力不强。

(2) 长期偿债能力

长期偿债能力是指企业偿还所欠非流动负债的能力。对企业长期偿债能力进行分析，要结合非流动负债的特点，在明确影响长期偿债能力因素的基础上，通过对反映长期偿债能力的指标进行计算与分析，说明企业长期偿债能力状况及原因，为企业进行正确的负债经营指明方向。评价长期偿债能力的财务比率主要有：资产负债率、产权比率、利息保障倍数等。

① 资产负债率。资产负债率是负债总额与资产总额的比率，用于衡量企业利用债权人提供的资金进行财务活动的能力，反映企业对债权人投入资本的保障程度。其计算公式如下：

$$资产负债率=\frac{负债总额}{资产总额} \tag{1-4}$$

对于该指标，应注意从不同角度进行分析。

首先，站在债权人的立场，资产负债率应以低为好。由于债权人最关心企业款项的安全程度。该比率越低，表明企业对债权人的保障程度越高；反之，则表明对债权人的保障程度越低，债权资本的风险较大。因此，债权人总是希望企业的资产负债率保持在较低的水平。

其次，站在企业所有者的立场，应保持资产负债率的较高水平。股东关心两个问题：一是投资报酬率；二是对企业的控制权。如果企业经营前景好，预期资产报酬率高于借款利率时，负债经营会使所有者的投资报酬率随着资产负债率的提高而相应提高。而且，提高资产负债率，企业的控制权并不会因此而分散。因此，从股东的角度分析，在企业资产报酬率高于借款利息率时，该比率越大越好。

最后，站在经营者的立场分析，资产负债率应保持适当的水平。企业负债的利息支出可以从税前利润中抵扣，使企业少纳所得税，资产负债率越高，这种节税的收益就越大。然而，该比率越高，不能偿还到期债务的风险也就越大。为此，企业财务前景较乐观时，应该适当增大资产负债率，以充分获取举债经营带来的财务利益；若企业前景不佳，则应减少负债，降低资产负债率，以降低财务风险。

② 产权比率。产权比率又称负债权益比率，是企业负债总额与所有者权益总额之间的比率。它表明债权人投入资本受所有者权益的保障程度。这一比率越低，说明企业的长期偿债能力越强，债权的保障程度越高，承担的风险越小；反之，则表明企业的长期偿债能力较弱，财务风险较大。其计算公式如下：

$$产权比率=\frac{负债总额}{所有者权益总额} \tag{1-5}$$

产权比率与资产负债率对评价偿债能力的作用基本相同，两者的主要区别是：资产负债率侧重于分析债务偿付安全性的物质保障程度，产权比率则侧重于揭示财务结构的稳健程度以及自有资金对偿债风险的承受能力。

③ 利息保障倍数。利息保障倍数又称已获利息倍数，是企业息税前利润与利息支出的比率，表明企业偿付负债利息能力的强弱。其计算公式如下：

$$利息保障倍数=\frac{息税前利润总额}{利息支出} \tag{1-6}$$

一般情况下，利息保障倍数越高，说明企业长期偿债能力越强；该指标越低，说明企业长期偿债能力越弱。该指标从静态来看至少应大于 1；从动态来看，该指标提高，说明企业长期偿债能力增强，否则说明企业长期偿债能力下降。

在分析企业偿债能力时，除了使用上述指标以外，还应考虑到或有负债、担保责任、租赁活动、可动用的银行贷款指标等因素，这些因素既可影响企业的短期偿债能力，也可影响企业的长期偿债能力。

1.1.2.2 营运能力分析

营运能力是指企业营运资产的效率和效益。企业营运资产的效率主要指资产的周转率或周转速度。企业营运资产的效益通常是指企业的产出额与资产占用额之间的比率。对企业营运能力进行分析，可以为企业提高经济效益指明方向。

对企业营运能力的分析可从以下几个方面进行。

(1) 全部资产营运能力分析

全部资产营运能力分析的内容包括对全部资产产值率、全部资产周转率的分析。

① 全部资产产值率。全部资产产值率是指企业占用每百元资产所创造的总产值。其计算公式如下：

$$全部资产产值率=\frac{总产值}{资产平均总额} \tag{1-7}$$

该指标反映了总产值与总资产之间的关系。在一般情况下，该指标越高，说明企业资产投入产出率越高，企业全部资产运营状况越好。

② 全部资产周转率。全部资产周转率是反映全部资产周转速度的指标，是企业一定时期营业收入与资产平均总额的比率。其计算公式如下：

$$全部资产周转率=\frac{营业收入}{资产平均总额} \tag{1-8}$$

全部资产周转率越高，说明企业全部资产运用的效率越高；相反，全部资产周转率越低，说明企业对各项资产的利用能力较差，资产结构不合理。在全部资产中，周转速度最快的应属流动资产，因此，全部资产周转率受流动资产周转率影响较大。可见，全部资产周转率受到流动资产周转率以及流动资产占全部资产的比重这两大因素的影响。

(2) 流动资产营运能力分析

流动资产营运能力分析的内容包括对流动资产周转率、存货周转率、应收账款周转率的分析。

① 流动资产周转率。流动资产周转率是流动资产在一定时期所完成的周转额与流动资产平均余额的比率。其计算公式如下：

$$流动资产周转率=\frac{营业收入}{流动资产平均余额} \tag{1-9}$$

流动资产周转率越高，说明流动资产周转速度越快，资金利用效果就越好。

② 存货周转率。存货周转率是指一定时期内企业营业成本与存货平均余额的比率。它反映了一定时期内存货资金可周转的次数。其计算公式为：

$$存货周转率=\frac{营业成本}{存货平均余额} \tag{1-10}$$

其中：

$$存货平均余额=\frac{期初存货余额+期末存货余额}{2} \tag{1-11}$$

一般情况下，存货周转率越高越好。存货周转率高，一方面说明存量适中、存货流动性好、变现能力强，由此可提高全部流动资产的“质量”，减少或杜绝存货呆、滞而造成的损失；

另一方面，说明企业销售能力较强，产销或购销之间配合较好。反之，存货周转率低则有可能是销售不力或者存量过大或者存货质量欠佳等，这无疑将对营运状况及获利能力造成不良的影响。

③ 应收账款周转率。应收账款周转率是一定时期内企业赊销收入净额与应收账款平均余额的比率。其计算公式如下：

$$应收账款周转率=\frac{赊销收入净额}{应收账款平均余额} \tag{1-12}$$

$$应收账款平均余额=\frac{期初应收账款+期末应收账款}{2} \tag{1-13}$$

其中，赊销收入净额=营业收入－现销收入－销售退回、折让、折扣。

应收账款周转率是反映应收账款周转速度的重要指标，也是一年内企业应收账款转换为货币资金的平均次数，说明应收账款的回收速度。这种速度还可以用应收账款周转天数来表示，其计算公式是：

$$应收账款周转天数=\frac{360}{应收账款周转率} \tag{1-14}$$

应收账款周转的快慢，对企业资金周转快慢、资金需要量多少、资金运用效益好坏、坏账损失的多少等有着直接的、重要的影响。一般而言，应收账款周转率越高越好。应收账款周转率越高，说明企业收款迅速，该项资产的流动性好。而且，周转越快，其盈利性越强，发生坏账损失的可能性越小。但是，对于季节性销售明显的企业和大量使用现款销售的零售企业，应结合企业前期状况、同行业平均水平分析该指标。

(3) 固定资产营运能力分析

固定资产营运能力分析的内容包括对固定资产产值率、固定资产周转率的分析。

① 固定资产产值率。固定资产产值率是指企业占用每百元固定资产所创造的总产值。其计算公式如下：

$$固定资产产值率=\frac{总产值}{固定资产平均净值} \tag{1-15}$$

该指标反映了总产值与固定资产之间的关系。一般情况下，该指标越高，说明企业固定资产投入产出率越高，企业固定资产运营状况越好。

② 固定资产周转率。固定资产周转率是反映固定资产周转速度的指标，是企业一定时期营业收入与固定资产平均净值的比率。其计算公式如下：

$$固定资产周转率=\frac{营业收入}{固定资产平均净值} \tag{1-16}$$

固定资产平均净值是指固定资产原值扣除累计折旧后的余额，因此，在分析固定资产周转率时，应考虑固定资产新旧程度、固定资产更新速度以及不同折旧方法对该指标的影响。固定资产周转率越高，说明企业固定资产运用的效率越高；相反，固定资产周转率越低，说明企业固定资产运用的效率越低，营运能力越差。

1.1.2.3 盈利能力分析

盈利能力是指企业在一定期间内赚取利润的能力。企业经营业绩的好坏最终可通过企业的盈利能力来反映。无论是企业的经营者、债权人还是股东，都非常关心企业的盈利能力。

盈利能力的分析主要是指对利润率的分析，可从以下几个方面进行。

(1) 商品经营盈利能力分析

商品经营盈利能力分析的内容包括销售获利率和成本费用利润率分析两方面，具体财务比率有销售毛利率、销售利润率和销售净利率、成本费用利润率。

① 销售毛利率。销售毛利率是指销售毛利占销售收入的比率，其计算公式是：

$$销售毛利率=\frac{销售毛利}{销售收入} \tag{1-17}$$

销售毛利率表示企业每百元销售收入扣除销售成本后有多少剩余用于抵偿各项费用并形成利润。销售毛利率是企业获利的最初基础。

② 销售利润率。销售利润率是企业的销售利润与销售收入的比率。其计算公式为：

$$销售利润率=\frac{销售利润}{销售收入} \tag{1-18}$$

销售利润率用来衡量企业销售收入的获益水平。销售利润率越高，表明企业获利能力越强。

③ 销售净利率。销售净利率是企业净利润与销售收入的比率。其计算公式为：

$$销售净利率=\frac{净利润}{销售收入} \tag{1-19}$$

销售净利率越高，表明企业获利能力越强。

④ 成本费用利润率。成本费用利润率是反映企业成本费用与利润之间关系的指标，其计算公式如下：

$$成本费用利润率=\frac{利润总额}{成本费用总额} \tag{1-20}$$

该指标是从总耗费的角度考核获利情况的。当盈利总额不变时，成本费用总额越小，成本费用利润率越高；当成本费用总额不变时，利润总额越大，成本费用利润率亦越高。由于成本费用总额的大小反映了企业的所费，而利润总额代表企业所得，所以，成本费用利润率指标是所得与所费的直接比较，它综合反映企业效益的好坏。通过分析该指标，可以促使企业努力降低成本费用水平，增强盈利能力。

(2) 资产经营盈利能力分析

资产经营盈利能力分析的内容主要是对总资产报酬率指标进行分析。

总资产报酬率是企业一定时期内的息税前利润总额与平均资产总额之间的比率，是反映企业资产综合利用效果的指标，也是衡量企业利用自有资金和债务资金总额所取得的利润多少的重要指标。其计算公式如下：

$$总资产报酬率=\frac{息税前利润总额}{平均资产总额} \tag{1-21}$$

总资产报酬率越高，表明资产利用的效益越好，整个企业获利能力越强，财务管理水平越高。

(3) 资本经营盈利能力分析

资本经营盈利能力分析主要是对资本收益率和净资产收益率指标进行分析。

① 资本收益率。资本收益率是企业净利润与资本金平均余额之比，用于衡量投资者投入企业资本金的获利能力。其计算公式如下：

$$资本收益率=\frac{净利润}{资本金平均余额} \tag{1-22}$$

其中，资本金平均余额是指企业实收资本的期初、期末平均数。资本收益率指标是站在所有者立场来衡量企业获利能力的。它一方面体现了企业经济效益的好坏、财务成果的高低，尤其是直接反映了所有者投资的效益好坏；另一方面，该指标的大小还影响着所有者的投资决策和潜在投资人的投资倾向，从而影响企业的筹资方式、筹资规模，进而影响企业的发展规模及发展趋势。毫无疑问，该指标越大，说明投资人投入资本的获利能力越强，对投资者越具有吸引力。

② 净资产收益率。净资产收益率又称股东权益报酬率，是企业净利润与所有者权益平均余额之比，其计算公式如下：

$$净资产收益率=\frac{净利润}{所有者权益平均余额} \tag{1-23}$$

净资产收益率是从所有者权益的角度考核企业获利能力的。净资产收益率越高，表明企业资本经营的盈利能力越强。

（4）上市公司盈利能力分析

上市公司盈利能力分析主要是对每股收益、股东权益报酬率、股利发放率、市盈率等指标进行分析。

① 每股收益。每股收益是指净利润扣除优先股股利后的余额与发行在外的普通股的加权平均数之比。它反映了每股发行在外的普通股的盈利能力。其计算公式如下：

$$每股收益=\frac{净利润-优先股股利}{发行在外的普通股的加权平均数} \tag{1-24}$$

显然，每股收益越高，说明企业的盈利能力越强。在判断企业盈利能力时，应将几家不同企业或者同一企业不同时期的每股收益进行比较分析。

② 股东权益报酬率。股东权益报酬率是净利润扣除优先股股利后的余额与股东权益之比。其计算公式如下：

$$股东权益报酬率=\frac{净利润-优先股股利}{股东权益平均总额} \tag{1-25}$$

该指标从普通股股东的角度反映企业的盈利能力。该指标越高，说明企业盈利能力越强，普通股股东可得收益也越多。

③ 股利发放率。股利发放率是普通股股利与每股收益的比值，反映普通股股东从每股的全部获利中分到多少。其计算公式如下：

$$股利发放率=\frac{每股股利}{每股收益} \tag{1-26}$$

公式中每股股利是指实际发放给普通股股东的股利总额与流通股股数的比值。股利发放率反映了企业的股利政策，其高低要根据企业对资金需要量的具体情况而定，没有一个固定的衡量标准。

④ 市盈率。市盈率又称价格与收益比率，是普通股每股市场价格与每股收益之比，可用来判断企业股票与其他企业股票相比的潜在价值。其计算公式如下：

$$市盈率=\frac{每股市价}{每股收益} \tag{1-27}$$

该指标在一个企业内几年的数值能够表明企业盈利能力的稳定性，可在一定程度上反映企业经营能力和盈利能力及潜在的成长能力。同时，该指标还反映此股票市价是否具有吸引力。一般情况下，发展前景好的企业通常有较高的市盈率，发展前景不佳的企业的市盈率比较低。

1.1.2.4 成长能力分析

成长能力也称发展能力，是指企业在从事经营活动过程中所表现出的增长能力。如规模的扩大、盈利的持续增长、市场竞争力的增强等。反映企业发展能力的主要财务比率有销售增长率、利润增长率、资产增长率、资本积累率等。其计算公式如下：

$$增长率=\frac{本期数-上期数}{上期数} \tag{1-28}$$

1.1.3 财务综合分析

1.1.3.1 财务比率综合评分法

财务比率综合评分法，又称沃尔评分法，是指通过对选定的几项财务比率进行评分，然后计算出综合得分，并据此评价企业的综合财务状况的方法。采用财务比率综合评分法进行企业财务状况的综合分析，一般要遵循如下程序：

(1) 选定评价财务状况的财务比率

财务比率应当具有全面性和代表性。此外，各项财务比率要具有变化方向的一致性。

(2) 确定财务比率标准评分值

根据各项财务比率的重要程度，确定其标准评分值，即重要性系数。各项财务比率的标准评分值之和应等于 100 分。对财务比率重要程度的评价，应根据企业经营活动的性质来确定。

(3) 确定财务比率评分值的上下限

确定各项财务比率评分值的上下限，主要是为了避免个别财务比率异常给总分造成不利的影响。

(4) 确定财务比率的标准值

财务比率的标准值是指各项财务比率在本企业现时条件下最理想的数值。财务比率的标准值，通常可以参照同行业的平均水平，并经过调整后确定。

(5) 计算关系比率

计算企业在一定时期各项财务比率的实际值，然后，计算出各项财务比率实际值与标准值的比值，即关系比率。

(6) 计算各项财务比率的实际得分

各项财务比率的实际得分是关系比率和标准评分值的乘积，如果综合得分等于或接近 100 分，说明企业的财务状况是良好的，达到了预先确定的标准。如果综合得分远远低于 100 分，则说明企业的财务状况较差，应当采取适当的措施加以改善。如果综合得分远远超过 100 分，则说明企业的财务状况很理想。

1.1.3.2 杜邦分析法

(1) 杜邦分析法的含义

杜邦分析法是利用几种主要的财务比率之间的关系来综合分析企业的财务状况的方

法。杜邦分析系统主要反映以下几种主要的财务比率关系：

① 股东权益报酬率＝资产净利率×权益乘数；

② 资产净利率＝销售净利率×总资产周转率；

③ 销售净利率＝净利润÷销售收入；

④ 总资产周转率＝销售收入÷资产平均总额。

其中，资产净利率＝销售净利率×总资产周转率，被称为杜邦等式。

杜邦分析系统在揭示上述几种关系之后，再将净利润、总资产进行层层分解，这样就可以全面、系统地揭示企业的财务状况以及财务状况这个系统内部各个因素之间的相互关系。

(2) 对杜邦分析法的理解

杜邦分析是对企业财务状况进行的综合分析，它通过几种主要的财务指标之间的关系，直观明了地反映出企业的财务状况。从杜邦分析系统可以了解到以下财务信息。

① 从杜邦分析系统可以看出，股东权益报酬率是一个综合性极强、最有代表性的财务比率，它是杜邦分析系统的核心。企业财务管理的重要目标就是实现股东财富的最大化，股东权益报酬率正是反映了股东投入资金的盈利能力，这一比率反映了企业筹资、投资和生产运营等各方面经营活动的效率。股东权益报酬率取决于企业资产净利率和权益乘数。资产净利率主要反映企业运用资产进行生产经营活动的效率如何，权益乘数则主要反映企业的财务杠杆情况，即企业的资本结构。

② 资产净利率是反映企业盈利能力的一个重要财务比率，它揭示了企业生产经营活动的效率，综合性很强。企业的销售收入、成本费用、资产结构、资产周转速度以及资金占用量等各种因素，都直接影响到资产净利率的高低。资产净利率是销售净利率与总资产周转率的乘积。

③ 从企业的销售方面看，销售净利率反映了企业净利润与销售收入之间的关系。提高销售净利率必须在以下两个方面下功夫，一是开拓市场，增加销售收入；二是加强成本费用控制，降低耗费，增加利润。

④ 在企业资产方面，分析企业的资产结构是否合理，即流动资产与非流动资产的比例是否合理，同时结合销售收入分析企业的资产周转情况。

总之，从杜邦分析系统可以看出，企业的盈利能力涉及生产经营活动的方方面面。股东权益报酬率与企业的资本结构、销售规模、成本水平、资产管理等因素密切相关。这些因素构成一个完整的系统，系统内部各因素之间相互作用，只有协调好系统内部各个因素之间的关系，才能使股东权益报酬率得到提高，从而实现企业股东财富最大化的理财目标。

1.1.3.3　*Z* 值模型

Z 值模型是用于预测公司破产可能性的模型，1968 年由美国学者爱德华·奥特曼(Edward Altman)提出。该模型把公司流动性、盈利能力、经营效率、财务杠杆、经营活动等五方面的财务指标，各乘以一定的权重并相加得到一个综合分数，即 *Z* 值。其计算公式如下：

$$Z=1.2X_1+1.4X_2+3.3X_3+0.6X_4+0.999X_5 \tag{1-29}$$

式中　X_1——期末营运资本/期末总资产；

　　　X_2——期末留存收益/期末总资产；

X_3——息税前利润/期末总资产；

X_4——期末股东权益的市值/期末总负债；

X_5——营业收入/期末总资产。

Z 值越低，企业越有可能发生破产。一般来说，当 $Z \geqslant 2.675$ 时，则表明企业的财务状况良好，发生破产的可能性较小；当 $Z \leqslant 1.81$ 时，则表明企业潜伏着破产危机；当 $1.81 < Z < 2.675$ 时，被称之为“灰色地带”，说明企业的财务状况极为不稳定。

1.2 煤炭行业分析

1.2.1 行业基本情况

煤炭行业指从事煤炭资源勘探、煤田开发、煤矿生产、煤炭贮运、加工转换和环境保护的行业。

1.2.1.1 煤炭产业链概述

(1) 煤炭分类及用途

煤炭被人们誉为黑色的金子、工业的食粮，是地球上蕴藏量最丰富、分布地域最广的化石燃料，它是 18 世纪以来人类使用的主要能源之一。进入 21 世纪，虽然煤炭的价值大不如从前，但毕竟很长的一段时间内煤炭还是人类生产生活必不可缺的能量来源之一，煤炭的供应关系到我国的工业乃至整个社会方方面面的发展的稳定，煤炭的供应安全问题也是我国能源安全中最重要的一环。

我国煤炭的分类标准主要有两种，一是按煤化程度，二是按用途。按照煤化程度，煤炭可以分为褐煤、烟煤和无烟煤，三者煤化程度依次递增。按用途，可以将煤炭分为炼焦煤和动力煤，其中，炼焦煤具有较好的黏结性和较厚的胶质层，可用于炼焦；动力煤是提供动力来源的煤炭，理论上所有的煤种均可以作为动力煤。结合煤化程度、用途，煤炭具体分类如表 1-1 所示。

(2) 煤炭产业链

煤炭主要应用于电力、钢铁、水泥、化工四大行业，其中电力行业是重要的下游行业，煤化工行业是利润的主要增长点，其产业链如图 1-1 所示。

表 1-1 煤炭分类及用途

大类	小类	特性	用途	描述
无烟煤	无烟煤	高固定碳含量，高着火点（360～420 ℃），高真相对密度（1.35～1.90），低挥发分产量和低氢含量	化工用煤、喷吹煤、动力煤	除发电外，主要作为气化原料（固定床气化发生炉）用于合成氨、民用燃料及型煤的生产等。一些低灰低硫高 HGI 的无烟煤也用于高炉喷吹的原料
烟煤	贫煤	煤烟中煤级最高的煤，它有较高的着火点（350～360 ℃），高发热量，弱黏结性或不黏结	动力煤	主要用于发电和电站锅炉燃料。使用贫煤时，将其与其他一些高挥发分煤配合使用会更好

表 1-1(续)

大类	小类	特性	用途	描述
烟煤	贫瘦煤	挥发分低,黏结性较差	炼焦煤	可单独用来炼焦。当与其他适合炼焦的煤种混合时,贫瘦煤的掺入将使焦炭产品的块度增大。贫瘦煤也可用于发电、电站锅炉和民用燃料等方面。典型的贫瘦煤产于山西省
	瘦煤	中度的挥发分和黏结性		主要用于炼焦。在炼焦过程中可能会产生一些胶质物,胶质层的厚度为 6～10 毫米。由瘦煤单独炼焦产生的焦炭,机械强度较高但耐磨强度相对较差。除了部分高灰高硫的瘦煤,瘦煤经常与其他煤种混合炼焦
	焦煤	有很强的炼焦性,中等的挥发分(16%～28%)		焦煤是国内主要用于炼焦的煤种。由焦煤炼成的焦炭具有非常优良的性质,焦煤主要产于山西省和河北省
	肥煤	中等或较高的挥发分(25%～35%)和很强的黏结性		主要用于炼焦(一些高灰高硫的肥煤用来发电)。与其他煤级的煤相比,肥煤一般具有较高的硫含量
	1/3 焦煤	特性介于焦煤、气煤和肥煤之间,具有较高的挥发分(类似于气煤),较强的黏结性(类似于肥煤)和很好的炼焦性(类似于焦煤,故称为 1/3 焦煤)		产量高,主要用于炼焦和发电
	气肥煤	高挥发分(接近于气煤)和强黏结性(接近于肥煤)		适用于焦化作用产生的城市燃气和与其他煤种混合炼焦以增加煤气、焦油等副产品的产量。气肥煤的显微组成与其他煤种有很大的差异,壳质组的含量相对较高
	气煤	很高的挥发分和中度黏结性		主要用于炼焦和发电。典型的气煤产于辽宁省
	1/2 中黏煤	过渡煤级的煤,其特征与一些气煤和弱黏煤类似	动力煤	主要用于发电、气化和民用燃料等。在我国只有很小一部分的储量和产量
	弱黏煤	煤化程度较低或中等煤化程度的煤,其黏结性很差。由于其特殊的成因,弱黏煤具有较高的惰性组含量		不能单独用于炼焦,主要用于发电、气化和民用燃料等。典型的弱黏煤产于山西省大同市
	不黏煤	早期煤化阶段曾被氧化过,因此具有低发热量的特点		主要用于发电、气化和民用燃料等,主要产于我国的西北部地区
	长焰煤	煤化程度是所有烟煤中最低的。由于其燃烧时火焰较长而被称为长焰煤		主要用于发电、电站锅炉燃料等。辽宁省的长焰煤储量是全国最大的
褐煤	褐煤	所有煤中最低级的煤,其特征是高水分、高氧含量(15%～30%),并含有一些腐殖酸	动力煤、化工用煤	主要用于发电和气化

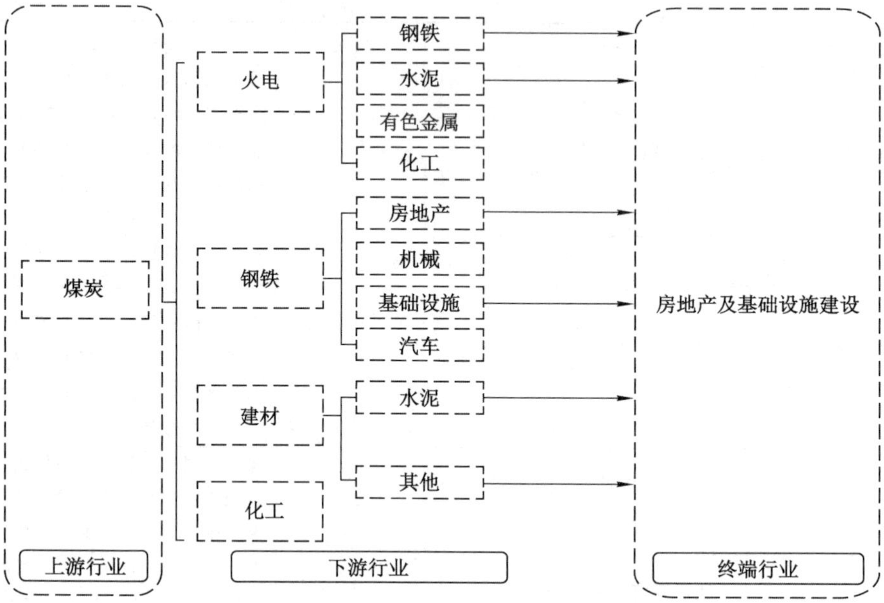

图 1-1 煤炭产业链

1.2.1.2 行业竞争态势分析

(1) 波特五力分析

① 供应商:主要包括地质勘探部门、资源勘查部门以及材料、设备供应商、铁路运输等运营合作者。由于供应商企业集中化程度较低,替代产品较多,煤炭企业可能会在交易中处于优势地位。

② 潜在进入者:煤炭行业属于劳动密集型、资本密集型行业,产品差异度不大,企业只有达到规模经济才能在这个行业实现可持续发展。

③ 替代品:煤炭在中国的能源结构中占据主要地位,短期内不会改变,但这种地位正不断受到如石油、天然气以及其他水电、核电、太阳能等清洁、环保可再生能源的挑战。

④ 消费者:由于产品同质化严重,价格相对透明,下游客户转换成本较低,部分客户的后向一体化策略直接威胁到了上游部分煤炭企业的发展。

⑤ 竞争对手:大型煤炭生产集团均有自己比较稳定均等的市场份额,实力相当。劳动密集型、资本密集型行业的行业特性导致煤炭企业的退出壁垒很大。

(2) SWOT 分析

① 优势:我国煤炭储量丰富,而且分布广,煤质较好,品种比较齐全,行业集中度在增加。

② 劣势:煤矿整体技术水平、安全生产水平相对落后,产品之间同质化严重。

③ 机会:工业化、城市化进程拉动煤炭消费,国内煤炭业重组,新型煤化工拉动对煤炭的需求。

④ 威胁:进口低价煤炭的冲击,人们的环保意识日益提高。

1.2.1.3 行业供求分析

(1) 煤炭供应

一是国内产量再创历史新高。2022 年全国原煤产量 45.6 亿吨,同比增长 10.5%。二是煤炭进口量减少。2022 年全国煤炭进口量 2.93 亿吨,同比下降 9.2%;出口煤炭 400 万吨,同比增长 53.7%;煤炭净进口 2.89 亿吨,同比下降 9.8%。三是煤炭转运能力提高。2022 年全国铁路累计发运煤炭 26.8 亿吨以上,同比增长 3.9%;其中,电煤发运量 21.8 亿吨,同比增长 8.7%。全国主要港口内贸煤发运量约 7.3 亿吨,同比下降 1.8%。

(2) 煤炭库存

截至 2022 年年底,全国煤炭企业存煤 6 600 万吨,同比增长 26.6%;全国主要港口存煤 5 530 万吨,同比下降 6.8%,其中,环渤海主要港口存煤 2 385 万吨,同比增长 7.5%;全国统调电厂存煤 1.75 亿吨,同比增长 6.0%。

(3) 煤炭价格

一是煤炭中长期合同制度彰显稳价作用。2022 年动力煤中长期合同(5 500 大卡下水煤)全年均价为 722 元/吨,同比上涨 73 元/吨,年内峰谷差在 9 元/吨左右,发挥了煤炭市场的“稳定器”作用。

二是煤炭市场现货价格向合理区间回归。受国际能源价格大涨等多重因素叠加影响,二季度以后价格呈现高位波动态势,年内价格峰谷差达到 900 元/吨左右;10 月份以后,随着我国动力煤供需形势逐步改善、煤炭进口快速恢复,动力煤市场价格持续下行,年末北方港口动力煤市场价格较年内高点下降 500 元/吨,并继续向合理区间回归。

三是炼焦煤价格上涨。山西吕梁部分主焦煤长协合同全年均价 2 240 元/吨,同比上涨 600 元/吨。中国煤炭市场网(CCTD)山西焦肥精煤综合售价全年均价 2 664 元/吨,同比上涨 338 元/吨。

四是国际煤炭市场价格高位波动。国际主流市场煤炭价格受能源整体供应紧张影响保持高位震荡,澳大利亚、印尼煤炭年均离岸价格同比分别上涨 110%和 127%。

1.2.2　煤炭行业上市公司财务分析

根据 Wind 行业中心数据统计,按照 Wind 内部板块 WI 行业分类,以煤炭行业中 36 家上市公司为样本,其中行业平均值按整体法计算,2013—2022 年煤炭行业上市公司核心财务指标如表 1-2 所示。

表 1-2　2013—2022 年煤炭行业上市公司核心财务指标

年份	2022	2021	2020	2019	2018	2017	2016	2015	2014	2013
一、偿债能力指标										
资产负债率/%	45.08	48.77	49.06	49.19	50.58	51.66	52.61	54.38	51.16	49.25
流动比率/%	1.19	1.11	0.94	0.89	1.02	0.91	0.82	0.88	0.98	0.93
速动比率/%	1.11	1.03	0.86	0.81	0.95	0.83	0.74	0.80	0.87	0.81
二、营运能力指标										
总资产周转率/次	0.65	0.65	0.53	0.53	0.53	0.49	0.37	0.34	0.48	0.60
固定资产周转率/次	1.82	1.77	1.41	1.44	1.40	1.25	0.93	0.91	1.33	1.71
应收账款周转率/次	27.19	25.52	18.96	18.80	16.27	12.22	7.60	6.58	9.60	12.15
存货周转率/次	18.08	18.88	16.00	16.36	15.81	13.58	10.68	9.59	11.18	12.72

表 1-2(续)

年份	2022	2021	2020	2019	2018	2017	2016	2015	2014	2013
三、盈利能力指标										
销售毛利率/%	35.92	29.58	25.26	27.6	30.56	31.44	27.47	24.39	24.98	25.39
三费/销售收入/%	5.77	5.81	9.42	10.78	11.37	11.91	15.02	18.25	14.29	12.11
销售净利率/%	19.46	14.13	9.38	10.37	11.69	12.1	6.69	0.25	6.93	9.03
净资产收益率(ROE)/%	23.09	17.37	9.57	10.71	12.19	12.17	4.88	−0.73	6.16	10.51
资产收益率(ROA)/%	12.71	9.20	5.01	5.52	6.14	5.92	2.47	0.09	3.31	5.43
四、成长能力指标										
销售收入增长率/%	7.89	32.78	−1.03	5.50	9.56	37.73	11.37	−24.01	−13.77	−3.52
净利润增长率/%	48.95	92.78	−10.33	−3.07	6.28	160.51	723.77	−111.55	−39.51	−29.46
总资产增长率/%	4.93	11.27	3.89	0.54	5.11	6.05	1.41	5.05	8.17	7.38
股东权益增长率/%	12.90	12.30	1.64	4.37	9.05	8.31	5.63	−1.53	4.53	2.75

数据来源:Wind。

1.2.2.1 偿债能力分析

对表 1-2 的数据进行分析可以看出,煤炭行业上市公司的流动比率从 2013 年的 0.93 稳步提高到 2022 年的 1.19,速动比率从 2013 年的 0.81 稳步提高到 2022 年的 1.11,这说明煤炭行业上市公司的短期偿债能力有所提高;资产负债率十年间基本维持在 45%～55% 之间,整体上略有降低,说明煤炭行业上市公司的长期偿债能力基本稳定。

1.2.2.2 营运能力分析

对表 1-2 的数据进行分析可以看出,煤炭行业上市公司的各项营运能力指标自 2016 年以来均有所提高,其中应收账款周转率、存货周转率提升较为显著,说明煤炭行业上市公司的应收账款、存货管理效率显著提高,营运能力整体有所提高。

1.2.2.3 盈利能力分析

对表 1-2 的数据进行分析可以看出,煤炭行业上市公司的销售毛利率从 2013 年的 25.39%稳步提高到 2022 年的 35.92%,十年间提升了 10 个百分点;"三费/销售收入"从最高点的 18.25%降低到最低点的 5.77%,三费支出明显下降;销售净利率、ROE、ROA 均有显著提升。

如图 1-2、图 1-3、图 1-4 所示,通过将煤炭行业上市公司与全部 A 股上市公司销售净利率、ROE、ROA 对比,可以看出自 2016 年以来,煤炭行业上市公司的各项盈利能力指标都强于全部 A 股上市公司。综上所述,煤炭行业上市公司盈利能力显著增强。

1.2.2.4 成长能力分析

对表 1-2 数据进行分析可以看出,煤炭行业上市公司的销售收入增长率、净利润增长率从 2013—2015 年的负增长转为近年来的正增长,但各年的波动较大,尤其是净利润增长率波动更为剧烈;总资产增长率基本在 10%以内,增长速度较慢;股东权益增长率在 2021 年、2022 年达到 12%以上,较前几年有了显著提高。

如图 1-5、图 1-6 所示,通过将煤炭行业上市公司与全部 A 股上市公司的销售收入增长率、净利润增长率对比,可以看出煤炭行业上市公司销售收入增长率、净利润增长率在 2016

图 1-2　煤炭行业上市公司与全部 A 股上市公司销售净利率对比图

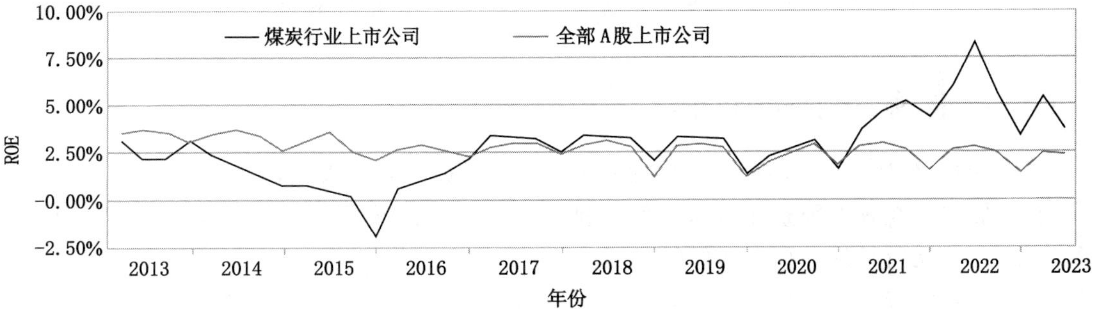

图 1-3　煤炭行业上市公司与全部 A 股上市公司 ROE 对比图

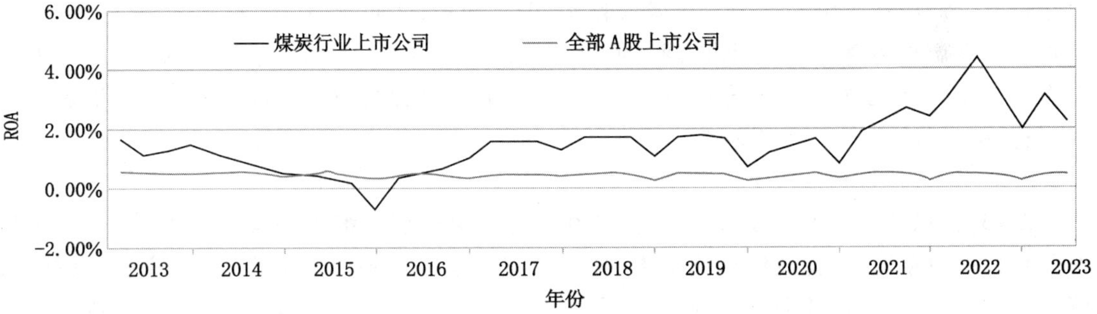

图 1-4　煤炭行业上市公司与全部 A 股上市公司 ROA 对比图

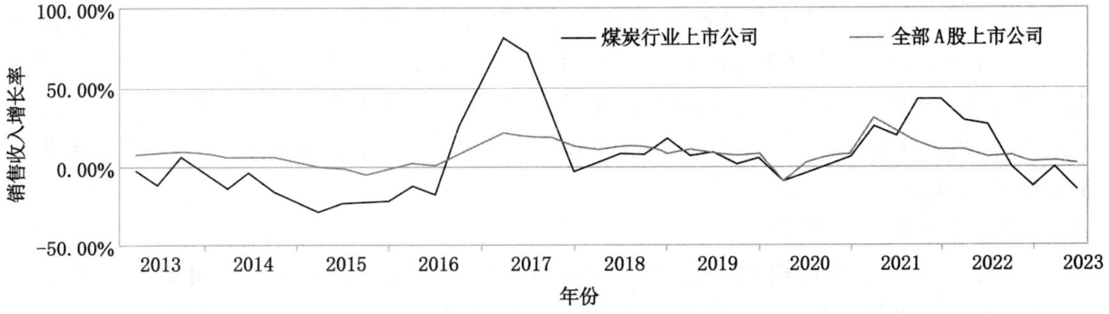

图 1-5　煤炭行业上市公司与全部 A 股上市公司销售收入增长率对比图

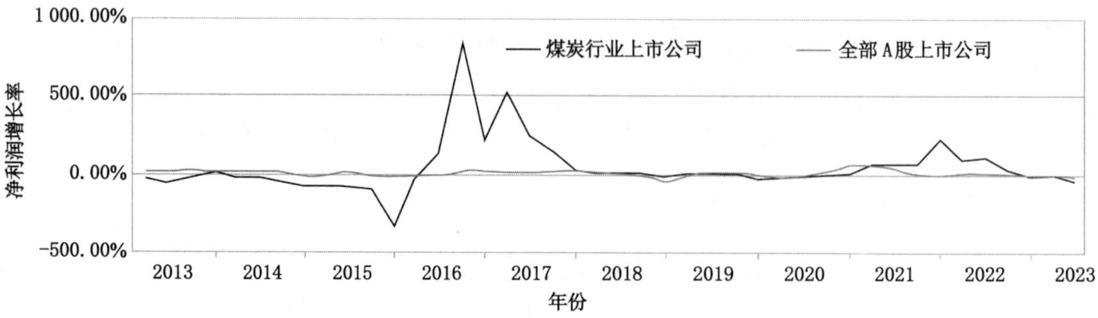

图 1-6　煤炭行业上市公司与全部 A 股上市公司净利润增长率对比图

年、2017 年较大，2018—2023 年基本与全部 A 股上市公司增速相同。综上所述，煤炭行业上市公司成长能力一般。

1.2.3　煤炭行业稳中向好原因分析

2022 年，面对复杂严峻的国际能源形势，我国煤炭产业积极发挥主体能源的重要战略功能，克服多重超预期因素冲击的不利影响，积极落实保供稳价政策要求，切实发挥兜底保障作用，产业运行呈现出稳中向好的局面。

1.2.3.1　我国经济稳定发展

近年来，受新冠疫情、地缘政治波动、主要经济体货币政策转向、极端天气等多重超预期因素的反复冲击，世界经济下行压力增大，粮食、能源、债务多重危机同步显现，发展环境的复杂性、严峻性、不确定性上升。在需求收缩、供给冲击、预期转弱三重压力下，党中央、国务院加大宏观调控力度，经济增长实现了回稳向好。在我国经济总量迈上新台阶、高质量发展取得新成效、整体运行韧性彰显的背景下，煤炭产业发展保持良好势头，为宏观经济运行提供了稳健的能源安全保障与支撑。

1.2.3.2　供给侧结构性改革

2015 年 11 月 10 日，习近平总书记在中央财经领导小组第十一次会议上提出“推进供给侧结构性改革”。为完成供给侧结构性改革“三去一降一补”，即去产能、去库存、去杠杆、降成本、补短板的重点任务，国务院连续发文作出相关部署。《国务院关于煤炭行业化解过剩产能实现脱困发展的意见》《国务院关于印发降低实体经济企业成本工作方案的通知》《国务院关于积极稳妥降低企业杠杆率的意见》陆续下发。

自文件下发以来，煤炭产业积极贯彻落实，产能过剩问题得到有效化解；在以债转股为主要手段的去杠杆过程中，企业资产负债率不断攀升的势头得到遏制；在以降低政策性成本为重点的降成本过程中，有效缓解了企业成本居高不下的矛盾；解决产业发展过程中内生动力不足、转型升级迟缓问题的多项补短板措施正在全面推进，以对接煤炭产业高质量发展。

1.2.3.3　下游产业需求增长

煤炭行业是典型的周期性行业，行业景气度与宏观经济和投资环境密切相关，周期性十分明显，下游行业的景气程度直接影响着煤炭行业的需求，进而影响行业供需关系，导致价格和产量的变化。

近年来，我国煤炭消费保持增长。一是电力需求稳步增长，煤电是电力增量的重要组成部分，是煤炭需求增量的主要驱动力。二是煤化工产能快速增长。截至 2022 年年底，现代煤化工四大主要产业——煤制油、煤（甲醇）制烯烃、煤制气、煤（合成气）制乙二醇产能均创新高，随着原料用煤不再纳入能耗控制政策的实施，化工用煤消费持续提速。三是虽然房地产市场支撑偏弱，但在基建明显增长的支撑下，钢铁、建材用煤保持平稳。

1.2.3.4　创新驱动发展

经过近年来的供给侧结构性改革，我国已完成"十三五"去产能目标，先进产能加快释放并向"三西"地区集中。大型煤炭企业已经具备全面推动数字化、智能化矿山建设的能力和动力，煤炭高质量供给将进入新的发展阶段。

从流通环节来看，煤炭营销与信息化技术加快创新融合是大势所趋，"十四五"期间，随着人工智能、物联网、5G 通信、大数据、区块链为代表的新一代信息技术加速突破应用，赋予煤炭流通企业更快、更好、更全面的掌控和运用数据信息资源的能力，煤炭流通企业把握互联网机遇，不断催生出煤炭供应链新形态、新模式。

1.2.4　尾声

在近年来煤炭行业稳中向好发展的情况下，也应清醒地看到将要面对的危机。全球经济增速放缓必然对煤炭市场造成不利影响，同时在"双碳"目标下，煤炭消费达峰后将长期趋降。受国际能源危机持续影响，煤炭保供的重要性进一步提高，并将在我国新型能源体系构建、新型电力系统建设中发挥重要的支撑保障作用。煤炭产业要"危"中寻"机"，继续深化供给侧结构性改革，并为其注入新的内涵。

思考题

1. 请结合煤炭行业 2013—2022 年各项财务指标，对煤炭行业进行财务分析。
2. 2016 年以来，煤炭行业的各项财务指标均有较大改善，其原因是什么？
3. "双碳"目标下，煤炭行业应如何转型以图发展？

【分析思路】

1. 应用比较分析法、比率分析法、趋势分析法等，从偿债能力、营运能力、盈利能力、成长能力四个方面对各项指标进行分析。

2. 首先，分析宏观经济发展；其次，分析供给侧结构性改革政策影响；再次，分析下游产业需求情况；最后，分析煤炭上市公司自身情况。

3. 一方面，技术革新，绿色开采，清洁利用；另一方面，生态治理，打造绿色经济。

1.3　中国神华财务分析

1.3.1　公司简介

中国神华能源股份有限公司（简称中国神华）成立于 2004 年 11 月 8 日，是国家能源投资集团有限责任公司（简称国家能源集团）旗下 A＋H 股旗舰上市公司，H 股和 A 股股票分别于2005年6月15日、2007年10月9日在香港联交所、上海证交所上市。截至2022年年底,公司资产规模6 217亿元,总市值5 235亿元,职工总数8.3万人。

中国神华是全球领先的以煤炭为基础的综合能源上市公司,主要经营煤炭、电力、新能源、煤化工、铁路、港口、航运七大板块业务,以煤炭采掘业务为起点,利用自有运输和销售网络,以及下游电力、煤化工和新能源产业,实行跨行业、跨产业纵向一体化发展和运营模式。中国神华在普氏能源资讯"全球能源公司2022年250强"榜单中位居前列;2022年《财富》中国500强排名第36位,居于煤炭类上市公司领先地位;参评"2023中国品牌价值评价信息",以2 056.09亿元品牌价值位列能源化工领域第5名、能源上市公司第1名。

1.3.1.1 煤炭产业

中国神华拥有神东矿区、准格尔矿区、胜利矿区及宝日希勒矿区等优质煤炭资源,2022年实现商品煤产量313.4百万吨,约占全国7%,煤炭销售量417.8百万吨。中国神华建成国内首个2亿吨煤炭生产基地,采掘机械化率达到100%;建成千万吨级矿井群。中国神华推进绿色矿山、智能矿山建设,研发应用智能开采工作面、矿用卡车无人驾驶、矿用机器人、智能一体化应用平台等关键核心技术,各项生产、技术、质量、能耗、环保等指标均达到世界先进水平,安全高效矿井覆盖率100%,20处煤矿入选国家级、省级绿色矿山名录,绿色矿山产能全国领先,被煤炭工业协会授予2020—2021年度"煤炭工业节能减排先进企业"称号。

1.3.1.2 电力产业

中国神华控制并运营大容量、高参数的清洁燃煤机组,于2022年年底控制并运营的发电机组装机容量40 301兆瓦,2022年完成总售电量179.81十亿千瓦时。积极推动绿色低碳清洁发展,燃煤发电机组100%实现脱硫脱硝,常规煤电机组100%实现超低排放。深耕"一带一路"能源电力市场,印尼清洁火电系列项目成为中国企业"走出去"的典范与标杆。

1.3.1.3 新能源产业

为助力"双碳"目标实现,积极推进新能源发展,中国神华在新能源项目开发和投资产业基金上双力齐发,规划、在建、投运新能源项目227万千瓦。截至2022年年底,已投产项目35个,在建项目28个,共71.1万千瓦,出资60亿元参与设立国能新能源产业投资基金、国能绿色低碳发展投资基金,将带动近1 000万千瓦风电、光伏项目落地,荣获国家能源集团新能源发展资源贡献协同一等奖。

1.3.1.4 煤化工产业

中国神华下属包头煤化工煤制烯烃项目是国家战略重点工程,也是世界首套煤基甲醇制烯烃工业化示范工程,生产能力60万吨/年,主要产品为聚乙烯、聚丙烯及少量副产品,成功研制生产口罩、防护服等医用防护品原料——聚丙烯S2040高熔融指数纺丝料,并通过国标检测、欧盟RoHS检测和美国FDA检测。2022年,包头煤化工煤制烯烃装置连续稳定运行8 760小时,平均生产负荷、聚烯烃产品合格率均达到100%,聚烯烃产品产量693.7千吨,同比增长7.6%。

1.3.1.5 铁路产业

中国神华控制并运营围绕"晋西、陕北和蒙南"主要煤炭基地的环形辐射状铁路运输网络、"神朔—朔黄线"西煤东运大通道以及环渤海能源新通道黄大铁路,总铁路营业里程达2 408公里,2022年自有铁路运输周转量达297.6十亿吨公里,铁路运量4.7亿吨,可支配机车 800 余台，自备铁路货车 5 万余辆，是中国第二大铁路运营商。致力推进铁路建设运营信息化智能化，联合研制全球最大功率神 24 电力机车，建成国内铁路行业首条智能运维整备线，成功开行全球首列基于 LTE 宽带移动通信技术的 2.5 万吨重载列车，试运行国内首台大功率氢能源调车机车，智能驾驶"3＋0"万吨重载列车填补国内空白。

1.3.1.6　港口产业

中国神华拥有黄骅港务、天津港务和珠海港务 3 家专业公司，设计吞吐能力 2.7 亿吨/年。其中黄骅港是我国西煤东运、北煤南运第二大通道的重要出海口，2022 年完成原油、化肥等非煤货物运量 7.7 百万吨，在煤炭码头抑尘技术应用和煤炭装船智能化控制方面国内领先，劳动生产率、人均利润居国内港口第一位，是全国首家获评五星级"中国绿色港口"及"中华环境优秀奖"的专业化干散货港口。

1.3.1.7　航运产业

中国神华拥有货船 40 艘，载重规模 218 万载重吨、年运能 5 500 万吨。2022 年完成航运货运量 136.3 百万吨，同比增长 12.5%；完成航运周转量 133.6 十亿吨海里，同比增长 19.2%。自有船泊实现岸电设施全覆盖。航线覆盖黄骅、天津、秦皇岛等国内沿海、沿江主要港口，船队规模、经营效益等在全国航运企业中排名前列。

1.3.2　公司财务报表分析

1.3.2.1　资产负债表分析

2018—2022 年中国神华资产负债表如表 1-3 所示，通过各年数据的比较分析，可以看出公司资产、负债、所有者权益等财务数据整体呈稳步上升趋势。

表 1-3　2018—2022 年中国神华资产负债表　　单位：万元

项目	2018 年	2019 年	2020 年	2021 年	2022 年
流动资产：					
货币资金	7 220 500	5 148 100	12 745 700	16 288 600	17 050 300
交易性金融资产	3 245 200	3 343 500	—	—	—
应收票据	456 700	258 900	396 100	334 900	113 200
应收账款	848 800	784 700	779 800	1 025 800	1 096 800
应收款项融资	—	—	—	37 600	50 200
预付款项	258 900	443 400	442 600	789 300	680 900
其他应收款	287 700	246 400	341 500	230 700	237 700
存货	996 700	1 205 300	1 275 000	1 263 300	1 209 600
划分为持有待售的资产	8 336 700	—	278 300	29 400	—
其他流动资产	1 678 400	4 619 100	963 900	831 400	666 300
流动资产合计	23 329 600	16 049 400	17 222 900	20 831 000	21 105 000
非流动资产：					
债权投资	935 200	2 110 700	40 000	40 000	—
其他权益工具投资	81 100	178 900	184 500	217 400	238 600

表 1-3(续)

项目	2018 年	2019 年	2020 年	2021 年	2022 年
长期股权投资	998 300	4 047 500	4 949 200	4 764 400	4 965 000
固定资产	23 722 700	22 611 200	21 904 300	23 802 600	24 838 100
在建工程	3 658 500	3 449 500	3 984 500	2 620 100	2 206 100
使用权资产	—	81 300	84 400	171 000	167 600
无形资产	3 646 300	3 705 900	3 612 600	5 090 800	5 258 900
长期待摊费用	366 400	366 700	360 200	410 400	361 900
递延所得税资产	341 800	324 100	313 300	399 000	500 300
其他非流动资产	1 644 000	2 923 200	3 188 800	2 358 500	2 528 600
非流动资产合计	35 394 300	39 799 000	38 621 800	39 874 200	41 065 100
资产合计	58 723 900	55 848 400	55 844 700	60 705 200	62 170 100
流动负债:					
短期借款	200 000	83 500	504 300	424 800	521 600
应付票据	130 500	79 200	110 800	142 600	110 100
应付账款	2 557 900	2 425 100	2 787 200	3 379 000	3 787 100
合同负债	340 400	478 400	525 600	686 400	559 700
应付职工薪酬	394 700	424 900	435 900	594 100	875 000
应交税费	986 800	784 000	1 046 700	1 963 800	1 268 000
其他应付款	4 313 500	4 421 500	1 043 600	1 119 100	1 688 600
划分为持有待售的负债	2 991 400	—	21 700	—	—
一年内到期的非流动负债	422 900	851 700	473 500	728 300	838 500
其他流动负债	—	—	—	136 700	191 800
流动负债合计	12 338 100	9 548 300	6 949 300	9 174 800	9 840 400
非流动负债:					
长期借款	4 676 500	3 694 300	5 025 100	4 919 300	3 843 800
应付债券	682 300	346 000	324 100	317 200	345 300
租赁负债	—	62 300	60 600	151 000	144 500
长期应付款	201 400	216 400	247 100	788 100	885 400
预计负债	326 900	340 900	635 900	689 800	1 076 400
递延所得税负债	53 700	78 300	89 600	97 400	109 800
非流动负债合计	5 940 800	4 738 200	6 382 400	6 962 800	6 405 200
负债合计	18 278 900	14 286 500	13 331 700	16 137 600	16 245 600
所有者权益:					
实收资本	1 989 000	1 989 000	1 989 000	1 986 900	1 986 900
资本公积金	7 472 000	7 472 600	7 476 500	7 466 700	6 801 400
减:库存股	—	—	25 600	—	—
其他综合收益	−60 000	−51 200	−75 400	−53 100	72 800

表 1-3(续)

项目	2018 年	2019 年	2020 年	2021 年	2022 年
专项储备	1 510 700	1 368 500	880 300	1 099 200	1 434 900
盈余公积金	1 143 300	1 143 300	1 143 300	1 143 300	1 143 300
未分配利润	20 721 300	23 270 600	24 630 800	26 044 500	27 946 100
归属于母公司所有者权益	32 776 300	35 192 800	36 018 900	37 687 500	39 385 400
少数股东权益	7 668 700	6 369 100	6 494 100	6 880 100	6 539 100
所有者权益合计	40 445 000	41 561 900	42 513 000	44 567 600	45 924 500
负债和所有者权益总计	58 723 900	55 848 400	55 844 700	60 705 200	62 170 100

数据来源：Wind。

(1) 水平分析

根据中国神华各年资产负债表数据，计算得出资产负债表各项目同比增长率，如表 1-4 所示。结合表 1-3、表 1-4 的数据，可以看出资产从 2018 年的 5 872 亿元增加到 2022 年的 6 217 亿元，有缓慢增长，流动资产在 2018 年、2019 年、2021 年变动比较明显，其他年份增长比较平缓。其中货币资金变动较大，其主要原因为 2018 年、2019 年公司购买银行理财产品、国债以及同业存单、偿还到期美元债券及借款等，导致货币资金减少，2020—2022 年公司理财产品到期收回，以及财务公司出表的影响、经营活动现金净流入增加，导致货币资金大幅增加。非流动资产在 2018 年、2019 年增长变动比较明显，其他年份增长比较平缓，其中无形资产 2021 年增长较快，主要原因为宝日希勒、新街、胜利矿区矿业权增加。

表 1-4　2018—2022 年中国神华资产负债表水平分析表　　单位：%

项目	2018 年	2019 年	2020 年	2021 年	2022 年
流动资产：					
货币资金	−10.96	−28.70	147.58	27.80	4.68
交易性金融资产	29 948.15	3.03	—	—	—
应收票据	−25.57	−43.31	52.99	−15.45	−66.20
应收账款	−36.27	−7.55	−0.62	31.55	6.92
应收款项融资	—	—	—	—	33.51
预付款项	9.10	71.26	−0.18	78.33	−13.73
其他应收款	5.15	−14.36	38.60	−32.45	3.03
存货	−14.42	20.93	5.78	−0.92	−4.25
划分为持有待售的资产	—	—	—	−89.44	—
其他流动资产	10.17	175.21	−79.13	−13.75	−19.86
流动资产合计	75.88	−31.21	7.31	20.95	1.32
非流动资产：					
债权投资	—	125.69	−98.10	0.00	—
其他权益工具投资	—	120.59	3.13	17.83	9.75
长期股权投资	5.65	305.44	22.28	−3.73	4.21

表 1-4(续)

项目	2018 年	2019 年	2020 年	2021 年	2022 年
固定资产	−23.28	−4.69	−3.13	8.67	4.45
在建工程	−6.32	−5.71	15.51	−34.24	−15.80
使用权资产	—	—	3.81	102.61	−1.99
无形资产	−4.68	1.63	−2.52	40.92	3.30
长期待摊费用	−8.79	0.08	−1.77	13.94	−11.82
递延所得税资产	−18.31	−5.18	−3.33	27.35	25.39
其他非流动资产	−44.17	77.81	9.09	−26.04	7.21
非流动资产合计	−18.54	12.44	−2.96	3.24	3.04
资产合计	3.55	−4.90	−0.01	8.70	2.45
流动负债：					
短期借款	−78.93	−58.25	503.95	−15.76	22.79
应付票据	−43.90	−39.31	39.90	28.70	−22.79
应付账款	−19.02	−5.19	14.93	21.23	12.08
合同负债	—	40.54	9.87	30.59	−18.46
应付职工薪酬	−2.35	7.65	2.59	36.29	47.28
应交税费	−24.16	−20.55	33.51	87.62	−35.43
其他应付款	23.23	2.50	−76.40	7.23	50.89
划分为持有待售的负债	—	—	—	—	—
一年内到期的非流动负债	−71.62	101.40	−44.41	53.81	15.13
其他流动负债					40.31
流动负债合计	6.45	−22.61	−27.22	32.02	7.25
非流动负债：					
长期借款	−27.29	−21.00	36.02	−2.11	−21.86
应付债券	5.21	−49.29	−6.33	−2.13	8.86
租赁负债	—	—	−2.73	149.17	−4.30
长期应付款	−9.93	7.45	14.19	218.94	12.35
预计负债	16.71	4.28	86.54	8.48	56.05
递延所得税负债	−28.30	45.81	14.43	8.71	12.73
非流动负债合计	−22.44	−20.24	34.70	9.09	−8.01
负债合计	−5.04	−21.84	−6.68	21.05	0.67
所有者权益：					
实收资本	0.00	0.00	0.00	−0.11	0.00
资本公积金	−0.01	0.01	0.05	−0.13	−8.91
减:库存股	—	—	—	—	—
其他综合收益	−1 718.18	14.67	−47.27	29.58	237.10
专项储备	15.67	−9.41	−35.67	24.87	30.54

表 1-4(续)

项目	2018 年	2019 年	2020 年	2021 年	2022 年
盈余公积金	0.00	0.00	0.00	0.00	0.00
未分配利润	13.60	12.30	5.85	5.74	7.38
归属于母公司所有者权益	8.72	7.37	2.35	4.63	4.56
少数股东权益	4.85	−16.95	1.96	5.94	−4.90
所有者权益合计	7.96	2.76	2.29	4.83	3.10
负债和所有者权益总计	3.55	−4.90	−0.01	8.70	2.45

数据来源：Wind。

中国神华负债从 2018 年的 1 828 亿元减少到 2022 年的 1 625 亿元，在 2019—2022 年呈现稳步增长。流动负债在 2019—2021 年变动较大，其中：应付账款 2021 年增加较快，主要原因为在建电厂应付工程款、设备和材料款等增加；其他应付款 2020 年大幅减少，主要原因为财务公司出表，其吸收存款不再计入本集团。非流动负债在 2018—2020 年变动较大，其中长期借款波动较大，主要原因为公司优化资金使用，借入、偿还外部金融机构长期借款。

中国神华所有者权益从 2018 年的 4 044 亿元增加到 2022 年的 4 592 亿元，有缓慢增长，其中未分配利润增速在放缓，而公司净利润在增长，主要原因为公司分红较多，股利支付率逐年提升。另外，资产负债表中个别项目同比变化较大，但绝对金额相对较小，对企业总体影响较小。

(2) 垂直分析

根据中国神华各年资产负债表数据，计算得出资产负债表各项目结构百分比，如表 1-5 所示。从表 1-5 中可以看出 2018—2022 年间资产结构较为稳定，流动资产占比基本在 30%～40%之间，其中货币资金占比显著上升；非流动资产占比基本在 60%～70%之间，其中固定资产占比一直在 40%左右，占比最大，是公司最重要的资产，因为中国神华所处煤炭、火电、铁路运输等行业均属于重资产行业，因此中国神华资产结构符合煤炭行业特点。

表 1-5　2018—2022 年中国神华资产负债表垂直分析表　　单位：%

项目	2018 年	2019 年	2020 年	2021 年	2022 年
流动资产：					
货币资金	12.30	9.22	22.82	26.83	27.43
交易性金融资产	5.53	5.99	—	—	—
应收票据	0.78	0.46	0.71	0.55	0.18
应收账款	1.45	1.41	1.40	1.69	1.76
应收款项融资	—	—	—	0.06	0.08
预付款项	0.44	0.79	0.79	1.30	1.10
其他应收款	0.49	0.44	0.61	0.38	0.38
存货	1.70	2.16	2.28	2.08	1.95

表 1-5(续)

项目	2018 年	2019 年	2020 年	2021 年	2022 年
划分为持有待售的资产	14.20	—	0.50	0.05	—
其他流动资产	2.86	8.27	1.73	1.37	1.07
流动资产合计	39.73	28.74	30.84	34.31	33.95
非流动资产：					
债权投资	1.59	3.78	0.07	0.07	—
其他权益工具投资	0.14	0.32	0.33	0.36	0.38
长期股权投资	1.70	7.25	8.86	7.85	7.99
固定资产	40.40	40.49	39.22	39.21	39.95
在建工程	6.23	6.18	7.13	4.32	3.55
使用权资产	—	0.15	0.15	0.28	0.27
无形资产	6.21	6.64	6.47	8.39	8.46
长期待摊费用	0.62	0.66	0.65	0.68	0.58
递延所得税资产	0.58	0.58	0.56	0.66	0.80
其他非流动资产	2.80	5.23	5.71	3.89	4.07
非流动资产合计	60.27	71.26	69.16	65.69	66.05
资产合计	100	100	100	100	100
流动负债：					
短期借款	0.34	0.15	0.90	0.70	0.84
应付票据	0.22	0.14	0.20	0.23	0.18
应付账款	4.36	4.34	4.99	5.57	6.09
合同负债	0.58	0.86	0.94	1.13	0.90
应付职工薪酬	0.67	0.76	0.78	0.98	1.41
应交税费	1.68	1.40	1.87	3.23	2.04
其他应付款	7.35	7.92	1.87	1.84	2.72
划分为持有待售的负债	5.09	—	0.04	—	—
一年内到期的非流动负债	0.72	1.52	0.85	1.20	1.35
其他流动负债				0.23	0.31
流动负债合计	21.01	17.10	12.44	15.11	15.83
非流动负债：					
长期借款	7.96	6.61	9.00	8.10	6.18
应付债券	1.16	0.62	0.58	0.52	0.56
租赁负债	—	0.11	0.11	0.25	0.23
长期应付款	0.34	0.39	0.44	1.30	1.42
预计负债	0.56	0.61	1.14	1.14	1.73
递延所得税负债	0.09	0.14	0.16	0.16	0.18
非流动负债合计	10.12	8.48	11.43	11.47	10.30

表 1-5(续)

项目	2018 年	2019 年	2020 年	2021 年	2022 年
负债合计	31.13	25.58	23.87	26.58	26.13
所有者权益:					
实收资本	3.39	3.56	3.56	3.27	3.20
资本公积金	12.72	13.38	13.39	12.30	10.94
减:库存股	—	—	0.05	—	—
其他综合收益	−0.10	−0.09	−0.14	−0.09	0.12
专项储备	2.57	2.45	1.58	1.81	2.31
盈余公积金	1.95	2.05	2.05	1.88	1.84
未分配利润	35.29	41.67	44.11	42.90	44.95
归属于母公司所有者权益	55.81	63.01	64.50	62.08	63.35
少数股东权益	13.06	11.40	11.63	11.33	10.52
所有者权益合计	68.87	74.42	76.13	73.42	73.87
负债和所有者权益总计	100	100	100	100	100

数据来源:Wind。

中国神华资本结构较稳定,负债占比基本在 25%左右,负债水平较低,所有者权益占比基本在 75%左右。其中负债结构稳定,长短期债务基本在 10%、15%,风险较低。所有者权益结构稳定,未分配利润占比基本在 40%～45%,占比最高,说明企业历年留存收益较多,公司盈利能力较强。

1.3.2.2　利润表分析

2018—2022 年中国神华利润表如表 1-6 所示。通过各年数据比较分析,可以看出 2018—2020 年公司营业总收入、营业总成本、营业利润、净利润、每股收益逐年下降,在 2021 年有了大幅上升,呈现 V 形变化。

表 1-6　2018—2022 年中国神华利润表　　基本单位:万元

项目	2018 年	2019 年	2020 年	2021 年	2022 年
一、营业总收入	26 410 100	24 187 100	23 326 300	33 521 600	34 453 300
营业收入	26 410 100	24 187 100	23 326 300	33 521 600	34 453 300
营业总成本	19 189 300	17 626 700	17 112 600	25 324 100	24 497 000
营业成本	15 550 200	14 339 400	13 902 300	22 445 200	21 005 900
税金及附加	1 005 300	1 029 900	1 092 600	1 650 200	1 997 200
销售费用	72 500	64 000	55 500	58 100	41 000
管理费用	1 987 900	1 847 900	1 807 200	911 900	993 000
研发费用	45 400	94 000	136 200	249 900	372 200
财务费用	408 600	251 500	118 800	8 800	87 700
其中:利息费用	464 900	284 900	226 100	257 300	323 400
减:利息收入	133 500	77 900	107 500	247 400	305 300

表 1-6(续)

项目	2018 年	2019 年	2020 年	2021 年	2022 年
加:其他收益	31 700	30 400	37 800	55 100	60 300
投资净收益	59 300	262 400	317 800	−88 500	242 000
其中:对联营企业和合营企业的投资收益	44 800	43 300	94 700	−87 400	222 300
公允价值变动净收益	2 200	16 000	−13 400	—	—
资产减值损失	104 200	−190 500	−152 300	−129 200	−337 200
信用减值损失	15 200	−13 900	−52 400	−256 100	−133 700
资产处置收益	600	−1 900	−2 200	45 400	26 100
二、营业利润	7 314 600	6 662 900	6 349 000	7 824 200	9 813 800
加:营业外收入	42 700	50 200	43 900	38 000	44 300
减:营业外支出	350 400	40 700	126 700	124 700	233 400
三、利润总额	7 006 900	6 672 400	6 266 200	7 737 500	9 624 700
减:所得税	1 602 800	1 518 400	1 539 700	1 801 600	1 459 200
四、净利润	5 404 100	5 154 000	4 726 500	5 935 900	8 165 500
减:少数股东损益	1 017 400	829 000	809 500	909 000	1 202 900
归属于母公司所有者的净利润	4 386 700	4 325 000	3 917 000	5 026 900	6 962 600
加:其他综合收益	16 900	9 900	−33 300	18 600	144 000
五、综合收益总额	5 421 000	5 163 900	4 693 200	5 954 500	8 309 500
减:归属于少数股东的综合收益总额	1 021 800	830 100	800 400	905 300	1 221 000
归属于母公司普通股东综合收益总额	4 399 200	4 333 800	3 892 800	5 049 200	7 088 500
六、每股收益					
基本每股收益/元	2.21	2.17	1.97	2.53	3.50
稀释每股收益/元	2.21	2.17	1.97	2.53	3.50

数据来源:Wind。

(1) 水平分析

根据中国神华各年利润表数据,计算得出利润表各项目同比增长率,如表 1-7 所示。结合表 1-6、表 1-7 的数据,可以看出中国神华营业总收入从 2018 年的 2 641 亿元增加到 2022 年的 3 445 亿元,增长较快,2019—2020 年营业收入出现负增长的主要原因是公司在组建合资公司交易中投出标的资产的售电量及收入自 2019 年 2 月 1 日起不再纳入公司合并报表范围。2021 年营业收入增长 43.71%,大幅增长的主要原因是煤炭市场需求旺盛,煤炭价格上涨,煤炭销售量和平均销售价格同比分别增长 8.0%和 43.4%;另外,国内用电需求增长,2021 年以来多台新机组陆续投产,本集团售电量同比增长 22.3%。

表 1-7　2018—2022 年中国神华利润表水平分析表　　基本单位：%

项目	2018 年	2019 年	2020 年	2021 年	2022 年
一、营业总收入	6.17	−8.42	−3.56	43.71	2.65
营业收入	6.17	−8.42	−3.56	43.71	2.65
营业总成本	6.81	−7.57	−2.92	47.99	−3.51
营业成本	8.11	−7.79	−3.05	51.51	−6.68
税金及附加	4.28	2.45	6.09	51.03	21.03
销售费用	18.46	−11.72	−13.28	4.68	−29.43
管理费用	4.34	−7.04	−2.20	1.91	8.89
研发费用	33.14	107.05	44.89	83.48	48.94
财务费用	18.20	−38.45	−52.76	−92.59	896.59
其中：利息费用	12.40	−38.72	−20.64	13.80	25.69
减：利息收入	39.21	−41.65	38.00	130.14	23.40
加：其他收益	−20.95	−4.10	24.34	45.77	9.44
投资净收益	−55.11	342.50	21.11	−127.85	373.45
其中：对联营企业和合营企业的投资收益	−16.10	−3.35	118.71	−192.29	354.35
公允价值变动净收益	215.79	627.27	−183.75	—	—
资产减值损失	−61.68	−282.82	20.05	15.17	−160.99
信用减值损失		−191.45	−276.98	−388.74	47.79
资产处置收益	−98.11	−416.67	−15.79	2 163.64	−42.51
二、营业利润	2.87	−8.91	−4.71	23.24	25.79
加：营业外收入	−13.39	17.56	−12.55	−13.44	16.58
减：营业外支出	177.65	−88.38	211.30	−1.58	87.17
三、利润总额	−0.38	−4.77	−6.09	23.48	24.75
减：所得税	−1.57	−5.27	1.40	17.01	−19.01
四、净利润	−0.02	−4.63	−8.29	25.59	38.08
减：少数股东损益	12.88	−18.52	−2.35	12.29	32.92
归属于母公司所有者的净利润	−2.60	−1.41	−9.43	28.34	39.02
加：其他综合收益	185.35	−41.42	−436.36	155.86	674.19
五、综合收益总额	0.66	−4.74	−9.12	26.88	40.08
减：归属于少数股东的综合收益总额	13.88	−18.76	−3.58	13.11	35.47
归属母公司普通股东综合收益总额	−1.98	−1.49	−10.18	29.71	40.90
六、每股收益					
基本每股收益/元	−2.60	−1.41	−9.43	28.34	39.02
稀释每股收益/元	−2.60	−1.41	−9.43	28.34	39.02

数据来源：Wind。

中国神华营业总成本从2018年的1 919亿元增加到2022年的2 450亿元，整体上与营业总收入保持同比例变动。其中，营业成本在2018—2021年较营业收入同比变动略大一点，在2022年营业收入上升的情况下，营业成本下降，主要原因是外购煤销售量及其采购成本减少。管理费用2021年出现大幅下降，主要原因是公司为进一步加强成本管理，提供更可靠、更相关的会计信息，自2021年1月1日起，调整本集团中国企业会计准则下煤炭、发电、运输（含铁路、港口、航运，下同）及煤化工等业务相关的修理费的会计核算政策，即将原计入管理费用的相关修理费，调整为计入生产成本核算，并采用追溯调整法对本报告可比期间财务报表进行重述。财务费用逐年下降，是利息收入逐年增加所致，尤其是2021年，主要原因是报告期内存放于金融机构的平均存款余额增加，以及财务公司出表，本集团存放于财务公司的存款产生的利息收入不再抵销。

中国神华的营业利润、利润总额、净利润、归属于母公司所有者的净利润、每股收益，均随营业收入的提升有大幅提高，但增幅略低于营业收入的增幅，主要原因是成本费用增速相对收入增速较快。

（2）垂直分析

根据中国神华各年利润表数据，计算得出利润表各项目结构百分比，如表1-8所示。从表1-8中可以看出2018—2022年各项目占比较稳定，其中营业成本占比基本在60%，占比最高，符合煤炭行业特点。

表1-8　2018—2022年中国神华利润表垂直分析表　　单位：%

项目	2018年	2019年	2020年	2021年	2022年
一、营业总收入	100	100	100	100	100
营业收入	100	100	100	100	100
营业总成本	72.66	72.88	73.36	75.55	71.10
营业成本	58.88	59.29	59.60	66.96	60.97
税金及附加	3.81	4.26	4.68	4.92	5.80
销售费用	0.27	0.26	0.24	0.17	0.12
管理费用	7.53	7.64	7.75	2.72	2.88
研发费用	0.17	0.39	0.58	0.75	1.08
财务费用	1.55	1.04	0.51	0.03	0.25
其中：利息费用	1.76	1.18	0.97	0.77	0.94
减：利息收入	0.51	0.32	0.46	0.74	0.89
加：其他收益	0.12	0.13	0.16	0.16	0.17
投资净收益	0.22	1.08	1.36	−0.26	0.70
其中：对联营企业和合营企业的投资收益	0.17	0.18	0.41	−0.26	0.65
公允价值变动净收益	0.01	0.07	−0.06	—	—
资产减值损失	0.39	−0.79	−0.65	−0.39	−0.98
信用减值损失	0.06	−0.06	−0.22	−0.76	−0.39

表 1-8(续)

项目	2018 年	2019 年	2020 年	2021 年	2022 年
资产处置收益	0.00	−0.01	−0.01	0.14	0.08
二、营业利润	27.70	27.55	27.22	23.34	28.48
加:营业外收入	0.16	0.21	0.19	0.11	0.13
减:营业外支出	1.33	0.17	0.54	0.37	0.68
三、利润总额	26.53	27.59	26.86	23.08	27.94
减:所得税	6.07	6.28	6.60	5.37	4.24
四、净利润	20.46	21.31	20.26	17.71	23.70
减:少数股东损益	3.85	3.43	3.47	2.71	3.49
归属于母公司所有者的净利润	16.61	17.88	16.79	15.00	20.21
加:其他综合收益	0.06	0.04	−0.14	0.06	0.42
五、综合收益总额	20.53	21.35	20.12	17.76	24.12
减:归属于少数股东的综合收益总额	3.87	3.43	3.43	2.70	3.54
归属于母公司普通股东综合收益总额	16.66	17.92	16.69	15.06	20.57

数据来源:Wind。

根据表 1-9 所示 2018—2022 年中国神华主营构成表,可以看出煤炭、发电是中国神华的两大主营业务,煤炭业务的毛利率在 30%左右,而发电业务毛利率不够稳定。因此,煤炭是中国神华最主要的收入来源和利润来源。

表 1-9　2018—2022 年中国神华主营构成表

项目	2018 年	2019 年	2020 年	2021 年	2022 年
煤炭分部					
收入/万元	20 519 100	19 739 600	19 002 900	29 266 100	27 747 400
成本/万元	14 731 300	14 387 800	13 787 100	21 201 900	17 782 100
毛利/万元	5 787 800	5 351 800	5 215 800	8 064 200	9 965 300
毛利率/%	28.21	27.11	27.45	27.55	35.90
业务收入比例/%	77.69	81.61	81.47	87.31	80.54
发电分部					
收入/万元	8 845 00	5 262 600	4 948 600	6 412 400	8 452 500
成本/万元	6 849 100	3 788 100	3 601 200	5 917 300	7 243 200
毛利/万元	1 996 100	1 474 500	1 347 400	495 100	1 209 300
毛利率/%	22.57	28.02	27.23	7.72	14.30
业务收入比例/%	33.49	21.76	21.21	19.13	24.53

表 1-9(续)

项目	2018 年	2019 年	2020 年	2021 年	2022 年
铁路行业					
收入/万元	3 914 900	3 970 100	3 872 300	4 069 900	4 219 700
成本/万元	1 557 400	1 622 500	1 617 900	2 154 600	2 471 000
毛利/万元	2 357 500	2 347 600	2 254 400	1 915 300	1 748 700
毛利率/%	60.22	59.13	58.22	47.06	41.40
业务收入比例/%	14.82	16.41	16.60	12.14	12.25
港口分部					
收入/万元	612 400	592 600	635 900	644 000	644 100
成本/万元	301 600	250 800	278 300	324 100	348 100
毛利/万元	310 800	341 800	357 600	319 900	296 000
毛利率/%	50.75	57.68	56.24	49.67	46.00
业务收入比例/%	2.32	2.45	2.73	1.92	1.87
煤化工行业					
收入/万元	584 000	532 700	516 500	585 100	637 900
成本/万元	439 200	415 000	425 500	463 300	536 300
毛利/万元	144 800	117 700	91 000	121 800	101 600
毛利率/%	24.79	22.09	17.62	20.82	15.90
业务收入比例/%	2.21	2.20	2.21	1.75	1.85
航运分部					
收入/万元	408 900	329 700	311 200	619 500	605 100
成本/万元	317 900	288 100	272 700	500 600	520 300
毛利/万元	91 000	41 600	38 500	118 900	84 800
毛利率/%	22.25	12.62	12.37	19.19	14.00
业务收入比例/%	1.55	1.36	1.33	1.85	1.76
未分配项目					
收入/万元	276 300	281 300	185 300	32 100	52 900
成本/万元					
毛利/万元			185 300	32 100	
毛利率/%			100	100	
业务收入比例/%	1.05	1.16	0.79	0.10	0.15
内部抵销					
收入/万元	−8 750 700	−6 521 500	−6 146 400	−8 107 500	−7 906 300
成本/万元	−8 646 300	−6 521 500	−6 080 400	−8 116 600	−7 895 100
毛利/万元	−104 400		−66 000	9 100	−11 200
毛利率/%	1.19		1.07	−0.11	0.14
业务收入比例/%	−33.13	−26.96	−26.35	−24.19	−22.95

数据来源:Wind。

1.3.2.3　现金流量表分析

2018—2022 年中国神华现金流量表如表 1-10 所示。通过各年数据比较分析，可以看出经营活动产生的现金流量净额大于 0，整体呈现上升趋势，自身“造血”能力较强。投资活动产生的现金流量净额基本小于 0，投资活动流出现金较大，说明公司正在加大投资力度。筹资活动产生的现金流量净额小于 0，整体比较平稳，说明公司不是依靠外部“输血”，而是对投资者高比例分红，回馈投资者。现金及现金等价物净增加额正负相间，变动比较大，但保持期末现金及现金等价物余额整体稳定增长，说明公司业绩稳定增长，现金收支合理，财务规划得当。

表 1-10　2018—2022 年中国神华现金流量表　　单位：万元

项目	2018 年	2019 年	2020 年	2021 年	2022 年
一、经营活动产生的现金流量					
销售商品、提供劳务收到的现金	29 594 300	26 928 500	24 605 000	34 461 900	35 661 800
收到的税费返还	2 700	1 700	4 000	3 200	186 300
收到其他与经营活动有关的现金	754 400	910 300	1 265 300	1 233 300	1 113 700
经营活动现金流入(金融类)	1 212 300	403 700	2 046 800	—	—
经营活动现金流入小计	31 563 700	28 244 200	27 921 100	35 698 400	36 961 800
购买商品、接受劳务支付的现金	13 717 700	13 041 200	11 658 400	18 674 700	16 579 900
支付给职工以及为职工支付的现金	2 869 300	2 802 200	2 928 400	3 392 200	4 112 800
支付的各项税费	5 318 200	4 509 100	3 991 500	2 915 300	3 912 300
支付其他与经营活动有关的现金	687 400	811 200	1 027 000	1 258 700	1 383 400
经营活动现金流出(金融类)	146 300	769 900	186 900	—	—
经营活动现金流出小计	22 738 900	21 933 600	19 792 200	26 240 900	25 988 400
经营活动产生的现金流量净额	8 824 800	6 310 600	8 128 900	9 457 500	10 973 400
二、投资活动产生的现金流量					
收回投资收到的现金	21 200	4 191 300	6 192 200	—	—
取得投资收益收到的现金	166 200	193 000	279 200	374 800	387 100
处置固定资产、无形资产和其他长期资产收回的现金净额	94 200	112 900	49 000	152 200	153 000
处置子公司及其他营业单位收到的现金净额	200	—	135,000	394,700	—
收到其他与投资活动有关的现金	254 400	257 100	249 600	14 100	8 200
投资活动现金流入差额	—	—	—	1 053 100	801 100
投资活动现金流入小计	536 200	4 754 300	6 905 000	1 988 900	1 349 400
购建固定资产、无形资产和其他长期资产支付的现金	2 093 500	1 900 900	2 067 300	2 386 300	2 868 400
投资支付的现金	3 381 500	6 988 700	209 300	73 600	51 900
取得子公司及其他营业单位支付的现金净额	—	156 200	—	—	—
支付其他与投资活动有关的现金	366 800	339 200	1 423 600	—	—

表 1-10(续)

项目	2018 年	2019 年	2020 年	2021 年	2022 年
投资活动现金流出差额	—	—	—	213 400	4 087 600
投资活动现金流出小计	5 841 800	9 385 000	3 700 200	2 673 300	7 007 900
投资活动产生的现金流量净额	−5 305 600	−4 630 700	3 204 800	−684 400	−5 658 500
三、筹资活动产生的现金流量					
吸收投资收到的现金	37 600	73 200	60 600	112 900	166 900
其中:子公司吸收少数股东投资收到的现金	37 600	73 200	60 600	112 900	166 900
取得借款收到的现金	3 538 900	354 100	994 000	2 211 400	2 765 300
收到其他与筹资活动有关的现金	45 500	110 200	99 800	99 500	104 000
筹资活动现金流入小计	3 622 000	537 500	1 154 400	2 423 800	3 036 200
偿还债务支付的现金	4 777 900	1 511 600	1 732 800	2 174 100	3 650 100
分配股利、利润或偿付利息支付的现金	3 315 600	2 719 200	3 575 100	4 600 200	6 231 000
其中:子公司支付给少数股东的股利、利润	951 500	651 200	815 900	682 600	891 900
支付其他与筹资活动有关的现金	—	23 900	54 400	22 600	28 100
筹资活动现金流出差额	—	—	—	—	1 000 400
筹资活动现金流出小计	8 093 500	4 254 700	5 362 300	6 796 900	10 909 600
筹资活动产生的现金流量净额	−4 471 500	−3 717 200	−4 207 900	−4 373 100	−7 873 400
四、汇率变动对现金的影响	4 900	33 700	−13 100	−17 400	33 700
五、现金及现金等价物净增加额	−947 400	−2 003 600	7 112 700	4 382 600	−2 524 800
加:期初现金及现金等价物余额	7 187 200	6 186 300	4 182 700	11 288 000	15 670 600
六、期末现金及现金等价物余额	6 186 300	4 182 700	11 288 000	15 670 600	13 145 800

数据来源:Wind。

(1) 水平分析

根据中国神华2018—2022年现金流量表数据,计算得出现金流量表各项目同比增长率,如表1-11所示。结合表1-10、表1-11的数据,可以看出经营活动产生的现金流量净额从2018年的882亿元增加到2022年的1 097亿元,有较快增长,呈现V形变化,其中销售商品、提供劳务收到的现金与营业收入变动趋势一致,购买商品、接受劳务支付的现金与营业成本变动趋势一致,其变动原因也相同。

表 1-11　2018—2022 年中国神华现金流量表水平分析　　单位:%

项目	2018 年	2019 年	2020 年	2021 年	2022 年
一、经营活动产生的现金流量					
销售商品、提供劳务收到的现金	4.29	−9.01	−8.63	40.06	3.35
收到的税费返还	125.00	−37.04	135.29	−20.00	5 721.88
收到其他与经营活动有关的现金	8.72	20.67	39.00	−2.53	−9.70
经营活动现金流入(金融类)	48.66	−66.70	407.01	—	—
经营活动现金流入小计	5.61	−10.52	−1.14	27.85	3.42

表 1-11(续)

项目	2018 年	2019 年	2020 年	2021 年	2022 年
购买商品、接受劳务支付的现金	11.14	−4.93	−10.60	60.18	−11.52
支付给职工以及为职工支付的现金	13.06	−2.34	4.50	15.84	21.24
支付的各项税费	9.22	−15.21	−11.48	−26.96	34.20
支付其他与经营活动有关的现金	30.21	18.01	26.60	22.56	9.91
经营活动现金流出(金融类)	56.64	426.25	−75.72	—	—
经营活动现金流出小计	11.62	−3.54	−9.76	32.58	−1.21
经营活动产生的现金流量净额	−7.26	−28.49	28.81	16.34	16.31
二、投资活动产生的现金流量					
收回投资收到的现金	−99.65	19 670.28	47.74	—	—
取得投资收益收到的现金	−11.17	16.13	44.66	34.24	3.28
处置固定资产、无形资产和其他长期资产收回的现金净额	−29.81	19.85	−56.60	210.61	68.50
处置子公司及其他营业单位收到的现金净额	—	—	—	192.37	—
收到其他与投资活动有关的现金	−24.84	1.06	−2.92	−70.63	−41.84
投资活动现金流入差额				422.37	−44.67
投资活动现金流入小计	−91.95	786.67	45.24	−71.20	−32.15
购建固定资产、无形资产和其他长期资产支付的现金	3.29	−9.20	8.75	15.43	21.35
投资支付的现金	12.86	106.67	−97.01	−64.84	−29.48
取得子公司及其他营业单位支付的现金净额	—	—	—	—	—
支付其他与投资活动有关的现金	20.90	−7.52	319.69	—	—
投资活动现金流出差额	—	—	—	−85.01	1 815.46
投资活动现金流出小计	9.68	60.65	−60.57	−27.75	164.37
投资活动产生的现金流量净额	−497.04	12.72	169.21	−121.36	−754.89
三、筹资活动产生的现金流量					
吸收投资收到的现金	−67.70	94.68	−17.21	86.30	47.83
其中:子公司吸收少数股东投资收到的现金	−67.70	94.68	−17.21	86.30	47.83
取得借款收到的现金	43.56	−89.99	180.71	122.47	25.05
收到其他与筹资活动有关的现金	232.12	142.20	−9.44	−0.30	4.52
筹资活动现金流入小计	39.57	−85.16	114.77	109.96	25.27
偿还债务支付的现金	38.53	−68.36	14.63	25.47	67.89
分配股利、利润或偿付利息支付的现金	−52.01	−17.99	31.48	28.67	35.45
其中:子公司支付给少数股东的股利、利润	123.94	−31.56	25.29	−16.34	30.66
支付其他与筹资活动有关的现金			127.62	−58.46	24.34
筹资活动现金流出差额	—	—	—	—	—

表 1-11(续)

项目	2018 年	2019 年	2020 年	2021 年	2022 年
筹资活动现金流出小计	−21.86	−47.43	26.03	26.75	60.51
筹资活动产生的现金流量净额	42.39	16.87	−13.20	−3.93	−80.04
四、汇率变动对现金的影响	123.33	587.76	−138.87	−32.82	293.68
五、现金及现金等价物净增加额	−130.88	−111.48	455.00	−38.38	−157.61
加:期初现金及现金等价物余额	74.50	−13.93	−32.39	169.87	38.83
六、期末现金及现金等价物余额	−13.93	−32.39	169.87	38.83	−16.11

数据来源:Wind。

投资活动产生的现金流量净额从 2018 年的−531 亿元到 2022 年的−566 亿元,呈现倒 V 形变化,其中收回投资收到的现金大幅增加,主要原因是银行理财产品到期收回;购建固定资产、无形资产和其他长期资产支付的现金有所增加;投资支付的现金大幅减少,说明随着银行理财产品陆续到期,没有再大量购买理财产品。

筹资活动产生的现金流量净额 2018 年为−447 亿元,2022 年为−787 亿元,2018—2021 年比较稳定,在 2022 年降幅较大,其中取得借款收到的现金、偿还债务支付的现金波动较大,主要原因为公司优化资金使用,借入、偿还外部金融机构长期借款;分配股利、利润或偿付利息支付的现金在 2021 年、2022 年增加较多,说明公司采取了高股利政策,这也是筹资活动产生的现金流量净额大幅降低的主要原因。

(2) 垂直分析

根据中国神华 2018—2022 年现金流量表数据,计算得出现金流量表各项目结构百分比,如表 1-12 所示。从表 1-12 可以看出 2018—2022 年各项目占比较稳定,经营活动现金流入结构中销售商品、提供劳务收到的现金占比在 95%左右,占比最高,符合煤炭行业特点;经营活动现金流出结构中购买商品、接受劳务支付的现金占 60%左右,占比最高,符合煤炭行业特点。

表 1-12　2018—2022 年中国神华现金流量表垂直分析　　单位:%

项目	2018 年	2019 年	2020 年	2021 年	2022 年
一、经营活动产生的现金流量					
销售商品、提供劳务收到的现金	93.76	95.34	88.12	96.54	96.48
收到的税费返还	0.01	0.01	0.01	0.01	0.50
收到其他与经营活动有关的现金	2.39	3.22	4.53	3.45	3.01
经营活动现金流入(金融类)	3.84	1.43	7.33	—	—
经营活动现金流入小计	100	100	100	100	100
购买商品、接受劳务支付的现金	60.33	59.46	58.90	71.17	63.80
支付给职工以及为职工支付的现金	12.62	12.78	14.80	12.93	15.83
支付的各项税费	23.39	20.56	20.17	11.11	15.05
支付其他与经营活动有关的现金	3.02	3.70	5.19	4.80	5.32
经营活动现金流出(金融类)	0.64	3.51	0.94	—	—

表 1-12(续)

项目	2018 年	2019 年	2020 年	2021 年	2022 年
经营活动现金流出小计	100	100	100	100	100
经营活动产生的现金流量净额	—	—	—	—	—
二、投资活动产生的现金流量					
收回投资收到的现金	3.95	88.16	89.68	—	—
取得投资收益收到的现金	31.00	4.06	4.04	18.84	28.69
处置固定资产、无形资产和其他长期资产收回的现金净额	17.57	2.37	0.71	7.65	11.34
处置子公司及其他营业单位收到的现金净额	0.04	—	1.96	19.85	—
收到其他与投资活动有关的现金	47.44	5.41	3.61	0.71	0.61
投资活动现金流入差额	—	—	—	52.95	59.37
投资活动现金流入小计	100	100	100	100	100
购建固定资产、无形资产和其他长期资产支付的现金	35.84	20.25	55.87	89.26	40.93
投资支付的现金	57.88	74.47	5.66	2.75	0.74
取得子公司及其他营业单位支付的现金净额	—	1.66	—	—	—
支付其他与投资活动有关的现金	6.28	3.61	38.47	—	—
投资活动现金流出差额	—	—	—	7.98	58.33
投资活动现金流出小计	100	100	100	100	100
投资活动产生的现金流量净额	—	—	—	—	—
三、筹资活动产生的现金流量					
吸收投资收到的现金	1.04	13.62	5.25	4.66	5.50
其中：子公司吸收少数股东投资收到的现金	1.04	13.62	5.25	4.66	5.50
取得借款收到的现金	97.71	65.88	86.11	91.24	91.08
收到其他与筹资活动有关的现金	1.26	20.50	8.65	4.11	3.43
筹资活动现金流入小计	100	100	100	100	100
偿还债务支付的现金	59.03	35.53	32.31	31.99	33.46
分配股利、利润或偿付利息支付的现金	40.97	63.91	66.67	67.68	57.11
其中：子公司支付给少数股东的股利、利润	11.76	15.31	15.22	10.04	8.18
支付其他与筹资活动有关的现金	—	0.56	1.01	0.33	0.26
筹资活动现金流出差额	—	—	—	—	9.17
筹资活动现金流出小计	100	100	100	100	100
筹资活动产生的现金流量净额	—	—	—	—	—

数据来源：Wind。

投资活动现金流入结构中收回投资收到的现金占比变动较大;投资活动现金流出结构中购建固定资产、无形资产和其他长期资产支付的现金、投资支付的现金占比变动较大,其原因分析已在水平分析中说明。

筹资活动现金流入结构中,取得借款收到的现金占比基本在90%左右,占比最高,说明公司主要以借款筹资为主。筹资活动现金流出结构中,分配股利、利润或偿付利息支付的现金占比基本在60%左右,占比最高,说明公司采取派发高现金股利政策。

1.3.3 公司财务能力分析

公司财务能力分析主要包括偿债能力分析、营运能力分析、盈利能力分析、成长能力分析四个方面。

本部分数据分析采用Wind行业分类,以能源—能源Ⅱ—石油、天然气与供消费用燃料—煤炭与消费用燃料行业中35家上市公司为样本,其中行业平均值按简单算术平均法计算。

1.3.3.1 偿债能力分析

(1) 短期偿债能力分析

2018—2022年中国神华与同行业流动比率、速动比率、现金比率对比,如表1-13、表1-14、表1-15所示。通过各年数据比较分析,可以看出中国神华流动比率、速动比率、现金比率明显高于行业中位值和平均值,但2020—2022年呈现逐年减低的趋势,说明中国神华短期偿债能力较强。

表1-13 2018—2022年中国神华与同行业流动比率对比表

项目	2018年	2019年	2020年	2021年	2022年
中国神华	1.890 9	1.680 9	2.478 4	2.270 5	2.144 7
行业平均值	1.508 5	1.058 7	1.014 9	1.026 7	1.101 1
行业中位值	0.852 9	0.744 2	0.714 4	0.854 0	0.916 1
行业最高值	19.624 1	4.796 5	4.128 6	3.456 6	5.089 3
行业最低值	0.164 8	0.157 3	0.144 3	0.282 9	0.304 5

数据来源:Wind。

表1-14 2018—2022年中国神华与同行业速动比率对比表

项目	2018年	2019年	2020年	2021年	2022年
中国神华	1.810 1	1.554 6	2.294 9	2.132 8	2.021 8
行业平均值	1.349 1	0.963 8	0.910 5	0.922 8	0.991 5
行业中位值	0.768 9	0.679 0	0.580 3	0.689 5	0.837 3
行业最高值	17.591 5	4.796 5	3.982 7	3.311 6	4.682 1
行业最低值	0.139 9	0.139 6	0.121 8	0.168 3	0.169 1

数据来源:Wind。

表 1-15 2018—2022 年中国神华与同行业现金比率对比表

项目	2018 年	2019 年	2020 年	2021 年	2022 年
中国神华	0.885 3	0.916 4	1.891 1	1.811 9	1.744 2
行业平均值	0.698 1	0.542 7	0.578 1	0.621 1	0.710 8
行业中位值	0.542 4	0.374 1	0.331 3	0.435 5	0.551 4
行业最高值	4.856 8	1.778 6	2.884 1	2.568 5	2.192 3
行业最低值	0.038 8	0.064 1	0.050 3	0.073 7	0.071 9

数据来源：Wind。

(2) 长期偿债能力分析

2018—2022 年中国神华与同行业资产负债率、已获利息倍数、经营活动产生的现金流量净额/负债对比，如表 1-16、表 1-17、表 1-18 所示。通过各年数据比较分析，可以看出中国神华资产负债率明显低于行业中位值和平均值，2019—2022 年基本是行业的最低值；已获利息倍数只在 2018 年低于行业平均值，其他年份均远高于行业平均值、中位值，并在 2022 年达到行业最高值；经营活动产生的现金流量净额/负债明显高于行业中位值和平均值，并在 2019—2020 年达到行业最高值，说明中国神华长期偿债能力非常强。

表 1-16 2018—2022 年中国神华与同行业资产负债率对比表 单位：%

项目	2018 年	2019 年	2020 年	2021 年	2022 年
中国神华	31.126 8	25.580 9	23.872 8	26.583 6	26.130 9
行业平均值	53.798 9	54.388 0	55.498 7	54.537 9	52.310 8
行业中位值	54.419 1	56.926 1	55.110 4	55.100 3	51.576 0
行业最高值	88.680 6	88.753 3	93.224 2	92.866 3	94.691 8
行业最低值	16.028 7	25.174 3	23.872 8	26.583 6	23.265 1

数据来源：Wind。

表 1-17 2018—2022 年中国神华与同行业已获利息倍数对比表

项目	2018 年	2019 年	2020 年	2021 年	2022 年
中国神华	16.831 0	22.423 1	35.709 2	81.637 5	532.751 4
行业平均值	31.912 7	14.330 0	17.270 2	16.020 2	38.133 4
行业中位值	5.811 0	4.745 1	4.892 4	9.055 3	15.346 4
行业最高值	668.748 7	203.288 6	176.334 4	103.250 6	532.751 4
行业最低值	−11.655 4	−4.835 5	−2.200 5	−0.096 5	−1.180 5

数据来源：Wind。

表 1-18　2018—2022 年中国神华与同行业经营活动产生的现金流量净额/负债对比表

项目	2018 年	2019 年	2020 年	2021 年	2022 年
中国神华	0.482 8	0.441 7	0.609 7	0.586 1	0.675 5
行业平均值	0.169 2	0.141 7	0.127 2	0.241 9	0.266 8
行业中位值	0.173 0	0.141 7	0.107 3	0.202 4	0.247 3
行业最高值	0.876 8	0.441 7	0.609 7	0.722 1	0.740 9
行业最低值	−0.759 0	−0.155 0	−0.125 6	0.001 3	−0.068 3

数据来源：Wind。

1.3.3.2　营运能力分析

（1）应收账款周转情况分析

2018—2022 年中国神华与同行业应收账款周转率对比如表 1-19 所示。通过各年数据比较分析，可以看出中国神华 2018—2021 年应收账款周转率明显高于行业中位值和平均值，仅在 2022 年低于行业平均值，但高于行业中位值，原因是行业内个别公司指标异常波动造成行业平均值上升。中国神华应收账款周转率总体上呈现逐年上升的趋势，说明其应收账款管理效率较高。

表 1-19　2018—2022 年中国神华与同行业应收账款周转率对比表　　单位：次

项目	2018 年	2019 年	2020 年	2021 年	2022 年
中国神华	24.221 7	29.613 8	29.819 5	37.130 7	32.463 3
行业平均值	22.492 0	24.135 5	21.978 5	36.954 4	55.540 8
行业中位值	14.111 5	14.652 5	15.366 8	24.919 3	28.688 4
行业最高值	96.888 1	102.638 8	65.895 4	148.389 0	460.038 2
行业最低值	2.625 6	1.922 1	1.653 9	2.260 1	3.709 9

数据来源：Wind。

（2）存货周转情况分析

2018—2022 年中国神华与同行业存货周转率对比如表 1-20 所示。通过各年数据比较分析，可以看出中国神华 2018—2022 年存货周转率低于行业中位值和平均值，说明中国神华存货管理效率较低。

表 1-20　2018—2022 年中国神华与同行业存货周转率对比表　　单位：次

项目	2018 年	2019 年	2020 年	2021 年	2022 年
中国神华	14.389 0	13.024 0	11.210 2	17.685 2	16.988 9
行业平均值	18.000 2	17.864 1	17.700 8	22.555 9	22.751 8
行业中位值	15.763 5	14.682 1	14.533 7	20.565 8	18.698 9
行业最高值	57.343 3	44.758 0	76.945 2	104.630 9	117.844 5
行业最低值	1.992 6	1.632 0	1.835 7	2.638 3	2.472 6

数据来源：Wind。

结合中国神华会计报表附注，可以看到 2018—2022 年该公司存货构成，如表 1-21 所示。通过分析发现，该公司辅助材料、零部件及小型工具占比基本在 50%以上，从而导致中国神华的存货余额偏大，因为资料有限，无法进一步获得相关资料，这可能是中国神华存货周转率较低的原因所在。

表 1-21　2018—2022 年中国神华存货构成表　单位：万元

项目	2018 年	2019 年	2020 年	2021 年	2022 年
一、存货账面余额	1 235 300	1 464 000	1 489 200	1 488 400	1 431 900
房地产开发产品及房地产开发成本	140 800	126 800	90 600	112 700	123 600
辅助材料、零部件及小型工具	739 900	779 900	875 000	738 400	669 800
煤炭存货	354 600	557 300	523 600	637 300	638 500
二、存货跌价准备	238 600	258 700	214 200	225 100	222 300
房地产开发产品及房地产开发成本	28 900	28 400	3 300	1 600	1 600
辅助材料、零部件及小型工具	209 700	230 200	210 900	223 500	220 700
煤炭存货	—	100	—	—	—
三、存货账面价值	996 700	1 205 300	1 275 000	1 263 300	1 209 600
房地产开发产品及房地产开发成本	111 900	98 400	87 300	111 100	122 000
辅助材料、零部件及小型工具	530 200	549 700	664 100	514 900	449 100
煤炭存货	354 600	557 200	523 600	637 300	638 500

（3）流动资产周转情况分析

2018—2022 年中国神华与同行业流动资产周转率对比如表 1-22 所示。通过各年数据比较分析，可以看出中国神华 2018—2022 年流动资产周转率低于行业中位值和平均值，说明中国神华流动资产管理效率较低。

表 1-22　2018—2022 年中国神华与同行业流动资产周转率对比表　单位：次

项目	2018 年	2019 年	2020 年	2021 年	2022 年
中国神华	1.443 4	1.228 4	1.402 1	1.761 8	1.643 1
行业平均值	2.304 5	2.148 0	2.075 5	2.742 5	2.632 1
行业中位值	1.776 3	1.821 0	1.716 7	2.251 8	2.102 2
行业最高值	11.184 8	8.306 5	6.530 7	9.330 7	11.918 9
行业最低值	0.827 7	0.591 6	0.452 2	0.573 4	0.773 0

数据来源：Wind。

2018—2022 年中国神华与同行业流动资产/资产对比如表 1-23 所示。通过各年数据比较分析，可以看出中国神华 2018—2022 年流动资产占比基本与行业中位值和平均值相等，说明中国神华流动资产占比合理。进一步分析流动资产内部结构，结合 2018—2022 年资产负债表垂直分析表，可以看出货币资金占流动资产的 70%～80%，而大量闲置的货币资金无法产生收入，影响了公司流动资产的运营效率。

表 1-23　2018—2022 年中国神华与同行业流动资产/资产对比表　　单位：%

项目	2018 年	2019 年	2020 年	2021 年	2022 年
中国神华	39.727 6	28.737 4	30.840 7	34.315 0	33.947 2
行业平均值	36.744 5	34.668 7	32.355 1	34.362 7	34.696 5
行业中位值	37.065 4	34.019 5	29.636 0	32.630 6	31.368 7

数据来源：Wind。

（4）固定资产周转情况分析

2018—2022 年中国神华与同行业固定资产周转率对比如表 1-24 所示。通过各年数据比较分析，可以看出中国神华 2018—2022 年固定资产周转率低于行业中位值和平均值，说明中国神华固定资产管理效率较低。

表 1-24　2018—2022 年中国神华与同行业固定资产周转率对比表　　单位：次

项目	2018 年	2019 年	2020 年	2021 年	2022 年
中国神华	0.966 6	1.044 0	1.048 0	1.466 8	1.416 6
行业平均值	43.424 7	57.206 4	57.517 5	59.206 2	26.750 4
行业中位值	1.583 1	1.512 7	1.295 4	1.791 9	1.968 5
行业最高值	1 447.482 3	1 937.631 2	1 953.654 1	1 987.938 0	850.040 0
行业最低值	0.583 4	0.585 2	0.511 4	0.658 1	0.553 4

数据来源：Wind。

根据前文流动资产占比合理的结论，可以分析得出中国神华固定资产占比也是合理的，进一步分析固定资产内部结构，从表 1-25 中可以看出，2018—2022 年中国神华固定资产原值稳步增长，但固定资产成新率却在逐年下降，说明中国神华固定资产相对陈旧，可能造成固定资产运营效率下降，后期可能还会造成较高的维护费用。

表 1-25　2018—2022 年中国神华固定资产情况表

项目	2018 年	2019 年	2020 年	2021 年	2022 年
固定资产—原值/万元	39 996 400	40 321 500	41 241 500	44 451 400	47 455 700
固定资产—累计折旧/万元	15 776 600	17 215 700	18 760 200	20 162 500	21 931 600
固定资产—净值/万元	24 219 800	23 105 800	22 481 300	24 288 900	25 524 100
固定资产—减值准备/万元	497 100	494 600	577 000	486 300	686 000
固定资产—净额/万元	23 722 700	22 611 200	21 904 300	23 802 600	24 838 100
固定资产成新率	—	58.92%	55.89%	54.58%	54.20%

（5）总资产周转情况分析

2018—2022 年中国神华与同行业总资产周转率对比如表 1-26 所示。通过各年数据比较分析，可以看出中国神华 2018—2022 年总资产周转率低于行业中位值和平均值，流动资产、固定资产周转较慢，说明中国神华总资产管理效率较低。

表 1-26　2018—2022 年中国神华与同行业总资产周转率对比表　　单位：次

项目	2018 年	2019 年	2020 年	2021 年	2022 年
中国神华	0.457 6	0.422 2	0.417 7	0.575 2	0.560 8
行业平均值	0.823 1	0.765 8	0.688 3	0.906 0	0.858 3
行业中位值	0.468 8	0.476 6	0.432 0	0.575 2	0.660 3
行业最高值	5.066 4	4.121 8	3.551 0	5.674 2	4.651 8
行业最低值	0.292 4	0.250 6	0.178 7	0.229 7	0.297 4

数据来源：Wind。

1.3.3.3　盈利能力分析

(1) 商品经营盈利能力分析

2018—2022 年中国神华与同行业销售毛利率、销售净利率、成本费用利润率对比如表 1-27、表 1-28、表 1-29 所示。通过各年数据比较分析，可以看出中国神华销售毛利率、销售净利率、成本费用利润率基本稳定，且明显高于行业中位值和平均值，说明中国神华商品经营盈利能力较强。

表 1-27　2018—2022 年中国神华与同行业销售毛利率对比表　　单位：%

项目	2018 年	2019 年	2020 年	2021 年	2022 年
中国神华	41.120 3	40.714 7	40.400 7	33.042 6	39.030 8
行业平均值	27.852 4	24.888 4	22.419 0	28.488 3	31.088 9
行业中位值	28.640 3	24.187 6	24.010 2	30.254 4	39.030 8
行业最高值	54.416 7	55.291 0	40.400 7	64.516 7	55.879 8
行业最低值	3.542 9	−2.261 5	2.076 5	2.517 4	−1.444 5

数据来源：Wind。

表 1-28　2018—2022 年中国神华与同行业销售净利率对比表　　单位：%

项目	2018 年	2019 年	2020 年	2021 年	2022 年
中国神华	20.462 2	21.308 9	20.262 5	17.707 7	23.700 2
行业平均值	7.654 1	5.661 7	4.387 0	11.673 5	14.983 8
行业中位值	7.888 6	6.375 0	6.332 1	11.176 4	18.910 9
行业最高值	27.836 6	22.658 9	20.827 5	34.757 8	31.819 1
行业最低值	−66.873 0	−42.790 6	−35.670 8	−7.709 0	−2.343 5

数据来源：Wind。

表 1-29　2018—2022 年中国神华与同行业成本费用利润率对比表　　单位：%

项目	2018 年	2019 年	2020 年	2021 年	2022 年
中国神华	29.915 4	31.054 2	29.503 7	25.073 6	36.291 4
行业平均值	10.099 9	7.501 4	5.966 7	16.822 6	22.494 4
行业中位值	9.818 3	7.033 1	7.086 4	13.584 6	23.169 2
行业最高值	43.276 6	31.768 8	29.503 7	72.727 0	53.246 7
行业最低值	−68.024 9	−40.584 9	−33.549 5	−8.894 6	−2.295 0

数据来源：Wind。

（2）资产经营盈利能力分析

2018—2022 年中国神华与同行业资产净利率对比如表 1-30 所示。通过各年数据比较分析，可以看出中国神华资产净利率基本在 10%左右，比较稳定，且明显高于行业中位值和平均值，说明中国神华资产经营盈利能力较强。

表 1-30　2018—2022 年中国神华与同行业资产净利率对比表　　单位：%

项目	2018 年	2019 年	2020 年	2021 年	2022 年
中国神华	9.362 9	8.996 9	8.463 4	10.186 0	13.290 7
行业平均值	5.438 9	3.731 6	2.899 0	7.261 8	8.899 2
行业中位值	4.500 0	3.450 4	3.244 7	7.106 2	9.065 2
行业最高值	21.001 0	13.455 9	14.337 7	20.186 4	26.500 5
行业最低值	−22.584 4	−16.035 6	−11.053 8	−3.192 8	−5.676 8

数据来源：Wind。

（3）资本经营盈利能力分析

2018—2022 年中国神华与同行业净资产收益率对比如表 1-31 所示。通过各年数据纵向比较分析，可以看出中国神华净资产收益率呈 V 形变化，主要是受煤炭需求影响，在前文利润表水平分析中已阐述。

表 1-31　2018—2022 年中国神华与同行业净资产收益率对比表　　单位：%

项目	2018 年	2019 年	2020 年	2021 年	2022 年
中国神华	13.942 6	12.726 4	11.001 0	13.640 3	18.067 6
行业平均值	12.965 4	7.585 3	4.360 0	16.153 9	18.139 5
行业中位值	10.905 1	8.498 6	7.752 0	16.810 4	20.438 0
行业最高值	75.392 2	32.615 2	29.651 1	48.553 5	52.014 1
行业最低值	−50.063 0	−60.201 1	−55.188 8	−32.768 6	−12.150 2

数据来源：Wind。

对中国神华与同行业数据作横向比较分析，可以看出中国神华在 2018—2020 年净资产收益率明显高于行业中位值和平均值。但在 2021—2022 年净资产收益率略低于行业中位值和平均值，结合前文偿债能力分析可知中国神华资产负债率很低，很多年份几乎是行业最低值，因而其财务杠杆也相对同行业其他公司低，但市场需求大幅增多时，中国神华的财务杠杆利益也相对同行业公司低。

综上，随市场需求变化，中国神华资本经营盈利能力有所增强，但受本公司财务政策影响，近两年资本经营盈利能力略低于同行业水平。

1.3.3.4　成长能力分析

（1）销售增长率分析

2018—2022 年中国神华与同行业销售增长率对比如表 1-32 所示。通过各年数据比较分析，可以看出中国神华销售增长率波动比较大，因为中国神华属于煤炭行业，受宏观经济等因素影响大，市场需求变化大，中国神华销售增长率在 2018 年、2019 年、2022 年明显低于行业中位值和平均值，说明中国神华销售成长能力较弱。

表 1-32　2018—2022 年中国神华与同行业销售增长率对比表　　单位：%

项目	2018 年	2019 年	2020 年	2021 年	2022 年
中国神华	6.173 0	−8.417 2	−3.558 9	43.707 3	2.649 6
行业平均值	13.922 1	0.917 9	−5.648 9	43.826 8	11.159 2
行业中位值	9.905 3	0.408 4	−6.994 1	35.660 2	10.966 8
行业最高值	105.858 4	32.814 1	36.888 7	99.178 4	39.852 6
行业最低值	−15.793 2	−25.577 8	−31.273 7	−29.303 9	−31.710 1

数据来源：Wind。

（2）净利增长率分析

2018—2022 年中国神华与同行业净利增长率对比如表 1-33 所示。通过各年数据比较分析，可以看出中国神华净利增长率波动比较大，因为中国神华属于煤炭行业，受宏观经济等因素影响大，市场需求变化大。中国神华销售增长率在 2018 年、2021 年明显低于行业中位值和平均值，主要原因是资产负债率较低，财务杠杆较小，因此，中国神华净利相对同行业其他公司波动较小，净利成长能力较弱。

表 1-33　2018—2022 年中国神华与同行业净利增长率对比表　　单位：%

项目	2018 年	2019 年	2020 年	2021 年	2022 年
中国神华	−0.016 7	−4.628 0	−8.294 5	25.587 6	38.084 7
行业平均值	37.098 9	−18.915 5	−391.933 8	324.312 2	127.031 8
行业中位值	29.569 3	−7.053 2	−10.147 0	100.997 6	38.084 7
行业最高值	1 521.100 0	85.363 0	556.623 3	4 565.226 8	4 057.564 5
行业最低值	−2 476.076 7	−293.534 3	−11 945.738 7	−131.181 1	−750.653 5

数据来源：Wind。

（3）资产增长率分析

2018—2022 年中国神华与同行业资产增长率对比如表 1-34 所示。通过各年数据比较分析，可以看出中国神华资产增长较慢，且低于行业中位值和平均值，主要原因是中国神华与同行业相比负债水平、净利增长率低，导致中国神华资产成长能力较弱。

表 1-34 2018—2022 年中国神华与同行业资产增长率对比表

单位：%

项目	2018 年	2019 年	2020 年	2021 年	2022 年
中国神华	3.546 8	−4.896 6	−0.006 6	8.703 6	2.451 1
行业平均值	7.014 5	5.294 2	5.183 1	9.867 1	8.332 6
行业中位值	3.862 0	5.105 7	4.232 1	9.126 8	5.156 7
行业最高值	81.529 1	33.176 5	39.277 2	38.812 5	50.078 9
行业最低值	−18.360 0	−18.340 7	−16.568 6	−8.337 5	−6.552 2

数据来源：Wind。

(4) 资本增长率分析

2018—2022 年中国神华与同行业资本增长率对比如表 1-35 所示。通过各年数据比较分析，可以看出中国神华资本增长较慢，在 2020—2022 年低于行业中位值和平均值，与中国神华高股利分配政策有关。

表 1-35 2018—2022 年中国神华与同行业资本增长率对比表

单位：%

项目	2018 年	2019 年	2020 年	2021 年	2022 年
中国神华	8.715 5	7.372 7	2.347 4	4.632 6	4.556 5
行业平均值	21.268 0	6.965 5	1.041 5	16.467 1	15.747 6
行业中位值	8.712 3	6.488 5	3.760 8	9.777 6	18.527 3
行业最高值	333.011 9	53.456 1	36.732 7	114.633 4	66.370 9
行业最低值	−39.181 2	−46.460 6	−34.592 5	−17.997 6	−14.477 6

数据来源：Wind。

1.3.4 公司综合财务分析

(1) 杜邦分析

2022 年中国神华杜邦分析如图 1-7 所示。结合因素分析法，可以得出 2022 年净资产收益率上升的主要影响因素是销售净利率，结合表 1-7 进一步分析发现主要原因是营业收入上升 2.65% 的同时营业成本下降 6.68%，归属于母公司所有者的净利润大幅增加 39.02%。

结合中国神华 2022 年年报，可以发现营业收入同比增长的主要原因是：其一，发电业务营业收入大幅增长，多台新机组投产，售电量同比增长 15.2%，受益于国家电价政策调整，平均售电价格同比增长 20.1%，结合表 1-9，发电分部收入占比由 2021 年的 19.13% 上升到 2022 年的 24.53%，毛利率也由 7.72% 上升到 14.30%；其二，受煤炭市场供求关系影响，平均煤炭销售价格同比增长 9.5%；其三，聚乙烯、聚丙烯销售量同比分别增长 7.7% 和 7.9%。

结合中国神华 2022 年年报，可以发现营业成本同比下降的主要原因是外购煤销售量同比下降 40.1%，致使外购煤营业成本减少 36.7%。

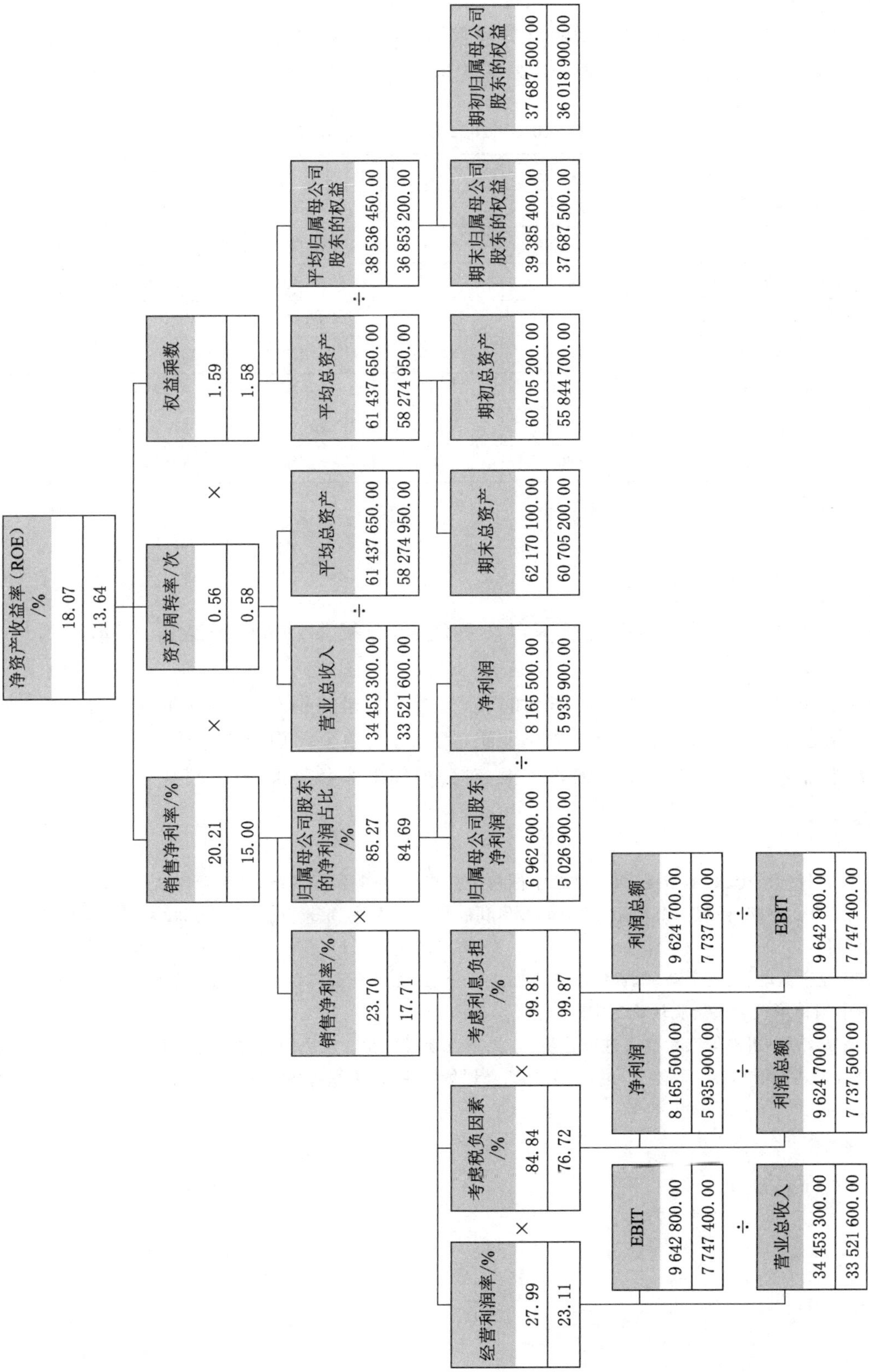

图1-7　2022年中国神华杜邦分析图

（2）Z 值

根据 Z 值模型，结合中国神华的财务数据，得出 2018—2022 年的 Z 值分数，如表 1-36 所示。从表 1-36 中可以看出中国神华 Z 值逐年升高，财务状况良好。

表 1-36　2018—2022 年中国神华 Z 值表

项目	2018 年	2019 年	2020 年	2021 年	2022 年
X_1 营运资本/总资产/%	18.72	11.64	18.40	19.20	18.12
X_2 留存收益/总资产/%	37.23	43.71	46.15	44.79	46.79
X_3 息税前利润/总资产/%	12.50	12.32	11.43	12.76	15.51
X_4 当日总市值/负债合计/%	195.43	254.08	268.69	277.26	337.80
X_5 营业收入/总资产/%	44.97	43.31	41.77	55.22	55.42
Z 值分数	2.78	3.12	3.27	3.49	3.96
Z 值—同比增减	—	0.34	0.16	0.22	0.47
Z 值结果描述	良好	良好	良好	良好	良好

数据来源：Wind。

思考题

1. 结合 2018—2022 年中国神华资产负债表，分析该公司资产结构、资本结构是否合理。
2. 结合 2018—2022 年中国神华利润表，分析该公司的收入结构，评价其经营成果。
3. 结合 2018—2022 年中国神华现金流量表，分析该公司现金流量质量。
4. 结合 2018—2022 年中国神华年报，对公司作出综合分析与评价。

【分析思路】

1. 按照资产结构、资本结构理论，结合中国神华战略、业务等实际情况，做到业财结合，分析其合理性。
2. 从宏观、中观、微观三个层面，对中国神华利润表进行水平、垂直分析，分析其收入结构合理性，并作出客观评价。
3. 从经营活动、投资活动、筹资活动三方面进行分析，并结合资产负债表、利润表相关项目，进行对比分析，对中国神华现金流量质量作出客观评价。
4. 首先，对中国神华三大报表进行分析，查找重点项目异常变动原因；其次，对中国神华各项财务能力进行分析，客观评价其各方面能力；最后，结合综合评价方法，对中国神华作出综合评价。

第 2 章　煤炭企业财务预算

预算是通过企业内外部环境的分析，在科学的生产经营预测与决策基础上，用价值和实物等多种形态反映企业未来一定时期的投资、生产经营及财务成果等一系列的计划和规划。财务预算则是对企业未来某一个时期对财务资源的获得、配置和使用的预期安排和控制过程，涉及企业各个部门间的协同和配合。本章主要包括企业财务预算理论综述和煤炭企业财务预算案例两部分，通过学习，了解财务预算的内容、作用、原则，了解煤炭企业财务预算的过程，掌握煤炭企业财务预算的方法。

2.1　理论综述

2.1.1　财务预算概述

财务预算是企业未来某一特定期间的全部生产经营活动、投资活动的财务计划，它以实现企业的目标利润等为目的，以销售预测为起点，进而对生产、成本与现金收支等进行预测，并编制预计损益表和预计资产负债表、预计现金流量表等预算表格，反映企业在未来期间的预计财务状况和经营成果、现金流量信息。

财务预算管理则指在企业管理中，对与企业存续相关的投资活动、经营活动和财务活动的未来情况进行预期并控制的管理行为及其制度安排，从财务的角度出发对企业整个经营活动进行控制，从而提高企业的财务实力。财务预算与经营预算、资本预算、筹资预算一起构成了企业全面预算管理的内容。具体来看，财务预算要能够反映出企业各财务项目的计划情况，如反映现金收支活动的现金预算，反映销售收入的销售预算，反映成本、费用支出的生产费用预算（又包括直接材料预算、直接人工预算、制造费用预算）、期间费用预算，反映资本支出活动的资本预算等。

财务预算在预算管理体系中十分重要，主要包括现金预算、预计利润表、预计资产负债表。其中，现金预算又称现金收支预算，是反映企业在预算期内全部现金流入和现金流出，以及由此预计的现金收支所产生的结果的预算。现金预算以生产经营预算及成本、费用预算为基础编制，是财务预算的核心。现金预算的内容包括现金收入、现金支出、现金余缺及资金的筹集与运用。预计利润表是反映和控制企业在预算期内损益情况和盈利水平的预算，它是在汇总销售预算、各项成本费用预算、资本支出预算等资料的基础上编制的。预计资产负债表是反映预算期末企业财务状况的预算，它以报告期的资产负债表为基础，结合企业各种业务预算、资本预算和现金预算编制而成。

2.1.2 财务预算的种类与方法

2.1.2.1 财务预算的种类

(1) 按预算编制主体划分,可分为部门预算和总预算。部门预算是以企业各分支机构、部门、单位等职能部门为主体,或按不同的业务类别等编制的预算,也就是指总体预算中的各个组成部分。总预算是指将各个部门预算进行汇总所形成的企业整体预算,这种预算通常由财务预算构成,具体包括预计负债表、预计利润表等。

(2) 按是否考虑销售影响,可分为固定预算与弹性预算。固定预算又称静态预算,是把企业预算期的业务量固定在某一预计水平上,不允许计划与实际结果之间有任何差异,以此为基础来确定其他项目预计数的预算方法。弹性预算与固定预算相对应,其关键在于把所有的成本按其性态分为变动成本与固定成本两大部分,对不同业务量水平对应的发生情况均考虑在预算中。因此,固定预算与弹性预算的主要区别为:固定预算是针对某一特定业务量编制的,弹性预算是针对一系列可能达到的预计业务量水平编制的。

(3) 按预算性质,可以分为普通预算和特别预算。普通预算是政府编制的一般财政收支项目的预算。特别预算是指政府对某些具有特别意义的项目(特别事业、特殊用途的收支)另行安排的预算,如公共工程投资预算、社会保险预算和各种特种基金预算等。

2.1.2.2 财务预算的方法

(1) 按出发点的特征不同,可以分为增量预算和零基预算

增量预算是指在基期成本费用水平的基础上,结合预算期业务量水平及有关降低成本的措施,通过调整原有关成本费用项目而编制预算的方法。

零基预算,或称零底预算,是指在编制预算时,对于所有的预算支出以零为基础,不考虑其以往情况如何,从实际需要与可能出发,研究分析各项预算费用开支是否必要合理,进行综合平衡,从而确定预算费用。

增量预算与零基预算的区别:增量预算是以基期成本费用水平为基础,零基预算是一切从零开始。相比之下,增量预算较易编制,但容易造成预算冗余,从而不能很好地控制一些不必要发生的费用。零基预算能对环境变化作出较快反应,能够紧密地复核成本状况,但耗时巨大,参加预算工作的人员先要进行培训,并且需要全员参与。

(2) 按预算期的时间特征不同,可以分为定期预算和滚动预算

定期预算是指在编制预算时以不变的会计期间作为预算期的一种预算编制方法。其优点是能够使预算期间与会计年度相配合,便于考核和评价预算的执行结果;其缺点是远期指导性差、灵活性差和连续性差。

滚动预算又称永续预算,是指在编制预算时,将预算期与会计年度脱离,随着预算的执行不断延伸补充预算,逐期向后滚动,使预算期永远保持为一个固定期间的一种预算编制方法。也就是说,滚动预算不将预算期与会计年度挂钩,而是始终保持 12 个月,每过去一个月,就根据新的情况进行调整和修订后几个月的预算,并在原预算基础上增补下一个月预算,从而逐期向后滚动,连续不断地以预算形式规划未来经营活动。

定期预算与滚动预算的区别:定期预算一般以会计年度为单位定期编制,滚动预算不将预算期与会计年度挂钩,而是连续不断向后滚动,始终保持 12 个月。滚动预算具有透明度高、及时性强、连续性好等优势。

2.1.3 财务预算的组织体系

财务预算组织是以企业具体的组织机构体系为基础来构成实施财务预算管理的管理组织和执行组织。财务预算的组织体系因企业的组织结构不同而不同，但基本都由预算管理组织和预算执行组织两个层面组成。如图2-1所示。

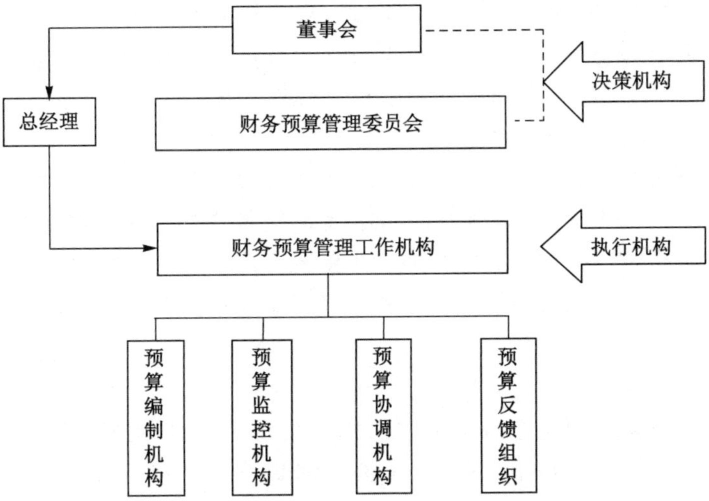

图2-1　财务预算组织体系

(1) 财务预算管理组织

财务预算管理组织是指负责财务预算的编制、审定、下达、协调、调整和反馈的机构和人员，它是各项全面预算管理职能的决策主体。财务预算管理委员会是在公司董事会或公司经营者(总经理)直接领导下的专司预算管理事务的常设权力机构，下设预算编制机构、预算监控机构、预算协调机构和预算反馈组织，预算管理的组织、协调工作将由该委员会全面负责。

(2) 财务预算执行组织

财务预算执行组织是以企业的组织结构为基础，本着高效、经济、权责分明的原则建立的，是各层责任预算的执行主体，即预算执行过程中的各级预算责任中心。确定责任中心是财务预算管理的一项基础工作。责任中心是企业内部成本、利润、投资的发生单位，这些内部单位被要求完成特定的职责，其责任人被赋予了一定的权力，以便对该责任区进行有效的控制。

2.1.4 财务预算的作用

财务预算在公司经济发展和管理治理中具有举足轻重的作用，企业财务预算既是经营策略的具体化，又是企业控制生产经营活动的重要依据。财务预算的功能主要体现在以下几个方面：确立目标、整合资源、信息沟通、业绩评价。只有对全面预算管理的主要功能进行深入研究，才能发挥全面预算管理应有的作用，使全面预算管理的实用性和先进性得到充分体现。从我国公司的预算管理实践来看，全面预算管理的作用主要体现在以下几个方面：

(1) 有利于明确公司的发展目标

财务预算有助于协调战略决策与经营管理吻合一致,链接部门管理工作与相关生产经营活动,提高经济效益与管理效率。财务预算能够借助价值形式反映公司发展方向和未来规划,能够提供促使战略目标得以实现的行动纲领。

(2) 有利于优化公司的资源配置

根据公司的战略目标,在充分认识各部门的地位与作用的基础上,通过预算编写制定,将公司长期发展的战略目标合理分解,落实到各职责部门。通过财务预算能将企业资源加以整合优化,使资源浪费最小化,而利用效率、效益最大化。

(3) 有利于强化公司的内部综合管理

财务预算的制定与推行不仅是强化员工对岗位认识的重要途径,也是管理层治理日常工作的依据。除了对未来的预测,财务预算还起到预警器的作用。各部门通过执行预算结果与预算的对比分析,查找并分析预算目标的差异形成的原因,以便采取措施使企业的生产经营活动符合预算目标。它使企业对风险有备而不惧,从容面对和有效化解风险,从而提高企业抗御风险的能力。

(4) 有利于明确各分支机构的目标

财务预算起着协调公司整个价值链之间相互关系的作用,明确各部门的责任,便于各部门之间的协调。预算可以使每个部门、每个员工都知道自己在一系列配套计划中的工作目标,可以促进企业各部门间相互协调与沟通,从而提高工作效率。

(5) 有利于协调各业务单元工作冲突

财务预算能够促使各个利益相关者相互协调的原因在于,它能够借助自身全面性、全员性的特点为内部信息共享提供有效平台。在财务预算中,预算目标是公司各业务单元、参与员工协商一致后确定要共同遵守的标准,使得在总体战略目标下各业务单元间和利益相关者间的权责关系更加明晰,进而减少业务单元间的摩擦,解决内部矛盾,实现人力、物力的最优配置。

2.2 财务预算编制案例

哈尔滨新大陆建筑材料有限责任公司(简称新大陆公司),位于哈尔滨市高新开发区,是一家专业生产道路建筑材料的股份制企业。公司拥有三套沥青混合料拌合设备,具有按国家规范生产各种规格沥青混合料和纤维混合料的能力。公司沥青混合料日生产能力 30 000 立方米;拥有彩色沥青混合料生产线一套,日生产能力 7 000 立方米;拥有乳化沥青生产线一套,日生产能力 1 000 吨,可生产各种乳化沥青及改性乳化沥青。公司开发生产的沥青混合冷补料,畅销东北三省和内蒙古地区;生产各种规格的双飞粉,广泛应用于道路材料及房屋装饰。公司组建于 1999 年,注册资本为 600 万元,现有员工 500 人,其中高级工程师 2 名、中级工程师 10 名、助理工程师和技术员 28 名。公司年营业额最高可达 5 亿元,年收益率最高可达 8.37%,是省级工业制造型企业。新大陆公司全面预算管理体系的雏形基本形成,新大陆公司在几年的实践中积累了经验,也出现了许多不尽如人意的地方。

2.2.1　全面预算管理组织体系

新大陆公司根据我国《公司法》规定依法设立董事会和监事会，董事会为公司的最高决策机构。公司实行董事会领导下的总经理负责制，设总经理一名和副总经理若干名。

新大陆公司预算组织体系由执委会、财务营运分析部门、预算管理责任部门组成，如图 2-2 所示。

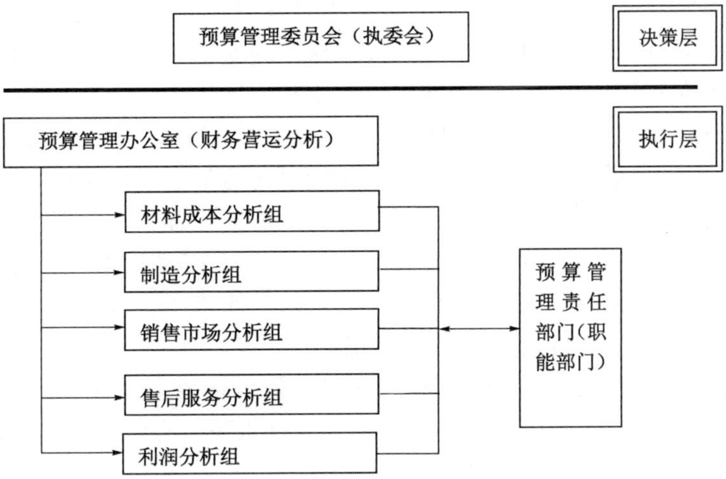

图 2-2　公司预算组织体系图

公司近年来建立了矩阵组织结构和相应的责任体系，主要设置了八个职能部室和五个生产要素管理部门以及若干工程项目经理部。八个职能部室包括设备物资部、经营部、生产管理部、财务部、成本中心、审计部、行政办公室、人力资源部，五个生产要素管理部门包括机具材料租赁部门、构件部门、机械修理部门、生产机械设备部门、作业部门，各工程项目经理部按照公司投标取得的生产项目设置。目前，公司设副总经理两名，分别分管业务、职能部室；设总工程师和总会计师各一名，分别分管技术和财务审计。生产项目实行项目经理负责制，设项目经理和总工程师各一名，项目经理部包括机务、计量、工务、财务、材料和现场及试验室等管理职能分部；项目生产作业队是具体的业务部门，按生产预算图的划分下设混凝土生产部、沥青生产部、冷补料生产部等，各分部视工程情况下设不等量的工区。

2.2.2　全面预算管理的编制内容及方法

新大陆公司全面预算编制的重点是经营预算，包括销售预算、制造费用预算、销售及管理费用预算。销售预算是企业在预算期内销售各种产品可能实现的销售量及其收入的预算，主要依据历史销售资料、年度日标利润、未来市场销售趋势的预测以及产品市场价格编制。制造费用预算是企业在预算期内为完成生产所需各种间接费用的预算，主要根据产品的生产量、生产费用及其上年预算执行情况，依降低成本、费用的要求编制。销售及管理费用预算是预算期内企业组织经营活动所必需的预算，公司在区分变动费用与固定费用、可控费用与不可控费用的基础上，根据上年实际费用水平和预算期内的变化因素，结合费用开支标准和企业降低成本、费用的要求，分项目、分责任单位进行编制。采用的编制方法如下：

① 新大陆公司采用滚动预算的方法，每年5月左右开始编制以后5年业务计划，在此基础上确定年度预算目标。长期规划主要是战略规划，在有了长期发展目标后再确定年度预算目标。在此基础上确定的年度预算目标，避免了企业的短期行为，使企业在发展中看得更远。公司计划部门会对地区经济和政策进行分析研究，大致预测一下未来5年地区经济政策环境。市场销售部门对市场产品作比较全面的分析研究，不仅要预测行业增长量，同时对行业降价情况也要作相应预测和分析。市场销售部门还要对细分产品市场作一定的调研，预测未来5年左右的市场趋势，同时对全国十强建材企业的主要核心产品进行分析，与自己的核心产品作详细比较，分析优劣势。公司在编制5年业务计划的过程中，避免了战略目标偏离实际，是在实际的基础上较为准确地预测和规划将来。

② 新大陆公司对制造费用的预算分配一直采用变动成本法，将变动的制造费用按预计分配率测定各成本项目数额，再加以汇总。变动成本法的基本理论和程序揭示了成本、业务量、利润之间的内在关系，有利于成本控制和业绩考核，对产品成本的计算工作也带来了极大便利。在企业创建初期，企业产品需要大批量生产，因此变动成本法的实施为企业带来了收益。但是随着公司规模的扩大，引进大量高度自动化的生产线，顾客的需求呈现多样化和小批量化，变动成本法已经不适合公司的发展需求。

③ 对于销售及管理费用，公司采用的预算方法是增量成本预算法，即调整预算法。公司以基期成本费用水平61为基础，结合预算期业务量水平及有关影响成本因素的未来变动情况，通过调整基期项目及数额，编制相关预算。

2.2.3 全面预算管理编制程序及实施情况

新大陆公司全面预算编制程序是自上而下程序。所谓自上而下程序，是指在编制全面预算时，首先由上级部门根据公司的战略目标向下级部门下达预算期内的预算目标和预算草案；然后由下级部门对上级部门下达的预算目标进行分解、落实，并完善预算草案；最后，上级部门根据下级部门的反馈意见，经过综合平衡后最终确定全面预算方案的编制程序。

就新大陆公司而言，全面预算编制的具体流程是：公司董事会制定年度经营目标；预算管理委员会根据经营目标制定年度预算方针政策及规划；预算管理办公室根据经营目标及预算方针测算年度预算目标草案；预算管理委员会审批、下达年度预算目标草案，并编写全面预算编制大纲；公司召开年度预算会议，将预算目标草案和全面预算编制大纲下发到各责任中心。

全面预算管理实施以来，新大陆公司能按时完成全面预算的编制，实现了公司全面预算管理从无到有的飞跃。各职能部门已经开始把全面预算管理与各自归口的职能管理结合起来，实现了预算管理与职能管理的相互促进。通过全面预算管理的实施推广，财务管理人员、一些业务单位的经理、预算专员了解了全面预算管理的知识，更重要的是形成了思考未来、规划未来的意识。财务人员更加关注业务，业务管理也开始注重财务效果。

2.2.4 新大陆公司现行全面预算管理存在的问题

新大陆公司虽已实行全面预算管理，但是通过深入研究可以发现现行的全面预算管理并不是严格意义上的全面预算管理。根据全面预算管理的特点，可以看出公司实行的全面预算管理有很多漏洞和不足。

(1) 管理制度不健全

新大陆公司预算相关制度主要体现在公司有预算编制流程、预算控制流程两个流程。这两个流程只是预算管理制度的一部分。一套完善的预算管理制度应对预算的定义、预算的分类、预算管理的组织体系、预算管理流程、预算监督、预算执行情况报告制度以及预算考核等理论性和操作性问题进行明确详细的规定。新大陆公司目前的预算编制流程和预算控制流程应属于预算管理的操作手册范围。一套完善的预算管理制度应该在执行预算管理中有据可循,规范的制度可以防止预算管理中可能出现的差错和问题。而且,一套健全的预算管理制度也可以使员工对预算管理的内容和体系有更全面的理解和认识。由此可见,新大陆公司需要健全预算管理制度。

(2) 内容体系不完整

从新大陆公司预算现状和现有的预算编制内容来看,公司特别注重销售及管理费用预算,但资本预算及资产负债表、利润表的编制没有得到相应的重视。公司缺乏一套完整的全面预算内容体系,不能将组织经营的各个阶段有机地联系在一起。由于缺乏资本预算,大量的资本支出没有得到合理的规划,导致资金被大量占用,很容易造成资金链的断裂,给企业带来风险。由此可见,资本预算是企业急需加强的环节。同时,要对一年以后的财务状况进行规划,强化企业的长期规划意识,对企业的整体资源合理安排,就必须编制资产负债表、利润表、现金流量表预算。

(3) 编制方法陈旧

新大陆公司的预算编制方法一直采用定期预算方法、增量预算方法以及变动成本预算方法等传统预算编制方法。随着经济的发展,企业面临的不确定因素增多,定期预算编制方法逐渐显示其不足,使得预算跟不上经济形势的变化,如果在预算执行过程中盲从预算,则会误导企业的生产经营。公司一直采用变动成本方法分配制造费用,主要采用单一的人工工时作为分配标准。随着公司规模的扩大,引进大量高度自动化的生产线,顾客的需求呈现多样化和小批量化。这样,产品成本中的直接人工成本的比例越来越低,制造费用则大幅度增加,很难只采用一种分配标准进行所有费用的分配。企业的管理费用、销售费用等期间成本,一直采用增量成本预算方法,这种预算编制方法已经承认上期的成本费用项目都是合理的,容易将不合理的成本费用项目带入下期,造成企业资源浪费。对于一些新项目,可能因为没有考虑到而造成预算不足。

(4) 预算考核不够全面

在对预算的考核上存在着两方面的问题。其一是预算目标考核不够细化。目前公司的考核主要基于平衡记分卡,不仅对财务指标,也对非财务指标进行考核。但在公司考核过程中仍存在着一些考核不力的现象。具体表现是有些预算目标含糊不清,使得一些费用发生部门缺乏费用控制的意识,造成总体支出超标等情况,致使预算考核未能很好地起到控制成本、提高收益的积极作用。例如,公司规定了销售公司的预算目标,但对其目标进行再细分,如品种、区域、月份等方面不够细化。同时,分月分季目标细化不明确,在考核时不好区分和界定,给考核带来一定困难。其二是考核和奖惩措施落实不到位。在企业预算管理过程中,以预算标准考核责任单位和责任人,并以考核结果对他们进行奖惩时,被考核方过多地强调客观因素对考核绩效的影响,故意回避主观方面的原因,考核方则常掺杂太重的个人情感去评价被考核方,使考核过程在有色眼镜下进行,并且考核后没有配套的奖惩措施,缺乏应有的激励机制，使考核工作流于形式。

（5）基层沟通不畅

全面预算管理过程中存在对基层员工的沟通不畅的问题，导致预算管理理解认识不足，执行力不强。新大陆公司在沟通问题上，应该说对中高层的沟通是比较重视而且实施得较好的，不论是战略方面还是在对预算编制执行过程中。但对于基层员工和职员，公司在沟通方面还是存在一些问题。如一些职能部门人员向财务营运分析报部门预算时常常不及时，有时还不是很配合。一些基层员工或职员不了解公司预算目标和战略方向，没有真正理解全面预算管理的内涵和实施，停留在对传统预算的理解层面，认为预算指标只是制约支出的财务数据，没有将全面预算管理与企业战略、企业业务管理以及组织结构联系起来。一些员工认为预算费时费力，并不能有效地提高本部门的运营效率；认为预算编制基于的市场因素不断变化，难以预测，可能使预算流于形式；认为预算只是编给上级或领导看的，与实际工作没什么关联，约束太强，不愿实行。这些都导致员工在全面预算管理上缺乏主动性、自觉性，使企业在全面预算管理中并没有很好地实现预算管理的全员性。造成这些问题的原因主要是沟通问题导致的信息不畅通或信息不共享或信息误解。沟通不畅使很多基层员工没有对全面预算管理的理念与制度有一个清晰的认识，进而在执行预算的时候产生不遵从预算的不良情绪，影响工作的进行。

2.2.5 新大陆公司全面预算管理的优化

新大陆公司应该建立一套完整的全面预算管理制度。完整的制度应包含全面预算基本管理制度和实施细则。在基本管理制度中，应对全面预算的定义、分类，以及全面预算管理的组织体系、管理流程、监督、执行情况报告制度以及考核等理论性和操作性问题进行明确规定。其主要内容包括以下方面。

（1）组织与职能

该部分要明确公司全面预算管理的组织体系及其职能。建议公司在成立全面预算管理委员会的同时，明确其主要职责。

① 负责讨论制定、修订公司有关全面预算管理的制度或办法。

② 讨论决定公司经营预算、资本预算、筹资预算、财务预算中上报的预算指标。

③ 讨论决定公司全面预算考核办法及兑现方案。

④ 讨论决定公司年度全面预算考核指标的重要调整及考核办法的修订。

⑤ 接受并讨论分析全面预算执行报告。

另外，公司各部门在全面预算管理中的职责也要明确。

① 市场营销部负责销售收入、销售费用的预算审批；负责材料采购的预算管理。

② 投资管理部负责参与工程投资及生产用设备采购的预算管理等。

③ 生产管理部在预算管理方面的职责是：负责车间各项业务的审批和执行。

④ 人力资源部负责各部门及各车间人工费用及相关费用、劳务费用的预算管理，负责全面预算考核兑现工作。

⑤ 财务管理部负责公司年度各项审计费用的全面预算管理，编制公司本年度内收支情况汇总，合理安排使用资金，控制费用开支，增收节支，多创效益。

（2）编制内容

全面预算的编制内容应包括公司所有收支项目，具体划分为经营预算、资本预算、筹资预算和财务预算四大类。其中资本预算和筹资预算都属于公司的投资预算，而经营预算和财务预算，都必须以货币的形式反映在财务预算内。

① 经营预算：对公司日常发生的各项基本经营活动作出的预算，具体包括销售预算、生产预算、材料采购预算、人工预算、制造费用预算、单位生产成本预算、销售费用和管理费用预算等。

② 资本预算、筹资预算：即投资预算，是在资本性支出可行性研究的基础上编制的预算，具体反映何时投资、投资多少、资金来源和投资收益等。

③ 财务预算：反映预算期内有关现金收支、经营成果和财务状况的预算，具体包括现金预算、预算损益表、预算资产负债表。

(3) 编制程序

编制全面预算应按以下步骤进行：

① 开展预算调研。从每年 9 月份开始，开展本年度预算执行情况的预测和下一年度的预算调研工作，并形成调研报告。

② 形成初步方案。每年 10 月份，公司预算工作小组审核各单位的预算和部门预算草案，提出修改意见；公司预算工作小组根据修改后的各单位预算和各项指标预算草案，编制出公司总预算草案。

③ 审议批准。每年 11 月份，预算委员会听取编制预算草案的汇报，提出预算修改方案；预算工作小组召开预算平衡会议，明确修改方案，编制公司总体预算方案。

④ 下达执行。每年 12 月份，预算委员会审议批准并批复各部门年度预算方案；各部门执行经批准的预算。

(4) 全面预算执行和调整

该部分要明确全面预算在公司的整体执行及调整规范。按照全面预算分级管理的原则，各部门应按照上级预算批复，认真组织落实，将预算指标层层分解，从横向和纵向落实到各部门、各环节和各岗位，形成全方位的预算执行责任体系。经全面预算管理委员会审定批准的全面预算，具有严格的约束力，各责任单位必须认真组织实施和执行。除发生影响预算执行的重大事项外，一般不作调整。

(5) 全面预算考评与监督。该部分要明确全面预算的考评体系，全面预算考核是发挥全面预算约束与激励作用的必要措施，通过全面预算目标的细化分解与激励措施的付诸实施，达到引导公司每一位员工向公司战略目标方向努力的效果。并且预算工作小组应对预算的执行全过程进行跟踪监督，定期报告预算的执行情况，及时发现和纠正预算执行过程中的问题和偏差，提出相应的措施。

2.2.6　健全全面预算内容体系

新大陆公司现行全面预算管理内容体系主要集中于销售预算和费用预算，公司对于经营预算十分重视。但公司现已处于成熟期，仅对经营预算作出详细的报表数据还不够，还应该编制资本预算、筹资预算和财务预算。以下将结合新大陆公司实际情况着重分析应如何编制资本预算、筹资预算和财务预算，从而使新大陆公司的全面预算管理内容体系得到完善。

(1) 资本预算

资本预算是企业规划和控制的重点之一,也是全面预算管理系统中的重要组成部分。如果企业在固定资产上投资太大,会造成投资过剩,从而导致资产收益率下降,获利能力降低;如果在固定资产上投资不足,则可能会导致企业设备陈旧,失去竞争能力,生产量不足,失去市场份额。现今,新大陆公司为实现可持续发展,在巩固现有市场的同时要不断开发新的市场,为了适应客户的多元化需求,必须加大资金投入、自主研发新的产品,相应需购置或更新改造生产设备来提高产能,以适应新产品上马的需要。新大陆公司一直没有编制资本预算,致使投资方向出现偏差,资金大量被占用而难以产生效益。随着企业的发展,投资活动相应增加,资本预算将在公司预算体系中越来越重要,不容忽视。

资本预算是新大陆公司在预算期内进行资本性投资活动的预算。根据公司实际情况,公司的资本预算主要包括固定资产投资预算、权益性资本投资预算和债券投资预算。

固定资产投资预算是企业在预算期内购建、改建、扩建、更新固定资产进行资本投资的预算,应当根据本单位有关投资决策资料和年度固定资产投资,在投资项目可行性研究的基础上编制。新大陆公司拥有的固定资产有乳化沥青洒布车 2 台,摊铺机 1 台,压路机 2 台,小型平板夯 1 台。公司处置固定资产所引起的现金流入,也应列入资本预算。

权益性资本投资预算是公司在预算期内为获得其他企业单位的股权及收益分配权而进行资本投资的预算,应当根据公司有关投资决策资料和年度权益性资本投资计划编制。公司转让权益性资本投资或者收取被投资单位分配的股利所引起的现金流入,也应列入资本预算。

债券投资预算是公司在预算期内为购买国债、企业债券、金融债券等所作的预算,应当根据公司有关投资决策资料和证券市场行情编制。公司转让债券收回本息所引起的现金流入,也应列入资本预算。

(2) 筹资预算

筹资预算是新大陆公司在全面预算管理研究方面存在的漏洞。新大陆公司应在预算期内对需要新借入的长短期借款、原有借款等进行预算,这主要依据公司有关资金需求决策资料、期初借款余额及利率等编制。企业资本预算离不开筹资安排,筹资预算主要解决两个问题:一是资本筹集方式,二是资本需要总量及时间安排。在逻辑上,项目投资总额并不等于对外筹资总额,对外筹资总额是投资总额减去部分内源性资金(如其他营业性现金流入量、项目折旧或利润再投资等)后的净额。因此筹资预算的作用就在于事先明确项目的对外筹资总量,从而使筹资行为在事先规划的过程中为投资服务。另外,项目交错对外源性资本需要量的影响也很大,以新大陆公司沥青车间和碎石车间为例,冬季时沥青的生产不仅费时费力,而且所需资金投入要比夏季多 10%,而碎石则一年四季都可运作。因此公司的筹资预算安排应对此予以考虑,即生产沥青项目所需的资本投入来自碎石项目销售所产生的现金流。这样既节省了资金投入,为流动资金创造更大价值提供保证,又没有耽误公司的正常生产销售情况。

筹资预算工作的目的就在于事前规划,其目标在于企业提前安排而避免资本闲置浪费或者因安排滞后而延误工期。

(3) 财务预算

新大陆公司财务预算应当围绕企业的战略要求和发展规划,以经营预算、资本预算为基础，以营业利润为目标，以现金流为核心进行编制，主要以财务报表形式予以充分反映。财务预算是指预算期与企业现金收支、经营成果和财务状况等有关的各种预算，主要包括：现金预算、预计损益表和预计资产负债表。

① 现金预算。由于新大陆公司的业务相对简单，因此现金预算内容也较少，目前公司现金预算一般由现金收入、现金支出、现金多余或不足以及资金的筹集与运用等四个部分构成。根据四者关系，可得到其基本关系式：

期初现金余额＋现金收入＝当期筹资前可行现金合计

当期筹资前可行现金合计－现金支出＝现金多余

现金多余＋资金的筹集(运用)＝期末现金余额

② 预计损益表。在新大陆公司经营预算的基础上，根据一般会计原则即权责发生制，可编制预计损益表。预计损益表是整个预算过程的一个重要环节，它可以提示企业预期的盈利情况，从而有助于及时调整经营策略。

③ 预计资产负债表。预计资产负债表反映期末各账户的预计余额，全面预测公司的经营状况，是计划综合结果的反映，提供会计期末公司预期财务状况的信息。它们根据企业预算期初的资产负债表、经营预算和资本支出预算、现金预算的有关结果，对有关项目进行调整后编制而成。

通过对新大陆公司全面预算管理的深入研究，可以发现经营预算是预算管理的基础，没有经营预算，预算将是无源之水、无本之木，预算目标的实现将无从谈起。但是，倘若只是对经营预算加以重视，而忽视对资本预算、筹资预算以及财务预算的管理，全面预算管理也无从谈起。全面预算的系统性特征表现在企业四大预算是一个整体，它们互相支撑、互相依赖，构成一个完整而紧密的系统。该系统通常以企业长期战略目标为核心，以包含企业限制因素的经营预算为起点，按一定的内在联系，最终以货币的形式集中反映在财务预算中。

2.2.7　改进全面预算编制方法

依据预算管理实施的目的，在编制预算时必须结合本企业的特点，对不同的项目采用不同的预算编制方法，不能一概而论。

(1) 产品成本采用作业基础预算方法

公司一直采用变动成本法分配制造费用，主要采用单一的人工工时作为分配标准。随着公司规模的扩大，引进大量高度自动化的生产线，顾客的需求呈现多样化和小批量化。这样，产品成本中的直接人工成本的比例越来越低，制造费用则大幅度增加，应该采用作业基础预算方法进行产品成本的核算，才能提高预算的准确性。

新大陆公司存货成本中直接人工成本所占比重日益缩小，制造费用则大幅上升，建议采用作业基础预算方法。以新大陆公司沥青车间为例，具体说明这种预算编制方法是如何分配成本的。沥青车间作业如表 2-1 所示。

表 2-1 列示了新大陆公司沥青车间的作业情况，根据生产工艺流程归集建立作业并确定成本动因后，可以根据作业质的相似性原则作进一步合并，选择主要作业，建立作业中心。建立作业中心时，首先确定一个核心作业，然后将上下游工序中一些次要任务或作业与之合并，归集为一个作业中心，具体做法如表 2-2 所示。

表 2-1 沥青车间作业一览表

作业名称	成本动因
添加剂入泵	准备时间
稳定剂入罐	准备时间
改性剂入罐	准备时间
沥青过滤	机器小时
高速分离	机器小时
预剪切	人工工时
沥青溶胀	机器小时
搅拌	人工工时
剪切	人工工时
沥青出料	机器小时
沥青检验	检验时间
生产协调	生产批次

表 2-2 沥青车间作业中心一览表

作业名称	成本动因
机器作业(沥青过滤、高速分离等)	机器工时
人工作业(预剪切、搅拌等)	人工工时
沥青检验	检验时间
生产协调	生产批次

每一个作业中心都有一个或多个同质成本动因,从中选择一个最具代表性的成本动因作为计算成本动因分配率的基础。选择时主要考虑成本动因与作业中心资源消耗的相关程度、计量成本等因素。

根据历史成本数据,用沥青耗费的成本动因量除以沥青数量,可以得到各项作业消耗率,即每单位产品消耗的作业数量。假设预算当月该车间沥青预计产量分别为 10 吨和 14 吨,用沥青预计产量乘以作业消耗率就可以得到预算当月沥青产成品预计成本动因量,如表 2-3 所示。

表 2-3 作业消耗率分配表

作业名称	成本动因	动因量	作业消耗率	10 吨时预计的动因量	14 吨时预计的动因量
机器作业	机器工时	653 小时	54.42 小时/吨	544 小时	762 小时
人工作业	人工工时	108 小时	9 小时/吨	90 小时	126 小时
沥青检验	检验时间	83 小时	6.92 小时/吨	69 小时	97 小时
生产协调	生产批次	2 批	0.17 批/吨	1.7 批	2.38 批

根据历史成本数据,也可以得到沥青车间各项作业上的单位变动成本和固定成本,如表 2-4 所示。

表 2-4　单位作业成本分配表

名称	作业成本	动因量	固定成本	单位变动成本
机器作业	77 540 元	653 小时		110.87 元/小时
人工作业	15 700 元	108 小时		140.54 元/小时
沥青检验	12 410 元	83 小时		140.95 元/小时
生产协调	177 700 元	2 批	142 160 元	11 770 元/批

通过公式:作业成本＝单位变动作业成本×作业量＋固定费用总额,得出每项作业的预算成本。如表 2-5 所示。

表 2-5　作业预算成本表

名称	成本/元		10 吨时预计成本	14 吨时预计成本
原材料	固定成本	变动成本	90 小时	126 小时
直接材料		1 270.27	114 540.3 元	160 360.02 元
直接人工		660.2	59 580 元	83 410.2 元
作业成本库	固定成本	变动成本	544 小时	726 小时
机器作业		110.87	64 570.28 元	90 940.94 元
作业成本库	固定成本	变动成本	90 小时	126 小时
人工作业		140.54	13 080.6 元	18 320.04 元
作业成本库	固定成本	变动成本	69 小时	797 小时
沥青检验		140.95	1 310.55 元	14 500.15 元
作业成本库	固定成本	变动成本	1.7 小时	2.38 小时
生产协调	142 160	17 770	172 360.9 元	184 450.26 元

通过这种预算方法可以得到作业基础预算法编制的产品成本报表,这样得出的成本比传统成本计算法推出的成本要准确得多,如表 2-6 所示。

表 2-6　沥青车间产品成本报表　　单位:元

作业	10 吨	14 吨
机器作业	64 570.28	90 440.94
沥青检验	10 310.55	14 500.15
生产协调	172 360.9	184 450.26
原材料	114 540.2	160 360.02
直接人工	59 580.3	83 410.2
产品总成本	434 460.83	551 490.61
单位产品成本	43 440.68	39 390.26

(2) 期间费用采用零基预算

零基预算与传统预算编制的不同之处在于:它不以现有费用水平为基础,而是如同新创办一个机构一样，一切以“零”为起点，对每项费用开支的大小及必要性进行认真反复分析、权衡，并进行评定分级，据以判定其开支的合理性和优先顺序，并根据生产经营的客观需要与一定期间内资金供应的实际可能，在预算中对各个项目进行择优安排，从而提高资金的使用效益，节约费用开支。

在新大陆公司，对于管理费用、销售费用等期间费用的预算，应选择零基预算，以达到降低费用及成本的控制目标，尽量使有限的资金发挥最大的效用。每一次编制零基预算都要不断地经过自上而下和自下而上的反复，需要耗费大量的时间，为了提高预算编制的效率，公司应划分基层预算单位，对基层预算单位的业务活动提出计划，说明每项活动计划的目的性以及需要开支的费用。由基层预算单位对本身的业务活动作具体分析，并提出“一揽子业务方案”。对每项业务活动计划进行“费用—效益分析”权衡得失，排出优先顺序，并把它们分成等级；根据生产经营的客观需要与一定期间内资金供应的实际可能，判定纳入预算中费用项目可以达到几级，并对已确定可纳入预算中的费用项目进行加工、汇总，形成综合性的费用预算，如表 2-7 所示。

表 2-7　企业零基预算分配表

单位：元

序号	业务编码	业务部门	预算额	累计额
1	A-1	一车间销售	46 440	46 440
2	B-1	广告	14 100	60 540
3	C-1	营业管理	10 303	70 843
4	A-2	二车间销售	11 030	81 873
5	B-2	广告	4 080	85 953
6	C-2	营业管理	2 223	88 176
7	A-3	三车间销售	1 692	89 868
8	B-3	广告	2 919	92 787
9	C-3	营业管理	2 073	94 860
10	A-4	总公司销售	5 140	100 000
合计			100 000	100 000

零基预算能够合理、有效地进行资源分配，有助于企业内部的沟通、协调，激励各基层单位参与预算的积极性和主动性，有助于提高管理人员的投入产出意识，特别适用于产出较难辨认的服务性部门。

企业的管理费用、销售费用等期间成本，一直采用增量成本预算方法，这种预算编制方法已经承认上期的成本费用项目都是合理的，容易将不合理的成本费用项目带入下期，造成企业资源浪费。对于一些新项目，可能因为没有考虑到而造成预算不足。因此，建议采用零基预算对期间费用进行预算编制。

2.2.8　建立全面预算考评体系

（1）确定全面预算考评方式

全面预算管理的考核指标包括：预算的准确度，预算编制的及时性和规范性，预算内、预算外事项及预算调整事项执行程序的规范性，预算分析的及时性和透彻程度，预算事项执行的真实性。为保证全面预算能更好地执行，新大陆公司全面预算考评体系应包括以下几个层次：

① 经理层考核标准。经理层考核主要是指公司各职能部门及各车间领导班子成员和公司经理助理在年度经营中的考核和奖惩。结合各经营单位的具体情况，按照经营管理侧重点的不同，建立相应的考核指标体系。考核指标体系中的考核指标分为主要考核指标和辅助考核指标，分别是：实现利润指标，上缴货币资金指标，工资总额、人力资源管理等指标，产值、合同履约率、工程管理等指标，技术管理指标，物资装备管理指标，费用控制、财务管理等指标。然后再将各责任中心的考核指标由公司相关管理部门结合专业管理要求将考核指标进一步细化分解，并制定评分标准，做到量化考核。开发任务资源考核指标由市场开发部负责；实现利润、上缴货币资金、管理费用控制、招待费用控制等考核指标由财务资产部负责；合格人才劳动力输出率、职工培训、工资总额控制、全员劳动生产率等考核指标由人力资源部负责；产值、合同工期履约率、工程管理、职工队伍建设等考核指标由工程管理部负责；设备及物资管理指标由物资装备部负责。

② 各职能部门考核标准。各职能部门的经营考核工作，由公司根据《公司项目考核实施办法》中的有关规定进行考核奖惩。职能部门子成员在工程实施过程中，平时只发基础工资，不发奖金。年终，公司对各职能部门的各项经营指标完成情况进行考核，根据考核结果报公司审批后对项目部班子成员兑现承包奖。考核指标主要包括：车间中成本费用、产量，开发任务资源指标，质量管理指标，职工培训、人力资源、劳动定额管理等指标。每年年终，公司应组织有关人员根据全面预算管理办法有关条款的规定，对所属部门年度经营指标完成情况进行考核，并把各项指标评分结果和初步奖惩意见报公司经营承包领导小组核准后，由公司进行奖惩。

③ 车间部门考核标准。公司各车间推行以目标成本指标为主，其他综合管理指标相配套的考核模式，即在公司签订工程项目合同后，公司认真组织做好中标工程项目的标后预算，通过与车间项目经理签订《项目管理目标责任书》，做好项目部从开工到竣工结算全过程的成本、质量、进度等管理目标的经营方针，在项目完工后，对项目部各项管理目标实现结果进行考核和奖惩。通过开展以目标成本为主要责任的预算方案，不断总结经验，优化公司对车间部门的考核标准。

④ 公司个人考核标准。为了更好地实现公司确定的目标成本，还要结合公司战略目标确定对个人的考核标准。年度预算指标是对子公司负责人年度业绩考核的主要指标，也是同绩效考核挂钩的主要指标，各部门及子公司要把预算指标进一步分解，进而落实到个人，并建立相应的考核约束机制。

（2）建立全面预算奖惩制度

根据各单位责任书完成情况确定各单位工资，与综合评价系数挂钩，决定这个责任单位职工的平均收入水平。公司设考评委员会，由公司财务部、人力资源部及有关领导组成，常设机构是隶属公司财务部的考评组，考评的依据是责任合同书。每季按预算对部门和员工的绩效进行评估，根据考评结果实施奖惩制度。奖惩制度是全面预算激励机制和约束机制的具体体现，是预算考评的有机组成部分。惩罚和奖励素有全面预算管理的生命线之称。通过建立科学的奖惩制度，一方面能使预算考评落到实处，真正实现权责利的结合；另一方面能有效引导人的行为,使各目标协调一致。

奖惩方式的设计,主要包括如下几方面内容。

首先,设定奖惩对象。奖惩对象既可以是全体员工,也可以是部门对其期初所设定的预算目标在期末进行考核,并与奖惩挂钩,这样能起到奖勤罚懒的作用。但是,两者之间也存在一定的差别。前者的各个对象之间的实际差异与努力程度较为明显,考核内容也能直接反映在报酬上,而后者则注重各部门间职务内容的不同以及团队合作方法,因为其对目标的实现程度有很大影响。部门和小组团队作为奖惩对象较好,因为它更符合现代企业团队作战的现实状态,而且有利于加强团队合作。

其次,选择奖金分配方式。奖金分配方式主要有两种:一是先计算确定分配的总预算,再决定个人分配额;二是直接计算对个人的分配额。后者一般适合于以管理者为奖励对象的企业。大多数企业都采用第一种方式。它能在一定程度上杜绝滥用晋升机会增加奖励,导致奖金大幅度超过预算,甚至影响企业的正常经营。当然,奖金分配预算还应该与企业的业绩挂钩。

总之,预算考评并不完全是对责任单位或个人的业绩进行评估,它更深层的目的是有效地推动责任单位和个人的行为表现,引导企业全体员工共同朝着企业整体预算目标迈进。因此,在设计预算考评制度的时候,管理者必须把企业的战略目标和全面预算管理体系紧密结合在一起,将预算考评与企业绩效管理有机结合起来。只有这样,才能将个人目标与企业目标协调一致,才能保障企业战略的实现。全面预算管理的最终效率,不仅取决于是否有切实可行的奖惩制度,还应强调这一制度的严格执行。否则,即使有符合实际的预算和科学的奖惩制度体系,也会因为缺乏严格执行而得不到理想的效果。

2.2.9 强化与基层人员的沟通

实施预算管理沟通计划,主要针对基层人员进行沟通。在全面预算管理工作过程中进行有效的沟通,将有助于在预算管理工作中形成全面系统的横纵向沟通机制,有利于公司员工积极参与公司的预算管理工作,推动各项预算工作的顺利开展。因此,新大陆公司建立实施沟通计划,应该主要针对基层人员进行沟通。

沟通计划将主要针对以下三个方面进行沟通:战略目标沟通、全面预算管理内涵与制度的沟通,以及预算开始、编制、目标下达与执行过程中的沟通。战略目标沟通可以在公司召开战略研究会后,由各中高级管理人员通过召开部门会议,与自己所负责部门的员工进行沟通,主要沟通内容为公司战略发展方向、公司远景使命。同时,公司要召开员工大会,对公司发展战略和方向与员工进行沟通。全面预算管理内涵与制度的沟通可以通过内部刊物或相关培训,对全体员工进行培训和讨论:员工行为与公司战略的联系,如何转变观念,员工对公司战略行动的理解,预算管理概念内涵和管理办法。当然,预算培训应针对不同员工而有所侧重,对于一些关键员工,可以聘请外部经验丰富的专家来对其进行培训,有条件的可以让他们到其他已实行预算管理的企业去学习,之后进行内部研讨交流。

全面预算是全员参与的预算管理,预算管理不只是财务部门的工作,而是整个企业内部各项资源的整合。它的系统性和战略性要求企业销售、生产等各业务部门人员共同参与,仅仅依靠财务部门是不可能单独完成预算管理重任的。特别是基层人员,他们是预算的具体编制者和执行者。基层员工在预算管理推行过程中的任务是在各自岗位上接纳和执行全面预算管理，因而也可由中高层员工担任内部讲师，有针对性地分别对员工进行培训、宣传，并辅以小组讨论等方式，使沟通更顺畅、员工接受度更高。执行沟通计划的目的是使所有人员都认识到实行预算管理是企业建立自我约束、自我控制、自我发展机制的有效办法。预算管理能使企业的各类资源得到最优配置，提高企业的运行质量，真正实现企业价值最大化，也使员工的人生价值得到充分的体现。只有这样，才能真正实现预算的全员性。

思考题

1. 煤炭企业财务预算的特点有哪些？
2. 企业全面预算的流程有哪些？

第3章 煤炭企业筹资管理

本章主要包括企业筹资管理理论综述和煤炭企业筹资管理案例两部分。通过学习，了解筹资的含义、动机、原则，掌握债务筹资、权益筹资、混合融资等主要融资方式，掌握并运用筹资决策方法。

3.1 理论综述

3.1.1 筹资概述

3.1.1.1 筹资含义

企业筹资是指企业作为筹资主体，根据经营活动、投资活动和资本结构调整等需要，通过一定的金融市场和筹资渠道，采用一定的筹资方式，经济有效地筹措和集中资本的活动。企业筹资活动是企业的一项重要活动，是企业的基本财务业务。

3.1.1.2 筹资动机

企业筹资是为了自身的维持和发展。企业具体的筹资活动通常受特定动机的驱使，是多种多样的。在财务实践中，这些筹资动机归纳起来主要有三种类型：扩张性筹资动机、偿债性筹资动机和混合性筹资动机。

(1) 扩张性筹资动机

扩张性筹资动机是企业因扩大生产经营规模或增加对外投资的需要而产生的筹资动机。处于成长时期、具有良好发展前景的企业，通常会产生这种筹资动机。例如，企业产品供不应求，需要增加市场供应，开发生产适销对路的新产品，扩大有利的对外投资规模，开拓有发展前途的对外投资领域等，往往都需要追加筹资。

扩张性筹资动机所产生的直接结果，是企业资产总额和资本总额的增加，以及企业经营规模的扩大。

(2) 偿债性筹资动机

企业为了获得财务杠杆收益或在自有资金不足时，往往利用负债进行经营。偿债性筹资动机具体有两种：一是调整性偿债筹资，即企业虽有足够的能力偿还到期的债务，但为了调整原有的资本结构仍然需要筹集新资金，以使现有的资本结构更加合理；二是恶化性偿债筹资，即企业现有的支付能力不足以偿还到期的债务，而被迫筹资还债。

偿债性筹资动机所产生的直接结果是筹资后并没有扩大企业的资产总额和资本总额，只是改变了企业的资本结构(有时可能资本结构也不变)。

(3) 混合性筹资动机

混合性筹资动机是指同时具有扩张、偿债两种动机的筹资动机。这种筹资动机既能扩大企业规模，又能调整企业的资本结构。

除上述三种筹资动机外，随着经营观念的不断变化，企业具体的筹资动机也会出现一些相应的变化。例如，通过筹资为企业起到广告效应，通过筹资为企业起到抵税效应，甚至还会出现通过筹资来欺诈投资者等动机。

3.1.1.3　筹资原则

企业筹资应遵循以下基本原则：

(1) 规模适当原则

企业的筹资规模应与资金需求量相一致，既要避免因资金筹集不足影响生产经营的正常进行，又要防止资金筹集过多造成资金闲置。

(2) 筹措及时原则

企业财务人员应全面掌握资金需求的具体情况，并熟知资金时间价值的原理，合理安排资金的筹集时间，适时获取所需资金。

(3) 来源合理原则

不同来源的资金，对企业的收益和成本有不同影响。因此，企业应认真研究资金来源渠道和资金市场，合理选择资金来源。

(4) 方式经济原则

企业筹集资金必然要付出一定的代价并承担相应的风险，不同筹资方式条件下的资金成本和财务风险有高有低。为此，需要对各种筹资方式进行分析、对比，选择经济可行的筹资方式。

3.1.1.4　筹资类型

由于筹资范围、筹资机制和资本属性不同，企业的长期筹资区分为各种不同类型。

(1) 内部筹资与外部筹资

企业的长期筹资按资本来源的范围不同，可分为内部筹资和外部筹资两种类型。企业一般应在充分利用内部筹资来源之后，再考虑外部筹资问题。

① 内部筹资。内部筹资是指在企业内部通过留用利润而形成的资本来源。内部筹资是在企业内部自然形成的，因此被称为“自动化的资本来源”，一般无须花费筹资费用，其数量通常由企业可分配利润的规模和利润分配政策(或股利政策)所决定。

② 外部筹资。外部筹资是指企业在内部筹资不能满足需要时，向企业外部筹资而形成的资本来源。处于初创期的企业，内部筹资的可能性是有限的；处于成长期的企业，内部筹资往往难以满足需要。于是，企业就要广泛开展外部筹资。

企业外部筹资的方式很多，主要有投入资本筹资、发行股票筹资、长期借款筹资、发行债券筹资和融资租赁筹资等。

外部筹资大多需要花费筹资费用，譬如发行股票、发行债券须支付发行成本，取得长期借款有时需支付一定的手续费。

(2) 直接筹资与间接筹资

企业的筹资活动按其是否借助银行等金融机构，可分为直接筹资和间接筹资两种类型。这两种筹资活动的区别，主要取决于宏观融资机制和政策。

① 直接筹资。直接筹资是指企业不借助银行等金融机构，直接与资本所有者协商融通资本的一种筹资活动。在直接筹资活动中，筹资企业无须借助银行等金融机构，而是直接与

资本所有者协商，采用一定的筹资方式取得资本。在我国，随着宏观金融体制改革的深入，直接筹资得以不断发展。

具体而言，直接筹资主要有投入资本、发行股票、发行债券等方式。

② 间接筹资。间接筹资是指企业借助银行等金融机构而融通资本的筹资活动。这是一种传统的筹资类型。在间接筹资活动过程中，银行等金融机构发挥着中介作用。它们先集聚资本，然后再提供给筹资企业。间接筹资的基本方式是银行借款和融资租赁。

③ 直接筹资与间接筹资的区别。二者的区别主要表现为以下几个方面：

一是筹资机制不同。直接筹资依赖于资本市场机制如证券交易所，以各种证券如股票和债券为媒介；间接筹资则既可运用市场机制，也可运用计划或行政手段。

二是筹资范围不同。直接筹资具有广阔的领域，可利用的筹资渠道和筹资方式比较多；间接筹资的范围相对较窄，筹资渠道和筹资方式比较少。

三是筹资效率和筹资费用高低不同。直接筹资因程序较为繁杂，准备时间较长，故筹资效率较低，筹资费用较高；间接筹资过程简单，手续简便，故筹资效率高，筹资费用低。

四是筹资效应不同。直接筹资可使企业最大限度地筹集社会资本，并有利于提高企业的知名度和资信度，改善企业的资本结构；间接筹资有时主要是为了满足企业资本周转的需要。

(3) 权益性筹资、债务性筹资与混合性筹资

按照资本属性的不同，企业的长期筹资可以分为权益性筹资、债务性筹资与混合性筹资。

① 权益性筹资。权益性筹资形成企业的权益资本，亦称自有资本，是企业依法取得并长期拥有且可自主调配运用的资本。根据我国有关法规制度规定，企业的股权资本由投入资本(或股本)、资本公积、盈余公积和未分配利润组成。按照国际惯例，股权资本通常包括实收资本(或股本)和保留盈余(或留存收益)两大部分。

权益性筹资具有下列特性：

一是权益资本的所有权归属于企业的所有者。企业所有者依法凭其所有权参与企业的经营管理和利润分配，并对企业的债务承担有限或无限责任。

二是企业对权益资本依法享有经营权。在企业存续期间，企业有权调配使用股权资本，企业所有者除了依法转让其所有权外，不得以任何方式抽回其投入的资本，因而股权资本被视为企业的“永久性资本”。

企业的权益资本一般是通过政府财政资本、其他法人资本、民间资本、企业内部资本等融资渠道，采用投入资本和发行股票等方式形成的。

② 债务性筹资。债务性筹资形成企业的债务资本，亦称借入资本，是企业依法取得并依约运用、按期偿还的资本。债务性筹资具有下列特性：

第一，债务资本体现企业与债权人的债务与债权关系。它是企业的债务，是债权人的债权。

第二，企业的债权人有权按期索取债券本息，但无权参与企业的经营管理和利润分配，对企业的其他债务不承担责任。

第三，企业对持有的债务资本在约定的期限内享有经营权，并承担按期付息还本的义务。

企业的债务资本一般是通过银行信贷资本、非银行金融机构资本、其他法人资本、民间资本等筹资渠道，采用长期借款、发行债券和融资租赁等方式取得或形成的。

③ 混合性筹资。混合性筹资是指兼具权益性筹资和债务性筹资双重属性的筹资类型，主要包括发行优先股筹资和发行可转换债券筹资。

3.1.2　筹资方式

3.1.2.1　权益性筹资

企业的权益性筹资一般有投入资本筹资、普通股筹资。

(1) 投入资本筹资

投入资本筹资是非股份制企业筹集股权资本的基本方式。

① 投入资本筹资的含义。投入资本筹资是指非股份制企业以协议等形式吸收国家、其他企业、个人和外商等直接投入的资本，形成企业投入资本的一种长期筹资方式。投入资本筹资不以股票为媒介，适用于非股份制企业。它是非股份制企业筹集股权资本的一种基本方式。

② 投入资本筹资的条件和要求。企业采用投入资本筹资方式筹措股权资本，必须符合一定的条件和要求，主要有以下几个方面：

第一，主体条件。采用投入资本筹资方式筹措投入资本的企业，应当是非股份制企业，包括个人独资企业、个人合伙企业和国有独资企业。而股份制企业按规定应以发行股票方式取得股本。

第二，需要要求。企业投入资本的出资者以现金、实物资产、无形资产的出资，必须符合企业生产经营和科研开发的需要。

第三，消化要求。企业筹集的投入资本，如果是实物和无形资产，必须在技术上能够消化，企业经过努力在工艺、人员操作等方面能够适应。

③ 投入资本筹资的优缺点。投入资本筹资是我国企业筹资中最早采用的一种方式，也是我国国有企业、集体企业、合资或联营企业普遍采用的筹资方式。它既有优点，也有缺点。

第一，投资资本筹资的优点。主要有：投入资本筹资所筹得的资本属于企业的股权资本，与债务资本相比较，它能提高企业的资信和借款能力；投入资本筹资不仅可以筹取现金，而且能够直接获得所需的先进设备和技术；投入资本筹资的财务风险较低。

第二，投入资本筹资的缺点。主要有：投入资本筹资通常资本成本较高；投入资本筹资未能以股票为媒介，产权关系有时不够明晰，也不便于产权交易。

(2) 普通股筹资

① 股票的含义和种类。股票是股份有限公司为筹措股权资本而发行的有价证券，是持股人拥有公司股份的凭证，它代表持股人在公司中拥有的所有权。股票持有人即为公司的股东。

股份有限公司根据筹资者和投资者的需要，发行各种不同的股票。股票的种类很多，可按不同的标准进行分类。以股东享有的权利和承担义务的大小为标准，将股票分成普通股和优先股。

普通股是股份公司依法发行的具有管理权、股利不固定的股票。普通股具备股票的最一般特征，是股份公司资本的最基本部分。

优先股是股份公司依法发行的具有一定优先权的股票。从法律上讲，企业对优先股不承担法定的还本义务，优先股是企业自有资金的一部分。

② 普通股的权利和义务。持有普通股股份者为普通股股东。依照我国《公司法》的规定，普通股股东主要享有如下权利：

第一，出席或委托代理人出席股东大会，并依公司章程规定行使表决权。这是普通股股东参与公司经营管理的基本方式。

第二，股份转让权。股东持有的股份可以自由转让，但必须符合公司法、其他法规和公司章程规定的条件和程序。

第三，股利分配请求权。分享盈余也是普通股股东的一项基本权利。盈余的分配方案由股东大会决定，每一个会计年度由董事会根据企业的盈利数额和财务状况来决定分发股利的多少并经股东大会批准通过。

第四，对公司账目和股东大会决议的审查权和对公司事务的质询权。

第五，分配公司剩余财产的权利。当公司解散、清算时，普通股股东有分配公司剩余财产的权利。但是，公司破产清算时，财产的变价收入，首先要用来清偿债务，然后支付优先股股东，最后才能分配给普通股股东。所以，在破产清算时，普通股股东实际上很少能分到剩余财产。

第六，公司章程规定的其他权利。

同时，普通股股东也基于其资格，对公司负有义务。我国《公司法》中规定了股东具有遵守公司章程、缴纳股款、对公司负有有限责任、不得退股等义务。

③ 股票发行方式和销售方式。

A. 股票发行方式。股票的发行方式可分为如下两类：

a. 公开间接发行，是指通过中介机构，公开向社会公众发行股票。我国股份有限公司采用募集设立方式向社会公开发行新股时，须由证券经营机构承销的做法，就属于股票的公开间接发行。这种发行方式的发行范围广、发行对象多，易于足额募集资本；股票的变现性强，流通性好；股票的公开发行还有助于提高发行公司的知名度和扩大其影响力。但这种发行方式也有不足，主要是手续繁杂，发行成本高。

b. 不公开直接发行，是指不公开对外发行股票，只向少数特定的对象直接发行，因而不需经中介机构承销。我国股份有限公司采用发起设立方式和以不向社会公开募集的方式发行新股的做法，均属于股票的不公开直接发行。这种发行方式弹性较大，发行成本低；但发行范围小，有时股票变现性差。

B. 股票的销售方式。股票销售方式有两类：自行销售和委托中介机构销售。

a. 自行销售方式。股票发行的自行销售方式，指发行公司自己直接将股票销售给认购者。这种销售方式可由发行公司直接控制发行过程，实现发行意图，并可以节省发行费用；但往往筹资时间长，发行公司要承担全部发行风险，并需要发行公司有较高的知名度、信誉和实力。

b. 委托销售方式。股票发行的委托销售方式，指发行公司将股票销售业务委托给证券经营机构代理。这种销售方式是发行股票所普遍采用的。我国《公司法》规定股份有限公司向社会公开发行股票，必须与依法设立的证券经营机构签订承销协议，由证券经营机构承销。委托销售又可分为包销和代销两种具体办法。所谓包销，是根据承销协议商定的价格，证券经营机构一次性全部购进发行公司公开募集的全部股份，然后以较高的价格出售给社会上的认购者。对发行公司来说，包销的办法可及时筹足资本，免于承担发行风险（股款未募足的风险由承销商承担）；但股票以较低的价格售给承销商会损失部分溢价。所谓代销，是证券经营机构代替发行公司销售股票，并由此获取一定的佣金，但不承担股款未募足的风险。

⑤ 普通股的发行定价。股票发行价格通常有等价、时价和中间价三种。

等价是指以股票面额为发行价格，即股票的发行价格与其面额等价，也称平价发行或面值发行。

时价是以公司原发行同种股票的现行市场价格为基准来选择增发新股的发行价格，也称市价发行。

中间价是取股票市场价格与面额的中间值作为股票的发行价格。

以中间价和时价发行都可能是溢价发行，也可能是折价发行。值得注意的是，我国《公司法》规定公司发行股票不准折价发行，即不准以低于股票面额的价格发行。

根据我国《证券法》的规定，股票发行采取溢价发行的，其发行价格由发行人与承销的证券公司协商确定。在实际工作中，股票发行价格的确定方法主要有三种：市盈率法、净资产倍率法、现金流量折现法。

⑥ 普通股筹资的优缺点。

A. 普通股筹资的优点。

与其他筹资方式相比，普通股筹措资本具有如下优点：

第一，没有固定利息负担。公司有盈余，并认为适合分配股利，就可以分给股东；公司盈余较少，或虽有盈余但资金短缺或有更有利的投资机会，就可少支付或不支付股利。

第二，没有固定到期日，不用偿还。利用普通股筹集的是永久性的资金，除非公司清算才需偿还。它对保证企业最低的资金需求有重要意义。

第三，筹资风险小。由于普通股没有固定到期日，不用支付固定的利息，因此风险小。

第四，能增加公司的信誉。普通股与留存收益构成公司所借入一切债务的基础。有了较多的自有资金，就可为债权人提供较大的损失保障，因而，普通股筹资既可以提高公司的信用价值，同时也为使用更多的债务资金提供了强有力的支持。

第五，筹资限制较少。利用优先股和债券筹资，通常有许多限制，这些限制往往会影响公司经营的灵活性，而利用普通股筹资则没有这种限制。

另外，由于普通股的预期收益较高并可一定程度地抵消通货膨胀的影响（通常在通货膨胀期间，不动产升值时普通股也随之升值），因此普通股容易筹集大量资金。

B. 普通股筹资的缺点。

第一，普通股的资本成本较高。首先，从投资者的角度讲，投资于普通股风险较高，相应地要求有较高的投资报酬率。其次，对于筹资公司来讲，普通股股利从净利润中支付，不像债券利息那样作为费用从税前支付，因而不具有抵税作用。此外，普通股的发行费用一般也高于其他证券。

第二，以普通股筹资会增加新股东，这可能会分散公司的控制权，削弱原有股东对公司的控制。

此外，新股东分享公司未发行新股前积累的盈余，会降低普通股的每股净收益，从而可能引起股价的下跌。

3.1.2.2 债务性筹资

债务资本筹资是指企业通过银行借款、发行债券、租赁筹资等方式筹集的债务资本。

(1) 银行借款筹资

① 银行借款的种类。银行借款是指企业向银行等金融机构以及向其他单位借入的各种借款。银行借款有不同的种类。

按提供贷款的机构分类，长期借款可分为政策性银行贷款、商业银行贷款和其他金融机构贷款。

按有无抵押品作担保分类，长期借款分为抵押贷款和信用贷款。

② 银行借款的信用条件。按照国际惯例，银行借款往往附加一些信用条件，主要有授信额度、周转授信协议、补偿性余额。

A. 授信额度。授信额度是借款企业与银行间正式或非正式协议规定的企业借款的最高限额。通常在授信额度内，企业可随时按需要向银行申请借款。

B. 周转授信协议。周转授信协议是一种经常为大公司使用的正式授信额度。与一般授信额度不同，银行对周转信用额度负有法律义务，并因此向企业收取一定的承诺费用，一般按企业使用的授信额度的一定比率(2‰左右)计算。

C. 补偿性余额。补偿性余额是银行要求借款企业保持按贷款限额或实际借款额的10%～20%的平均存款余额留存银行。银行通常都有这种要求，目的是降低银行贷款风险，提高贷款的有效利率，以补偿银行的损失。

③ 银行借款筹资的优缺点。

A. 银行借款筹资的优点。

第一，借款筹资速度较快。企业利用银行借款筹资，一般所需时间较短，程序较为简单，可以快速获得现金。而发行股票、债券筹集资金，须做好发行前的各种工作，如印制证券等，发行也需要一定时间，故耗时较长，程序复杂。

第二，借款资本成本较低。利用银行借款筹资，其利息可在所得税前列支，故可减少企业实际负担的成本，因此比股票筹资的成本要低得多；与债券相比，借款利率一般低于债券利率；此外，由于借款属于间接筹资，筹资费用也极少。

第三，借款筹资弹性较大。在借款时，企业与银行直接商定贷款的时间、数额和利率等；在用款期间，企业如因财务状况发生某些变化，亦可与银行再行协商，变更借款数量及还款期限等。因此，对企业而言，长期借款筹资具有较大的灵活性。

第四，企业利用借款筹资，与债券一样，可以发挥财务杠杆的作用。

B. 银行借款筹资的缺点。

第一，借款筹资风险较高。借款通常有固定的利息负担和固定的偿付期限，故借款企业的筹资风险较高。

第二，借款筹资限制条件较多。这可能会影响企业以后的筹资和投资活动。

第三，借款筹资数量有限。银行借款筹资一般不像股票、债券那样可以一次筹集到大笔资金。

(2) 发行债券筹资

① 债券的概念与特征。债券是债务人依照法律手续发行，承诺按约定的利率和日期支付利息，并在特定日期偿还本金的书面债务凭证。债券的发行人是债务人，投资于债券的人

是债权人。由企业发行的债券称为企业债券或公司债券。这里所说的债券，指的是期限超过 1 年的公司债券，其发行目的通常是为建设大型项目筹集大笔长期资金。

债券与股票都属于有价证券，对于发行公司来说都是一种筹资手段，而对于购买者来说都是投资手段。与股票相比，债券主要有以下特征：

第一，债券是债务凭证，是对债权的证明；股票是所有权凭证，是对所有权的证明。债券持有人是债权人，股票持有人是所有者。债券持有者与发行公司只是一种借贷关系，而股票持有者则是发行公司经营的参与者。

第二，债券的收入为利息，利息的多少一般与发行公司的经营状况无关，是固定的；股票的收入是股息，股息的多少是由公司的盈利水平决定的，一般是不固定的。如果公司经营不善发生亏损或者破产，投资者就得不到任何股息，甚至连本金也保不住。

第三，债券的风险较小，因为其利息收入基本是稳定的；股票的风险则较大。

第四，债券是有期限的，到期必须还本付息；股票除非公司停业，一般不退还股本。

第五，债券属于公司的债务，它在公司停业时的财产分配中优于股票。

② 债券的分类。按债券是否记有持券人的姓名或名称，分为记名债券和无记名债券；按能否转换为公司股票，分为可转换债券和不可转换债券；按有无特定的财产担保，分为抵押债券和信用债券；按是否参加公司盈余分配，分为参加公司债券和不参加公司债券；按利率的不同，分为固定利率债券和浮动利率债券；按照其他特征，债券还可分为收益债券、附认股权债券；等等。

③ 债券的发行。

A. 发行条件。我国《证券法》规定，公开发行公司债券的公司必须具备以下条件：

第一，具备健全且运行良好的组织机构。

第二，最近三年平均可分配利润足以支付公司债券一年的利息。

第三，国务院规定的其他条件。

公开发行公司债券筹集的资金，必须按照公司债券募集办法所列资金用途使用；改变资金用途，必须经债券持有人会议作出决议。

公开发行公司债券筹集的资金，不得用于弥补亏损和非生产性支出。

B. 发行价格。债券的发行价格是债券发行时使用的价格，亦即投资者购买债券时所支付的价格。公司债券的发行价格通常有三种：平价、溢价和折价。

平价是指以债券的票面金额为发行价格；溢价是指以高出债券票面金额的价格为发行价格；折价是指以低于债券票面金额的价格为发行价格。债券发行价格的形成受诸多因素的影响，其中主要是票面利率与市场利率的一致程度。债券的票面金额、票面利率，在债券发行前，即已参照市场利率和发行公司的具体情况确定下来，一并载明于债券之上。但在发行债券时已确定的票面利率，不一定与当时的市场利率一致。为了协调债券购销双方在债券利息上的利益，就要调整发行价格：当票面利率高于市场利率时，以溢价发行债券；当票面利率低于市场利率时，以折价发行债券；当票面利率与市场利率一致时，则以平价发行债券。

④ 债券评级。公司公开发行债券通常需要由债券评信机构评定等级。债券的信用等级对于发行公司和购买人都有重要影响。

国际上流行的债券等级是三等九级。AAA 级为最高级，AA 级为高级，A 级为上中级，

BBB 级为中级,BB 级为中下级,B 级为投机级,CCC 级为完全投机级,CC 级为最大投机级,C 级为最低级。

⑤ 债券筹资的优缺点。

A. 债券筹资的优点。

第一,资本成本较低。利用债券筹资的成本要比股票筹资的成本低。这主要是因为债券的发行费用较低,债券利息在税前支付,有一部分利息由政府负担了。

第二,保证控制权。债券持有人无权干涉企业的管理事务,因此发行债券一般不会分散公司股东的控制权。

第三,可以发挥财务杠杆作用。无论发行公司的盈利多少,债券持有者一般只收取固定的利息,而使更多的盈利用于分配给股东或留归企业。

B. 债券筹资的缺点。

第一,筹资风险高。债券有固定的到期日,并定期支付利息。利用债券筹资,要承担还本、付息的义务。在企业经营不景气时,向债券持有人还本、付息,会给企业带来很大的困难,甚至导致企业破产。

第二,限制条件多。发行债券的契约书中往往有一些限制条款。这种限制比优先股及短期债务严得多,可能会影响企业的正常发展和以后的筹资能力。

第三,筹资额有限。利用债券筹资有一定的限度,当公司的负债比率超过了一定程度后,债券筹资的成本会迅速上升,有时甚至会发行不出去。

(3) 租赁筹资

① 租赁的含义。租赁是出租人以收取租金为条件,在契约或合同规定的期限内,将资产租借给承租人使用的一种经济行为。租赁行为在实质上具有借贷属性,但其直接涉及的是物而不是钱。在租赁业务中,出租人主要是各种专业租赁公司,承租人主要是其他各类企业,租赁物大多为设备等固定资产。

② 租赁的种类及特点。现代租赁的种类很多,通常按性质分为经营租赁和融资租赁两大类。

A. 经营租赁。经营租赁又称服务租赁,是由出租人向承租企业提供租赁设备,并提供设备维修保养和人员培训等的服务性业务。经营租赁通常为短期租赁。承租企业采用经营租赁的目的主要不是融通资本,而是为了获得设备的短期使用以及出租人提供的专门技术服务。从承租企业无须先筹资再购买设备即可享有设备使用权的角度来看,经营租赁也有短期筹资的功效。

B. 融资租赁。融资租赁又称资本租赁、财务租赁,是由租赁公司按照承租企业的要求融资购买设备,并在契约或合同规定的较长期限内提供给承租企业使用的信用性业务,是现代租赁的主要类型。承租企业采用融资的主要目的是融通资本。一般融资的对象是资本,而融资租赁集融资与融物于一身,具有借贷性质,是承租企业筹集长期借入资本的一种特殊方式。

融资租赁通常为长期租赁,承租企业可以长期使用该设备,故有时也称为资本租赁。其主要特点有:第一,一般由承租企业向租赁公司提出正式申请,由租赁公司融资购进设备租给承租企业使用;第二,租赁期限较长,大多为设备使用寿命的大部分时间;第三,租赁合同比较稳定,在规定的租期内非经双方同意,任何一方不得中途解约,这有利于维护双方的权益；第四，由承租企业负责设备的维修保养和保险，但无权自行拆卸改装；第五，租赁期满时，按事先约定的办法处置设备，又伴有退还或续租、留购三种选择，通常由承租企业留购。

③ 融资租赁的方式。融资租赁按其业务的不同特点，可细分为三种具体方式。

A. 直接租赁。直接租赁是指承租方直接向出租方提出承租方需要的资产，出租方按照承租方的要求选购或制造资产后，再出租给承租方。对于承租方来说，它类似于分期付款购入资产。这种形式既能满足承租方对资产的需求，又不需一次性地全额支付款项。它是融资租赁的主要形式。

B. 售后租回。售后租回是指承租方(即销货方)因面临财务困难急需资金时，将原来归自己所有的资产售给出租方(即购货方)，然后以租赁的形式从出租方原封不动地租回该资产。它类似于承租人以资产为抵押借入一笔资金(销货款)，将来分期归还本息(租金)，这种形式一方面企业可以获得现金流入，缓解企业的资金需求；另一方面又能继续使用原资产，不影响企业的日常生产经营活动的持续进行。这种租赁形式对于承租人来说，与直接租赁没有任何区别。

C. 杠杆租赁。杠杆租赁是国际上比较流行的一种融资租赁形式。它一般要涉及承租人、出租人和贷款人三方当事人。从承租人的角度看，它与其他融资租赁形式并无区别，同样是按合同的规定，在租期内获得资产的使用权，按期支付租金。但对出租人而言，出租人只垫支购买资产所需现金的一部分(一般为20%～40%)，其余部分(60%～80%)则以该资产为担保向贷款人借资支付。因此，在这种情况下，租赁公司既是出租人又是借资人，既要收取租金又要支付债务。这种融资租赁形式由于租赁收益一般大于借款成本支出，出租人借款购物出租可获得财务杠杆利益，故被称为杠杆租赁。

④ 融资租赁筹资的优缺点。

A. 融资租赁筹资的优点。

第一，融资租赁能够迅速获得所需资产。融资租赁集融资与融物于一身，一般要比先筹措现金再购置设备来得更快，可使企业尽快形成生产经营能力。

第二，融资租赁的限制条件较少。企业运用股票、债券、长期借款等筹资方式，都受到相当多的资格条件的限制，相比之下，租赁筹资的限制条件很少。

第三，融资租赁可以免遭设备陈旧过时的风险。随着科学技术的不断进步，设备陈旧过时的风险很高，而多数租赁协议规定风险由出租人承担，承租企业可免遭这种风险。

第四，融资租赁的全部租金通常在整个租期内分期支付，可以适当降低不能偿付的危险。

第五，融资租赁的租金费用允许在所得税前扣除，承租企业能够享受税上利益。

B. 融资租赁筹资的缺点。

第一，资金成本较高。一般来说，融资租赁要比银行借款和发行债券负担的利息要高得多。

第二，在企业财务困难时，固定的租金也会构成一项较沉重的负担。另外，采用租赁筹资方式如不能享有设备残值，也可视为承租企业的一种机会损失。

3.1.2.3　混合性筹资

混合性筹资通常包括优先股筹资和可转换债券筹资。

（1）优先股筹资

① 优先股股东的权利。优先股的“优先”是相对普通股而言的，这种优先权主要表现在以下几个方面：

第一，优先分配股利权。优先分配股利的权利是优先股最主要的特征。优先股通常有固定股利，一般按面值的一定百分比来计算。另外，优先股的股利除数额固定外，还必须在支付普通股股利之前予以支付。对于累积优先股来说，这种优先权就更为突出。

第二，优先分配剩余资产权。在企业破产清算时，出售资产所得的收入，优先股位于债权人的求偿之后，但先于普通股。其金额只限于优先股的票面价值加上累积未支付的股利。

第三，部分管理权。优先股股东的管理权限是有严格限制的。通常，在公司的股东大会上，优先股股东没有表决权，但是，当公司研究与优先股有关的问题时有权参加表决。例如，如果讨论把一般优先股改为可转换优先股时，或推迟优先股股利的支付时，优先股股东都有权参加股东大会并有权表决。

② 优先股的种类。按不同标准，可对优先股作不同分类，现介绍几种最主要的分类方式。

优先股按股利是否累积支付，分为累积优先股和非累积优先股。累积优先股是指公司过去年度未支付股利可以累积计算由以后年度的利润补足付清。非累积优先股则没有这种需求补付的权利。累积优先股比非累积优先股具有更大的吸引力，其发行也较为广泛。

优先股按是否分配额外股利，分为参与优先股和非参与优先股。当公司收益在按规定分配给优先股和普通股后而仍有收益可供分配股利时，能够与普通股一道参与分配额外股利的优先股，即为参与优先股；否则为非参与优先股。参与优先股的持有人可按规定的条件和比例将其调换为公司的普通股或公司债券。这种参与优先股能够增加筹资和投资双方的灵活性，在国外比较流行。不具有这种调换权的优先股，则属于非参与优先股。

优先股按公司可否赎回，分为可赎回优先股和不可赎回优先股。可赎回优先股是指股份有限公司出于减轻股利负担的目的，可按规定以原价购回的优先股。公司不能购回的优先股，则属于不可赎回优先股。

优先股按能否转换成普通股，分为可转换优先股和不可转换优先股。可转换优先股是股东可在一定时期内按一定比例把优先股转换成普通股的股票。转换的比例是事先确定的，其数值大小取决于优先股与普通股的现行价格。不可转换优先股是指不能转换成普通股的股票。不可转换优先股只能获得固定股利报酬，而不能获得转换收益。

③ 优先股筹资的优缺点。

A. 优先股筹资的优点。公司利用优先股筹资有许多有利条件，其优点主要有：

第一，没有固定到期日，不用偿还本金。事实上等于使用的是一笔无期限的贷款，无偿还本金义务，也无须制订再筹资计划。但大多数优先股又附有收回条款，这就使得使用这种资金更有弹性。当财务状况较弱时发行，而财务状况转强时收回，有利于结合资金需求，同时也能控制公司的资本结构。

第二，股利支付既固定，又有一定弹性。一般而言，优先股都采用固定股利，但固定股利的支付并不构成公司的法定义务。如果财务状况不佳，则可暂时不支付优先股股利，那么，优先股股东也不能像债权人一样迫使公司破产。

第三，有利于增强公司信誉。从法律上讲，优先股属于自有资金，因而，优先股扩大了权益基础，可适当增加公司的信誉，加强公司的借款能力。

B. 优先股筹资的缺点。优先股也具有它自身的缺点，主要有：

第一，筹资成本高。优先股所支付的股利要从税后净利润中支付，不同于债务利息可在税前扣除。因此，优先股成本较高。

第二，筹资限制多。发行优先股，通常有许多限制条款，例如，对普通股股利支付上的限制、对公司借债限制等。

第三，财务负担重。优先股需要支付固定股利，但又不能在税前扣除，所以，当利润下降时，优先股的股利会成为一项较重的财务负担，有时不得不延期支付。

(2) 可转换债券筹资

① 可转换债券的特性。可转换债券简称为可转债，是指由公司发行并规定债券持有人在一定期限内按约定的条件可将其转换为发行公司普通股的债券。

从筹资公司的角度看，发行可转换债券具有债务与权益筹资的双重属性，利用可转换债券筹资，发行公司赋予可转换债券的持有人可将其转换为该公司股票的权利。因而，对发行公司而言，在可转换债券转换之前需要定期向持有人支付利息。如果在规定的转换期限内，持有人未将可转换债券转换为股票，发行公司还需要到期偿付债券，在这种情形下，可转换债券筹资与普通债券筹资相类似，属于债权筹资属性。如果在规定的转换期限内，持有人将可转换债券转换为股票，发行公司将债券负债转化为股东权益，债券从而具有股权筹资属性。

② 可转换债券的发行资格与条件。根据国家有关规定，上市公司和重点国有企业具有发行可转换债券的资格，但应经省级政府或者国务院有关企业主管部门推荐，报证监会审批。《上市公司证券发行管理办法》规定，上市公司发行可转换债券，除了满足发行债券的一般条件外，还应符合下列条件：

第一，公司最近一期未经审计的净资产不低于人民币 15 亿元；

第二，最近 3 个会计年度实现的年均可分配利润不少于公司债券 1 年的利息；

第三，最近 3 个会计年度经营活动产生的现金流量净额平均不少于公司债券 1 年的利息；

第四，本次发行后累计公司债券余额不超过最近一期期末净资产额的 40%，预计所附认股权全部行权后募集的资金总量不超过拟发行公司债券金额。

③ 可转换债券的转换。可转换债券的转换涉及转换期限、转换价格和转换比率。

第一，可转换债券的转换期限。可转换债券的转换期限是指按发行公司的约定，持有人将其转换为股票的期限。一般而言，可转换债券的转换期限的长短与可转换债券的期限相关。在我国，可转换债券的期限按规定最短期限为 3 年，最长期限为 5 年。

按照规定，上市公司发行可转换债券，在发行结束 6 个月内，持有人可以依据约定的条件随时将其转换为股票。重点国有企业发行的可转换债券，在该企业改制为股份有限公司且其股票上市后，持有人可以依据约定的条件随时将债券转换为股票。可转换债券转换为股票后，发行公司股票上市的证券交易所应当安排股票上市流通。

第二，可转换债券的转换价格。可转换债券的转换价格是指以可转换债券转换为股票的每股价格。这种转换价格通常由发行公司在发行可转换债券时约定。

可转换债券的转换价格并非固定不变。公司发行可转换债券并约定转换价格后，由于又增发新股、配股及其他原因引起公司股份发生变动的，应当及时调整转换价格，并向社会公布。

第三，可转换债券的转换比率。可转换债券的转换比率是指每份可转换债券所能转换的股份数，等于可转换债券的面值除以转换价格。

可转换债券持有人请求转换时，其所持债券面额有时发生不足以转换为 1 股股票的余额，发行公司应当以现金偿付。

④ 可转换债券筹资的优缺点。

A. 可转换债券筹资的优点。

第一，有利于降低资本成本。可转换债券的利率通常低于普通债券，故在转换前可转换债券的资本成本低于普通债券；转换为股票后，又可节省股票的发行成本，从而降低股票的资本成本。

第二，有利于筹集更多资本。可转换债券的转换价格通常高于发行时的股票价格，因此，可转换债券转换后，其筹资额大于当时发行股票的筹资额。另外也有利于稳定公司的股价。

第三，有利于避免筹资损失。当公司的股票价格在一段时期内连续低于转换价格超过某一幅度时，发行公司可按事先约定的价格赎回未转换债券，从而避免筹资损失。

B. 可转换债券筹资的缺点。

第一，股价上扬风险。虽然可转换债券的转换价格高于其发行时的股票价格，但如果转换时股票价格大幅度上扬，公司只能以较低的固定转换价格换出股票，便会降低公司的股权筹资额。

第二，财务风险。发行可转换债券后，如果公司业绩不佳，股价长期低迷，或虽然公司业绩尚可，但股价随大盘下跌，持券者没有如期转化普通股，则会增加公司偿还债务的压力，加大公司的财务风险，特别是在订有回售条款的情况下，公司短期内集中偿还债务的压力会更明显。

第三，丧失低息优势。可转换债券转换成普通股后，其原有的低利息优势不复存在，公司将要承担较高的资本成本。

3.1.3 筹资决策

3.1.3.1 资本成本

(1) 资本成本的概念和内容

在市场经济条件下，没有免费使用的资金。企业无论通过何种渠道、采用何种方式筹集和使用资金，都需要付出代价，这是市场经济条件下的必然结果。企业为筹集和使用资金而付出的代价称为资本成本，也称资金成本。

企业的资本成本包括筹资费用和用资费用两部分内容。

① 筹资费用，是指企业在资金筹集过程中支付的各项费用，主要包括借款的手续费，发行股票、债券而支付的各项代理费，如印刷费、广告费、担保费和公证费等。筹资费用通常是筹集资金过程中一次性支付的，它与筹资数量的多少有关，而与资金使用的时间长短无关，因此，筹资费用实际上是资金筹集总额的减少，因而在计算资本成本时通常将其作为所筹资

金的一项扣除。

② 用资费用，又称资金占用费，是指企业在生产经营、投资过程中因使用资金而支付给资金提供者的报酬，主要包括支付给股东的股利、向债权人支付的利息等。用资费用一般与筹集金额的大小和使用时间的长短有关，具有经常性和定期性支付的特点，是资本成本的主要内容。

资本成本按其用途不同，可以区分为个别资本成本、综合资本成本和边际资本成本三种。个别资本成本是指单个筹资方式的资本成本，即按各种资本的具体筹资方式计算确定的资本成本，包括长期借款成本、长期债券成本、优先股成本、普通股成本和留存收益成本等。综合资本成本又叫加权平均资本成本，是指个别资本成本的加权平均数。边际资本成本是指新筹集部分资本的成本，即企业每追加筹措一个单位的资本所需增加的成本，它是综合资本成本的特殊形式，在计算时，有时也需要进行加权平均。边际资本成本一般用于追加筹资决策。

(2) 资本成本的性质

资本成本是商品经济条件下资本所有权和使用权分离的必然结果，具有特定的经济性质。

首先，资本成本是资本使用者向资本所有者和中介机构支付的费用，是资本所有权和使用权分离的结果。当资本所有者有充裕的资本而被闲置时，可以直接或通过中介机构将其闲置资本的使用权转让给急需资本的筹资者。这时，对资本所有者而言，由于让渡了资本使用权，必然要求获得一定的回报，资本成本表现为让渡资本使用权所带来的报酬；对筹资者来说，由于取得了资本的使用权，就必须支付一定的代价。可见，资本成本是资本所有权和使用权分离的必然结果。

其次，资本成本作为一种耗费，最终要通过收益来补偿，体现了一种利益分配关系。资本成本和产品成本都属于劳动耗费，但是，产品成本的价值是对自身消耗的补偿，并且这种补偿还会回到企业再生产过程中；而资本成本的补偿，一旦从企业收益中扣除之后，就退出了企业生产过程，体现了一种利益分配关系。

最后，资本成本是资金时间价值与风险价值的统一。资本成本与资金时间价值既有联系又有区别：资金时间价值是资本成本的基础，资金时间价值越大，资本成本也就越高；反之，资金时间价值越小，资本成本也就越低。但是资金时间价值和资本成本在数量上并不一致。资本成本不仅包括时间价值，而且还包括风险价值、筹资费用等因素；同时，还受到资金供求、通货膨胀等因素的影响。此外，资金时间价值除了用于确定资本成本外，还广泛用于其他方面。

(3) 资本成本的作用

资本成本是企业财务管理中的重要概念，在企业财务活动中具有十分重要的地位。尤其在企业进行筹资决策过程中，资本成本是决策者必须考虑的重要因素。

① 从企业融资角度讲，资本成本是选择筹资方式、进行资本结构决策的重要依据。企业筹集资金的方式多种多样，不同筹资方式的资本成本各不相同。企业一般通过计算和比较不同筹资方式的资本成本，以选择资本成本尽可能低的筹资方式。资本结构由债务资金和权益资金组合而成，这种组合有多种方案，企业一般通过计算和比较不同方案的综合资本成本，选择最小的综合资本成本的筹资方式以达到最优的资本结构。

② 从企业投资角度讲,资本成本是评价投资项目、制定投资方案的主要经济标准。任何投资项目,只有它的预期投资收益率高于资本成本,企业才有利可图;反之,如果预期投资收益率低于资本成本,则是不可行的。因此,投资决策中通常将资本成本视为是否采用投资项目的“取舍率”。

③ 从企业经营管理的角度讲,资本成本是衡量企业经营业绩的重要标准。资本成本是企业从事生产经营必须实现的最低收益率,将企业的综合资本成本与相应的息税前利润进行比较,则可以评价企业的经营业绩。如息税前利润高于资本成本,可以认为经营良好;反之则表明企业经营不利,应改善经营管理,进一步提高经济效益。

3.1.3.2 杠杆利益与风险

杠杆利益与风险是企业资本结构决策的基本因素之一,企业的资本结构决策应当在杠杆利益与风险之间进行权衡。

(1) 经营杠杆

① 经营杠杆的概念。经营杠杆也称营业杠杆或营运杠杆,它是指由于企业经营成本中存在固定成本而对企业收益带来的影响。准确地说,它是指由于存在固定成本而引起的企业息税前利润的变动率大于业务量变动率的现象。运用经营杠杆,企业可以获得一定的经营杠杆利益,同时也会承受相应的经营风险,对此可用营业杠杆系数来衡量。

② 经营杠杆利益。由于存在固定成本,当产销量发生变化时,单位产品分摊的固定成本会随之变动,最后导致利润更大幅度的变动,从而获得经营杠杆利益。具体来说,在其他条件不变的情况下,产销量的增加虽然一般不会改变固定成本总额,但却会降低单位固定成本,从而提高单位产品利润额,这就使利润的增长率大于产销量的增长率。

③ 经营风险。经营风险也称营业风险,是指企业由于生产经营方面的不确定因素给企业的收益所带来的不确定性。影响经营风险的主要因素有:产品需求的变化、产品销售价格的变动、固定成本比重和单位产品变动成本的变化等。其中最重要的是产品销售量所引起的不确定性。随着产销业务量的变动,息税前利润将以倍数的幅度变动,可见,经营杠杆扩大了产品销量变动对息税前利润的影响。一般来说,在其他因素不变的情况下,经营杠杆系数越高,息税前利润变动越大,企业的经营风险就越大。当然,经营杠杆本身并不是产生风险的原因,但它会加剧利润的不稳定性。

(2) 财务杠杆

① 财务杠杆的概念。由于固定财务费用的存在而导致普通股每股收益变动率大于息税前利润变动率的杠杆效应,称作财务杠杆。运用财务杠杆,企业可以获得一定的财务杠杆利益,同时也会承受相应的财务风险,对此可用财务杠杆系数来衡量。

② 财务杠杆利益。在资本总额及其结构既定的情况下,企业需要从息税前利润中支付的债务利息通常是固定的。当息税前利润增大时,每一元盈余所负担的固定财务费用(如利息、融资租赁租金等)就会相对减少,就能给普通股股东带来更多的盈余。

③ 财务风险。财务风险,也称筹资风险,是指企业由于负债经营而给企业财务成果带来的不确定性。企业为取得财务杠杆利益,就要增加负债,由于财务杠杆的作用,一旦息税前利润下降时,企业的每股收益就会下降得更快。财务杠杆系数越大,对财务杠杆利益的影响越强,财务风险也越大。因此,在企业资本结构中,长期负债的比例越大,企业的财务风险也越大;相反,当债务比例较低时,财务风险相对较小。所以,企业应该合理地安排资本结

构,适度负债,使财务杠杆利益抵消风险增大所带来的不利影响。

(3) 总杠杆

① 总杠杆的概念。由于存在固定成本,产生经营杠杆效应,使得销售量变动对息税前利润有扩大的作用;同样,由于存在固定财务费用,产生财务杠杆效应,使得息税前利润对普通股每股收益有扩大的作用。如果两种杠杆共同作用,那么,销售额的变动就会使每股收益产生更大的变动。

总杠杆也称复合杠杆,是指由于固定生产经营成本和固定财务费用的共同存在而导致的普通股每股收益变动率大于产销量变动率的杠杆效应。

② 总杠杆利益与总风险。总风险,是指由于总杠杆的作用使每股收益大幅度波动而造成的风险。在总杠杆的作用下,当企业销售量增加时,每股收益会大幅度上升;而当企业销售量减少时,每股收益就会大幅度下降。企业总杠杆系数越大,每股收益的波动幅度越大。在其他因素不变的情况下,总杠杆系数越大,企业承受的总风险越大;总杠杆系数越小,企业承受的总风险就越小。

企业利用总杠杆能够估计出销售额变动对每股收益的影响,同时还可通过对经营杠杆和财务杠杆的不同组合,达到某一总杠杆系数。

3.1.3.3 资本结构

(1) 资本结构的含义

在财务管理实务中,企业在一定时期采用各种筹资方式组合筹资的结果,就形成一定的资本结构。因此,资本结构是指企业各种资本的价值构成及其比例关系,是企业一定时期筹资组合的结果。

资本结构有广义和狭义之分。广义的资本结构是指企业全部资本的构成及其比例关系。企业一定时期的资本可分为债务资本和股权资本、短期资本和长期资本。一般而言,广义的资本结构包括:债务资本与股权资本的结构、长期资本与短期资本的结构,以及债务资本的内部结构、长期资本的内部结构和股权资本的内部结构等。狭义的资本结构是指企业各种长期资本的构成及其比例关系,尤其是指长期债务资本与(长期)股权资本之间的构成及其比例关系。

(2) 资本结构理论

资本结构理论是关于公司资本结构(或转化为债务资本比例)、公司综合资本成本与公司价值三者之间关系的理论。它是公司财务理论的核心内容之一,也是资本结构决策的重要理论基础。从资本结构理论的发展来看,主要有早期资本结构理论、MM资本结构理论和新的资本结构理论。在现实中,资本结构是否影响企业价值这一问题一直存有争议,故称为“资本结构之谜”。

① 早期资本结构理论。

早期的资本结构理论主要有三种观点。

A. 净收益理论。这种理论认为,在公司的资本结构中,债务资本的比例越大,公司的净收益或税后利润就越多,从而公司的价值就越高。按照这种观点,公司获取资本的来源和数量不受限制,并且债务资本成本和权益资本成本都是固定不变的,不受财务杠杆的影响。由于债务的投资报酬率固定,债务人有优先求偿权,所以债务投资风险低于股权投资风险,债务资本成本一般低于股权资本成本。因此,公司的债务资本越高,债务资本比例越高,综合资本成本就越低，从而公司的价值就越大。

B. 净营业收益理论。这种理论认为，不论财务杠杆如何变动，企业加权平均资本成本都固定不变，从而企业的总价值也随之不变。理由是：当企业利用财务杠杆进行融资时，即便能够维持债务成本不变，也会增加企业股权资本的风险，进而使股权资本上升，因此，加权平均资本成本不会因企业负债比例的提高而有所降低，即企业的平均资本成本和总价值是固定不变的，不存在最佳资本结构，资本结构的选择也毫无意义。

C. 传统折中理论。这种理论认为，企业债务资本比例的提高虽然会导致财务风险的增大，从而引起债务资本与股权资本成本的提高，但当企业债务资本规模适度时，股权资本与债务资本的风险与成本都不会显著增加，在该范围内，企业可以通过财务杠杆的使用来降低加权平均资本成本，并增加企业的总价值。因此，该理论认为，最优的资本结构既不是负债为0，也不是负债占100％。负债低于100％的某种特定资本结构可使企业综合资本成本最低，同时企业价值最大。

尽管上述三种理论的观点相距甚远，但前提条件都是企业和个人所得税税率为0，虽然都考虑了资本结构对企业资本成本和企业价值的双重影响，但都缺乏周密分析，且提出时间都在1958年之前，因此被称为“早期资本结构理论”。

② MM资本结构理论。

1958年，美国的莫迪利亚尼（Modiglianli）和米勒（Miller）两位教授合作发表《资本成本、公司融资与投资理论》一文。他们在该文中首次提出了著名的无所得税模型。1963年，两人将企业所得税因素引入原来的研究中，对模型进行了修正，又提出了有所得税模型。

在完善的市场假设条件下，莫迪利亚尼和米勒提出了两个模型，即无所得税模型与有所得税模型。

A. 无所得税模型。假设企业处于如下的环境：没有企业所得税，无市场交易成本，债务是无风险的（对债权人而言），资本市场是完全竞争的；还假定如果两个企业被所有的投资者认为是相同的，即两个企业可产生的现金流相等，因此，两种现金流量有相同的概率分布，并且相关系数为1。在这些假定条件下，无所得税模型包括下述命题。

命题1：无论公司有无债务资本，其价值（普通股资本与长期债务资本的市场价值之和）等于公司所有资产的预期收益额按适合该公司风险等级的必要报酬率予以折现。其中，公司资产的预期收益额相当于公司扣除利息、税收之前的预期盈利，即息税前利润；与公司风险等级相适应的必要报酬率相当于公司的综合资本成本。因此命题1的基本含义是：第一，公司的价值不会受资本结构的影响；第二，有债务公司的综合资本成本等同于它风险等级相同但无债务公司的股权资本成本；第三，公司的股权资本成本或综合资本成本视公司的营业风险而定。

命题2：利用财务杠杆的公司，其股权资本成本随筹资额的增加而提高。因此，公司的市场价值不会随债务资本比例的上升而增加。因为债务给公司带来的财务杠杆利益会被股权资本成本的上升而抵消，最后使有债务公司的综合资本成本等于无债务公司的综合资本成本，所以公司的价值与其资本结构无关。

B. 有所得税模型。如果考虑企业存在所得税的情况，前面所述的无企业所得税的理论就不再成立了。因此，有所得税模型认为：债务利息在税前支付，普通股股利在税后支付，这两者的差异将导致债务资本与股权资本对企业价值的不同影响。因此，企业可通过财务杠杆利益的不断增加而不断地降低其资本成本，债务越多，杠杆利益作用越明显，企业价值就越大。在有企业所得税的情况下，债务会因为利息的税前支付而增加企业价值。有所得税模型包括以下两个命题。

命题 1：有债务公司的价值等于有相同风险但无债务公司的价值加上债务的税上利益。根据该命题，当公司举债后，债务利息可以计入财务费用，形成节税利益，由此可以增加公司的净收益，从而提高公司的价值。随着公司债务比例的提高，公司的价值也会提高。

有债务公司的股权资本成本等于无债务公司的股权资本成本加上风险报酬率，风险报酬率的高低则视公司债务的比例和所得税税率而定。随着公司债务比例的提高，公司的综合资本成本会降低，公司的价值也会越高。

按照有所得税模型理论，公司的资本结构与公司的价值不是无关，而是大大相关，并且公司债务比例与公司价值是正相关关系。这个结论与早期资本结构理论的净收益观点是一致的。

命题 2：资本结构理论的权衡理论观点。该观点认为，随着公司债务比例的提高，公司的风险也会上升，因而公司陷入财务危机甚至破产的可能性也越大，由此会增加公司的额外成本，降低公司的价值。因此，公司最佳的资本结构应当是节税利益和债务资本比例上升而带来的财务危机成本与破产成本之间的平衡点。

财务危机是指公司对债务人的承诺不能兑现，或有困难兑现。财务危机在某些情况下会导致公司破产，因此公司的价值应当扣除财务危机成本的现值。财务危机成本取决于公司危机发生的概率和危机的严重程度。根据公司破产发生的可能性，财务危机成本可分为有破产成本的财务危机成本和无破产成本的财务危机成本。

当公司债务的面值总额大于其市场价值时，公司面临破产。这时，公司的财务危机成本是有破产成本的财务危机成本。公司的破产成本又有直接破产成本和间接破产成本两种。直接破产成本包括支付律师、注册会计师和资产评估师等的费用。这些费用实际上是由债务人所承担的，即从债务人的利息收入中扣除。因此，债务人必然要求与公司破产风险相应的较高报酬率，公司的债务价值和公司的总价值也因而降低。公司的间接破产成本包括公司破产清算损失以及公司破产重组后而增加的管理成本。公司的破产成本增加了公司的额外成本，从而会降低公司的价值。

当公司发生财务危机但还不至于破产时，也同样存在着财务危机成本并影响公司的价值。这时的财务危机成本是无破产成本的财务危机成本。这种财务危机成本对公司价值的影响是通过股东为保护其利益，在投资决策时以股票价值最大化代替公司价值最大化的目标而形成的。而当公司的经营者按此作出决策并予以执行时，会使公司的节税利益下降并降低公司价值。因此，债务带来的公司财务危机成本抑制了公司通过无限举债而增加公司价值的冲动，使公司的债务比例保持在适度的区间内。

③ 新的资本结构理论。

20 世纪七八十年代后出现一些新的资本结构理论，主要有代理成本理论、信号传递理论和优选顺序理论等。

A. 代理成本理论。代理成本理论是通过研究代理成本与资本结构的关系而形成的。这种理论观点指出，公司债务的违约风险是财务杠杆系数的增函数；随着公司债务资本的增加，债务人的监督成本随之提升，债务人会要求更高的利率。这种代理成本最终要由股东承担,公司资本结构中债务比率过高会导致股东价值降低。根据代理成本理论,债务成本适度的资本结构会增加股东的价值。

上述资本结构的代理成本理论仅限于债务的代理成本。除此之外,还有一些代理成本涉及公司的雇员、消费者和社会等,在资本结构的决策中也应予以考虑。

B. 信号传递理论。信号传递理论认为,公司可以通过调整资本结构来传递有关获利能力和风险方面的信息,以及公司如何看待股票市价的信息。

按照资本结构的信号传递理论,公司价值被低估时会增加债务资本,公司价值被高估时会增加股权资本。当然,公司的筹资选择并非完全如此。例如,公司有时可能并不希望通过筹资行为告知公众公司的价值被高估的信息,而是模仿被低估价值的公司去增加债务资本。

C. 优选顺序理论。资本结构的优选顺序理论认为,公司倾向于首先采用内部筹资,比如保留盈余,因之不会传导任何可能对股价不利的信息;如果需要外部筹资,公司将先选择债务筹资,再选择其他外部股权筹资,这种筹资顺序的选择也不会传递对公司股价产生不利影响的信息。

按照优选顺序理论,不存在明显的目标资本结构,因为虽然保留盈余和增发新股均属股权筹资,但前者最先选用,后者最后选用;获利能力较强的公司之所以安排较低的债务比率,并不是由于已确立较低的目标债务比率,而是由于不需要外部筹资;获利能力较差的公司选用债务筹资是由于没有足够地保留盈余,而且在外部筹资选择中债务筹资为首选。

(3) 资本结构决策方法

资本结构决策是企业财务决策的核心内容之一。企业资本结构决策是结合企业有关情况,分析有关因素的影响,运用一定方法确定最佳资本结构的行为。从理论上讲,所谓最佳资本结构是指企业在适度财务风险的条件下,使其预期的综合资本成本最低,同时企业价值最大的资本结构,它应作为企业的目标资本结构。

资本结构决策的定性分析,主要包括企业财务目标、企业发展阶段、企业财务状况、投资者动机、债权人态度、经营者行为、税收政策、行业差别等影响因素分析。

资本结构决策的定量分析方法,一般包括资本成本比较法、每股收益分析法和公司价值分析法。

3.2 永泰能源债券融资

永泰能源股份有限公司(简称永泰能源)作为我国煤炭行业上市公司中唯一一家民营企业,很早就通过证券市场直接融资,其债券融资尤为频繁,发行有短期融资券、中期票据、非公开定向融资工具、资产支持证券等工具,债券市场融资经历丰富。2018 年 7 月 5 日,该公司发行的 2017 年度第四期短期融资券未能按期兑付,构成实质性违约,引起了广泛关注,又由于债券发行时设置了投资者保护条款,债券违约时便触发了交叉违约条款。截至 2023 年 8 月 4 日,该公司共有 15 只债券构成实质性违约,累计金额 175.4 亿元,成为债券市场违约规模最大的公司之一。同时,信用评级下调,使得部分债权人对永泰能源提起诉讼并实施财产保全,对永泰能源正常融资产生显著负面影响。

3.2.1 背景介绍

3.2.1.1 债券市场发展历程

从 1981 年我国恢复国库券发行工作，并采取行政分配的发行方式开始，债券市场拉开了发展的序幕。1982 年 1 月，中国国际信托投资公司以私募方式在日本东京发行了 100 亿日元的日本武士债券，标志着我国开始进入国际债券市场。1986 年 8 月，央行在沈阳市信托投资公司首先开办了企业债等有价证券的柜台转让业务，后来试点范围扩大至全国 54 个大中城市，地方性的债券交易中心及柜台交易中心开始出现，以柜台市场为主的场外交易市场逐步形成。1990 年年底，上海证券交易所和深圳证券交易所相继成立。1991 年 3 月起，在全国地市级以上的城市和地区所在的县级市（西藏除外）全面开放国债转让市场，全国性的国债二级市场正式形成，债券市场形成了场内市场和场外市场并存的格局。1995 年 8 月，国家正式叫停全部区域性的证券交易中心，交易所成为我国唯一合法的债券交易市场。1997 年 6 月，央行要求商业银行全面退出交易所市场，同时成立银行间债券市场，并将其定位为债券市场的场外市场。自此，中国债券市场形成了银行间和交易所两相分立的格局。2007 年 8 月，中国证监会颁布实施《公司债券发行试点办法》，标志着我国公司债券发行工作的正式启动。2015 年 1 月 15 日，中国证监会颁布实施《公司债券发行与交易管理办法》。2023 年 4 月 26 日，国务院国有资产监督管理委员会（简称国务院国资委）审议通过《中央企业债券发行管理办法》。

根据 Wind 数据，中国债券市场 2014—2023 年历史存量逐年升高，如图 3-1 所示。截至 2023 年 8 月 4 日，债券市场总存量为 147.71 万亿元，其中，信用债存量为 45.26 万亿元，占 30.64%，企业债、公司债、中期票据、短期融资券为企业筹资的主要方式，合计为 24.21 万亿元，占 16.39%，如表 3-1 所示。

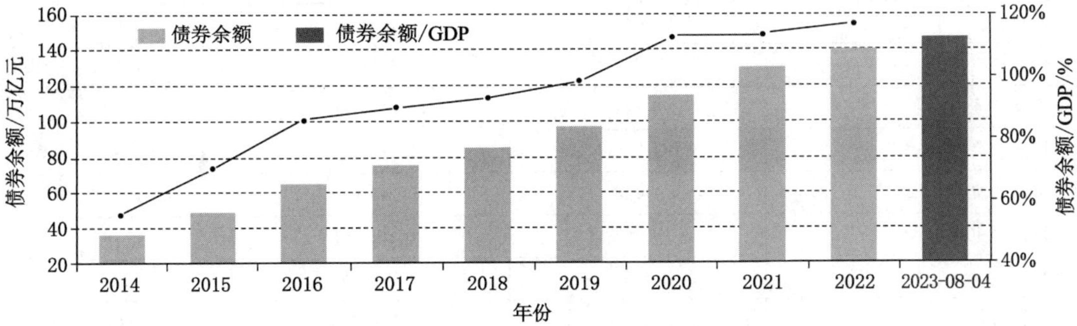

图 3-1　2014—2023 年中国债券市场历史存量

表 3-1　中国债券市场存量债券品种分布

类别	债券数量/只	债券余额/亿元	债券余额比重/%
国债	260	265 229.57	17.95
地方政府债	9 954	379 110.21	25.66
央行票据	3	150	0.01
政策银行债	303	236 279.32	15.99

表 3-1(续)

类别	债券数量/只	债券余额/亿元	债券余额比重/%
利率债合计	10 520	880 769.09	59.62
金融债	2 475	120 054.26	8.13
保险公司债	83	2 917.50	0.20
证券公司债	1 041	22 569.84	1.53
商业银行次级债券	641	56 209.45	3.80
商业银行债	423	31 276.72	2.12
证券公司短期融资券	136	2 239	0.15
其他金融机构债	151	4 841.75	0.33
企业债	2 741	20 624.10	1.40
集合企业债	2	4.80	0
一般企业债	2 739	20 619.30	1.40
公司债	12 801	107 747.46	7.29
私募债	8 167	56 731.37	3.84
一般公司债	4 634	51 016.09	3.45
中期票据	8 809	89 042.25	6.03
一般中期票据	8 809	89 042.25	6.03
短期融资券	2 908	24 715.25	1.67
一般短期融资券	596	4 740.53	0.32
超短期融资债券	2 312	19 974.72	1.35
定向工具	3 632	22 473.66	1.52
国际机构债	22	525	0.04
政府支持机构债	191	18 615	1.26
资产支持证券	8 921	38 685.11	2.62
银保监会主管 ABS	1 226	12 107.51	0.82
交易商协会 ABN	1 428	6 204.06	0.42
证监会主管 ABS	6 267	20 373.54	1.38
可转债	550	8 753.72	0.59
可交换债	81	1 232.43	0.08
项目收益票据	25	111.05	0.01
信用债合计	43 156	452 579.30	30.64
同业存单	15 403	143 947.50	9.74
合计	69 079	1 477 295.89	100

数据来源：Wind。

3.2.1.2 金融监管

自 2016 年起，金融监管渐趋严格，监管政策颁布频繁，不仅罚单数量攀升，而且大额罚单层出不穷，因而 2016 年被看作金融监管的寒冬年。据统计，2017 年全年出台了超过20 个关于金融业重要监管的文件，并判决 2 700 余件行政处罚，罚款金额达到 80 多亿元。国家监管力度加强主要体现在以下三个方面：

一是增大债券发行难度。2016 年，国务院下发《关于积极稳妥降低企业杠杆率的意见》，“去杠杆”政策的有效推行使得资产负债率较高的企业债券发行难度提升，这给公司的债券融资增加了阻力。

二是提高定增融资门槛。2017 年 2 月 17 日，证监会公布了最新修订的《上市公司非公开发行股票实施细则》以及监管问答，新规指出如下三点：① 发行定价基准日的确定；② 拟发行股份数量占总股本的份额要低于 20%；③ 定增发行距上次募集资金时间应超过 18 个月。这些新规的出台一定程度上限制了上市公司的融资金额。

三是增加企业再融资难度。近几年，我国有关部门对债券市场的监管力度越发严格，发布、修订了一系列文件，包括《非金融企业债务融资工具注册发行规则》《上市公司非公开发行股票实施细则》《关于证券公司短期融资券管理有关事项的通知》等，并且还以风险为标准监管债券、设立违约风险机制、提高发行门槛、强化债券信息披露等措施施行进一步规范了债券市场秩序。

3.2.1.3　债券违约

自 2013 年以来宏观经济下行，债券评级调减日益增多。尤其是 2014 年我国公募债券市场第一例实质性违约债券“11 超日债”的出现，标志着我国债券市场的刚性兑付被彻底打破。之后，债券违约事件增多，违约率持续上升。截至 2022 年 12 月 31 日，我国债券市场累计有 1 052 只信用债违约，包括企业债、资产支持证券、短期融资券等多种不同类型的债券。其中，以 2018 年的违约增长幅度最大，债券违约数量由 2017 年的 39 只增长到 2018 年的 139 只，违约金额也由 2017 年的 329.40 亿元上升到 2018 年的 1 244.90 亿元，2019—2021 年违约数量、违约规模高位运行，2022 年违约数量有所下降，违约规模大幅降低，如表 3-2 所示。

表 3-2　2014—2022 年我国信用债市场违约情况表

年份	2014	2015	2016	2017	2018	2019	2020	2021	2022
违约数量/只	8	35	62	39	139	213	189	197	170
违约规模/亿元	32.06	132.03	401.37	329.40	1 244.90	1 700.50	1 898.73	1 901.57	861.95

数据来源：Wind。

3.2.2　公司简介

永泰能源集团股份有限公司是一家在上海证券交易所上市的综合能源类企业，是煤炭行业唯一一家民营企业，股票简称永泰能源，股票代码 600157，英文简称 WTECL。公司成立于 1992 年 7 月 30 日，于 1998 年 5 月 13 日在上海证券交易所上市。公司注册资本为 22 217 764 145 元，总部办公地址在山西省太原市。公司主要从事煤炭、电力、石化、储能等能源产业，主营业务形成了煤电互补的综合能源经营格局。

公司控股股东为永泰集团有限公司，是一家综合型产业控股集团公司，截至 2022 年 12 月末，持有公司股份 4 027 292 382 股，占公司总股份的 18.13%。集团目前主要产业有能源、投资、金融、房地产等板块。

（1）储能转型发展

公司确立了聚焦全钒液流电池、构建储能全产业链的转型目标，有序推进“钒矿资源整合、开采冶炼、电解液制备、电堆及关键材料生产、系统集成全钒液流电池全产业链”布局。通过合资设立储能发展平台公司、收购优质钒矿资源、开展发电侧全钒液流电池储能辅助调频项目、与长沙理工大学及贾传坤教授合作取得多项全钒液流电池核心专利技术和后续研发能力等项目落地与实施，公司全钒液流电池全产业链发展架构与布局已经基本形成。公司正在全面推进各储能项目及生产线建设，已拥有相关专利技术10余项，自主研发的首台32千瓦钒电池电堆已于2023年3月初测试成功，预计相关储能项目将于2024年陆续投产见效，将成为公司发展的第二增长极。

公司将结合自身产业、管理优势，通过与央企、地方国企、科研院所及储能行业头部企业合作，在现有已形成的全钒液流电池全产业链基本架构基础上，全面打造和完善储能材料资源整合、提纯冶炼、储能新材料、装备制造和项目系统集成等储能全产业链，拥有自主知识产权、国内领先的全钒液流电池全产业链配套技术与相关产品，形成具有自身优势的产品研发与技术迭代能力，实现从储能材料资源整合、储能装备制造与集成到投资储能项目的全面发展，为新能源及传统电力系统提供全方位、全产业链储能系统解决方案。力争2025年储能产业形成规模；2027—2030年进入储能行业第一方阵，实现全钒液流电池市场占有率30%以上的目标，成为储能行业全产业链发展领先企业和龙头标杆企业。

（2）煤炭业务

公司始终致力于成为焦煤细分行业龙头企业及国内冶炼行业核心供应商。公司目前拥有优质焦煤总产能规模1 100万吨/年，煤炭资源量总计38.57亿吨。从企业规模上，公司在山西地区拥有华熙矿业有限公司、灵石银源煤焦开发有限公司、山西康伟集团有限公司3家煤炭整合主体企业，共15座在产煤矿，煤炭产量多年保持在千万吨级水平。煤炭产品上，公司目前在产煤种均为优质焦煤及配焦煤，属于稀缺煤种。与动力煤相比，焦煤价格优势明显，低灰、低硫焦煤品种的市场价格较高、销售情况良好，抵抗市场波动能力更强。资源储备上，公司现有的煤炭资源量总计38.57亿吨，其中优质焦煤资源量共计9.33亿吨，优质动力煤资源量共计29.24亿吨，具有较强的煤炭资源储备优势。同时，公司积极推进所属矿井进行生产系统技术改造和产能规模优化提升相关工作，并贯彻落实国家鼓励符合条件的煤矿核增生产能力政策，后续公司所属煤矿总产能规模还将有较大提升。公司煤炭业务将继续稳基础、提产能，着力提升煤炭安全、高效生产能力，至2027年年底前总产能规模力争突破2 000万吨/年。

（3）电力业务

公司致力于成为优质的区域绿色清洁能源供应商。公司所属电力业务控股总装机容量897万千瓦（均为在运机组）、参股总装机容量为420万千瓦（其中，在运装机容量为200万千瓦，在建装机容量为220万千瓦），为所属区域电力和热源保供主力军。公司所属电厂机组单机容量大、技术参数高，所属燃煤机组发电煤耗低，2022年平均供电煤耗为295克/千瓦时，较全国6 000万千瓦及以上电厂供电煤耗301.5克/千瓦时低6.5克/千瓦时，所有在运燃煤机组均实现了超低排放，符合国家节能环保产业政策，属火电行业的清洁能源，竞争优势明显。公司所属电力业务主要分布在江苏、河南两省，为所属区域主要电源支撑点。同时，公司在江苏张家港拥有1座5万吨级和1座10万吨级的长江煤运码头，形成了1 000万吨/年的煤炭货运吞吐能力，为公司电力业务发展提供了有力支撑。公司电力业务将充分发挥机组容量大、可靠性高、性能先进等优势，积极扩大供热市场，保障区域电力和热源供应。

（4）石化业务

公司所属广东惠州大亚湾华瀛石化项目位于国内七大石化基地之一的广东省惠州市大亚湾，是广东省惠州市亿吨大港的重要组成部分，也是粤港澳大湾区建设先进石化基地的重要支撑，地处主航道枢纽，拥有海域使用面积137公顷，岸线资源稀缺，区位优势明显。该项目拥有1座30万吨级和3座2万吨级油品码头，具备2 150万吨/年码头吞吐能力、1 000万吨/年油品动态仓储能力和1 000万吨/年油品调和加工能力，填补了珠三角地区大型油品调和生产的空白。该项目拥有油品总仓储能力115万立方米，为保税仓和出口监管仓“两仓合一”试点单位，并取得了18个货种仓储经营资质，为国内仓储经营货种最多的企业之一，具有较强的竞争优势。公司石化业务将不断增加经营范围，挖掘项目功能潜力，拓展油品贸易业务，提升市场竞争力。

公司以全面贯彻落实党中央、国务院关于国家能源安全战略和“碳达峰、碳中和”决策部署为指引，秉持“以煤电为基、以储能为翼”发展战略，在不断夯实现有煤炭、电力与石化能源产业基础，持续保障传统能源产业基本盘稳定增长，充分发挥其作为国家能源安全稳定器和压舱石作用的同时，高举储能大旗、紧盯储能赛道、聚焦全钒液流电池，坚定不移地向储能行业转型，形成“传统能源＋新型储能”双轮驱动发展的新格局，实现公司绿色低碳、可持续、高质量发展。

3.2.3　公司债券融资

2011年，永泰能源开始发行公司债券进行融资，是国内利用债券融资较早的公司之一，发债经验丰富，且其发行债务形式多元化，有短期融资券(CP)、定向工具(PPN)、中期票据(MTN)、公司债券、私募债等，通过银行间和交易所共发行过45只债券。

如表3-3所示，根据Wind数据统计，截至2023年8月，永泰能源自1998年上市以来累计融资9 818 295.91万元，直接融资占73.64%。其中，债券融资5 005 800万元，占50.98%，是公司融资的最主要来源。

表3-3　永泰能源上市以来募资统计表

融资方式	融资规模/万元	融资结构/%
上市以来募资合计	9 818 295.91	100
直接融资：	7 229 800	73.64
首发	—	—
股权再融资	2 224 000	22.65
配股	—	—
定向增发	2 224 000	22.65
公开增发	—	—
优先股	—	—

表 3-3(续)

融资方式	融资规模/万元	融资结构/%
可转债	—	—
发债券融资	5 005 800	50.98
间接融资(按增量负债计算):	2 588 495.91	26.36
累计新增短期借款	932 082.20	9.49
累计新增长期借款	1 656 413.71	16.87

数据来源:Wind。

3.2.4 公司债券违约

2018 年 7 月 5 日,“2017 永泰能源 CP004 号”到期,根据公司发布的公告,其偿还资金来源计划为银行借款和拟发行的“2018 永泰能源 CP004 号”。该笔债券拟募集 10 亿元资金,用于偿还即将到期的债务。然而,2018 年 7 月 4 日,公司未能得到向中信银行申请新增的 35 亿元和向平安信托申请的 6 亿元综合授信。7 月 5 日,永泰能源公告受债券市场波动影响,取消发行新债券。至此,永泰能源“以债还债”模式被打破,“2017 永泰能源 CP004 号”偿还资金受限,发生实质性违约。

此事件造成永泰能源公司债券交易价格波动,公司不得不于 7 月 6 日宣布对“13 永泰债”“16 永泰 01”“16 永泰 02”“16 永泰 03”实行不定期停牌。同时,触发另外 9 只债券的提前到期,永泰能源股票也停牌。

然而,永泰能源违约事件还远远没结束。7 月 31 日,“13 永泰债”实质性违约。10 月 22 日,公司未能按时兑付“15 永泰能源 MTN001”中期票据,由此触发“15 永泰能源 MTN002”交叉条款。11 月 16 日,由于资金紧张,“17 永泰能源 MTN001”利息未能兑付。11 月 27 日,“15 永泰能源 MTN002”未能兑付,构成实质性违约。恶性循环,截至 2018 年 12 月 31 日,永泰能源共违约债券 14 只,累计违约金额 122.5 亿元。

2019 年 1 月 22 日,公司“2018 永泰能源 CP001”到期,未足额偿付,且担保方资金紧张,无法代偿,构成实质性违约。2019 年 3 月 19 日,“2018 永泰能源 CP002”到期未偿付。

截至 2023 年 8 月 4 日,永泰能源存续债券 20 只,存续债券余额 218.20 亿元,已实质违约债券 15 只,已实质违约债券余额 175.4 亿元,如表 3-4 所示。

表 3-4 永泰能源违约及展期债券明细表

证券简称	当前状态	首次违约日	当前债券余额/亿元	当前逾期本金/亿元	当前逾期利息/万元	到期日
18 永泰能源 MTN001	实质违约	2019-04-04	5	0	11 250	2021-04-04
18 永泰能源 CP001	实质违约	2019-01-22	10	10	7 000	2019-01-22
17 永泰能源 PPN003	实质违约	2018-12-24	10	0	7 900	2020-12-22
15 永泰能源 MTN002	实质违约	2018-11-27	14	14	31 500	2020-11-27
15 永泰能源 MTN001	实质违约	2018-10-22	14	14	8 652	2020-10-22
17 永泰能源 CP005	实质违约	2018-08-07	10	10	6 539.73	2018-08-25

表 3-4(续)

证券简称	当前状态	首次违约日	当前债券余额/亿元	当前逾期本金/亿元	当前逾期利息/万元	到期日
17 永泰能源 CP007	实质违约	2018-08-07	10	10	8 783.56	2018-12-15
18 永泰能源 CP002	实质违约	2018-08-07	10	10	9 589.04	2019-03-19
17 永泰能源 CP006	实质违约	2018-08-07	8	8	4 190.60	2018-10-23
13 永泰债	实质违约	2018-08-03	35.90	0	26 207	2020-02-06
17 永泰能源 MTN002	实质违约	2018-08-03	10	10	22 689.68	2020-12-06
17 永泰能源 MTN001	实质违约	2018-08-03	10	10	18 190.22	2020-11-16
18 永泰能源 CP003	实质违约	2018-08-01	10	10	8 860.27	2019-04-26
17 永泰能源 CP004	实质违约	2018-07-05	15	15	10 500	2018-07-05
17 永泰能源 PPN002	触发交叉条款	—	1.80	0	0	2020-11-15
16 永泰 01	展期	—	7.60	0	5 700	2022-03-30
17 永泰能源 PPN001	实质违约	—	3.50	0	269.50	2020-08-18
16 永泰 02	展期	—	13.90	0	10 425	2019-07-01
16 永泰 03	展期	—	18.50	0	13 875	2019-07-07
18 永泰能源 PPN001	触发交叉条款	—	1	0	0	2021-03-29

数据来源：Wind。

3.2.5 公司债券违约的成因

永泰能源债券违约的直接原因是 2016 年以来我国金融监管日趋严格，尤其是受“降杠杆”政策影响，企业融资遇阻，新发行债券行为被中止、新增贷款申请失败，无法借新债还旧债，导致现金流严重不足，资金链断裂。而其深入原因是：债台高筑，筹资风险巨大；战略调整，“造血”能力下降；过度投资，“输血”能力不足。

3.2.5.1 债台高筑，筹资风险巨大

根据 Wind 数据统计，永泰能源、煤炭行业 2013—2022 年偿债能力相关指标分别如表 3-5 和表 3-6 所示。从中可以看出，永泰能源资产负债率、带息债务/全部投入资本、流动负债/负债合计三项长期偿债能力指标在 2013—2019 年居高不下，直到 2020 年公司破产重整后才大幅下降，并且资产负债率远高于煤炭行业平均值 50%，流动比率、速动比率、保守速动比率、现金比率四项短期偿债能力指标在 2018 年、2019 年达到最低，并且流动比率、速动比率远低于煤炭行业平均值，2013—2019 年现金到期债务比在低位运行，这也就是永泰能源采取高负债来带动资产增长的模式，筹资风险巨大，导致了 2018 年债券违约的深层原因之一。

表 3-5 2013—2022 年永泰能源偿债能力相关指标表

年份	2022	2021	2020	2019	2018	2017	2016	2015	2014	2013
资产负债率/%	54.19	55.80	56.35	73.07	73.29	73.14	70.31	70.32	73.80	71.81
带息债务/全部投入资本/%	35.33	37.94	44.07	67.86	68.63	69.05	66.23	66.13	69.52	67.80
流动负债/负债合计/%	37.04	33.79	42.77	59.15	59.17	50.08	49.60	44.21	55.80	58.64

表 3-5(续)

年份	2022	2021	2020	2019	2018	2017	2016	2015	2014	2013
流动比率	0.45	0.53	0.36	0.18	0.21	0.51	0.44	0.56	0.66	0.70
速动比率	0.39	0.49	0.34	0.16	0.20	0.50	0.43	0.54	0.64	0.67
保守速动比率	0.35	0.39	0.28	0.13	0.17	0.37	0.40	0.50	0.47	0.56
现金比率	0.13	0.13	0.09	0.04	0.07	0.23	0.26	0.29	0.30	0.39
现金到期债务比/%	70.56	51.20	29	16.76	15.27	14.01	13.73	12.49	11.51	11.74

数据来源:Wind。

表 3-6　2013—2022 年煤炭行业偿债能力相关指标平均值

年份	2022	2021	2020	2019	2018	2017	2016	2015	2014	2013
资产负债率/%	45.08	48.77	49.06	49.19	50.58	51.66	52.61	54.38	51.16	49.25
流动比率	1.19	1.11	0.94	0.89	1.02	0.91	0.82	0.88	0.98	0.93
速动比率	1.11	1.03	0.86	0.81	0.95	0.83	0.74	0.8	0.87	0.81

数据来源:Wind。

3.2.5.2　战略调整,“造血”能力下降

根据 Wind 数据统计,永泰能源 2017—2022 年营业收入逐年增长,但营业利润、净利润在 2018 年、2019 年并未上升,反而出现下降,如表 3-7 所示。另外,永泰能源 2017—2022 年销售净利率、总资产报酬率、净资产收益率三项盈利能力指标在 2018 年、2019 年均在低位水平,如表 3-8 所示,比同期煤炭行业平均值(见表 3-9)也低很多,从中可以看出,永泰能源在这两年经营业绩出现下滑。

表 3-7　2017—2022 年永泰能源利润表部分数据　　单位:万元

年份	2022	2021	2020	2019	2018	2017
营业收入	3 555 565	2 708 048.39	2 214 419.58	2 118 695.61	2 232 727.76	2 238 824.24
营业利润	275 906.27	157 436.08	517 438.56	87 044.89	64 837.82	113 872.84
净利润	162 914.30	88 059.25	459 625.87	27 885.84	15 922.97	86 711.57

数据来源:Wind。

表 3-8　2017—2022 年永泰能源盈利能力相关指标　　单位:%

年份	2022	2021	2020	2019	2018	2017
销售净利率	4.58	3.25	20.76	1.32	0.71	3.87
总资产报酬率	4.60	3.40	7.65	4.23	4.50	4.03
净资产收益率	4.42	2.54	17.40	0.59	0.27	2.51

数据来源:Wind。

表 3-9　2017—2022 年煤炭行业盈利能力相关指标平均值　　单位：%

年份	2022	2021	2020	2019	2018	2017
销售净利率	19.46	14.13	9.38	10.37	11.69	12.1
总资产报酬率	23.09	17.37	9.57	10.71	12.19	12.17
净资产收益率	12.71	9.2	5.01	5.52	6.14	5.92

数据来源：Wind。

永泰能源 2009 年开始以煤炭开采为主业，2015 年进入电力行业，2016 年进入石化行业。根据 Wind 数据统计，如表 3-10 所示，从永泰能源三大主营业务收入构成可以看出，2018—2020 年电力产业营业收入已占公司营业收入的 50%左右，成为公司营业收入中最重要的一个部分。但是，由于电力行业的高成本投入，一旦电力产品价格发生波动，产品利润就很难稳定，毛利率在 2017—2020 年维持在 20%左右，2021 年、2022 年甚至出现负值；煤炭产业毛利率始终维持在 50%～60%，是三大主业中盈利最高的；石化贸易产业的毛利率维持在 1%左右，盈利水平很低。从中不难看出，永泰能源战略调整、快速多元化、投资增多的同时，短时间并未带来利润的提升，反而出现下降，导致公司盈利能力下降，“造血”能力不足，这也是导致其 2018 年债券违约的深层原因之一。

表 3-10　2017—2022 年永泰能源三大主营业务收入构成表

项目	2022 年	2021 年	2020 年	2019 年	2018 年	2017 年
一、电力						
收入/万元	1 572 425.55	1 165 806.90	1 121 809.22	1 078 186.40	1 108 168.55	823 984.93
成本/万元	1 680 474.80	1 229 344.41	872 568.12	831 745.77	927 633.05	670 930.32
毛利/万元	−108 049.24	−63 537.51	249 241.11	246 440.63	180 535.50	153 054.61
毛利率/%	−6.87	−5.45	22.22	22.86	16.29	18.57
业务收入比例/%	44.22	43.05	50.66	50.89	49.63	36.80
二、煤炭						
收入/万元	1 369 153.96	1 085 206.54	578 587.91	591 043.22	653 509.51	818 497.13
成本/万元	537 031.46	451 046.11	336 742.80	253 909.27	276 331.28	388 424.74
毛利/万元	832 122.50	634 160.43	241 845.12	337 133.95	377 178.23	430 072.39
毛利率/%	60.78	58.44	41.80	57.04	57.72	52.54
业务收入比例/%	38.51	40.07	26.13	27.90	29.27	36.56
三、石化贸易						
收入/万元	546 817.52	295 156.86	371 269.34	305 553.74	334 497.78	542 998.23
成本/万元	542 414.12	293 223.81	368 066.17	302 113.76	331 598.61	540 802.48
毛利/万元	4 403.40	1 933.06	3 203.18	3 439.98	2 899.17	2 195.75
毛利率/%	0.81	0.65	0.86	1.13	0.87	0.40
业务收入比例/%	15.38	10.90	16.77	14.42	14.98	24.25

数据来源：Wind。

3.2.5.3　过度投资,“输血”能力不足

如表3-11所示,根据2015—2020年永泰能源现金流量表,在2015年、2016年公司购建固定资产、无形资产等支付的现金、投资支付的现金规模很大,导致投资活动现金净流出金额达到100亿元以上。从中可看出,永泰能源2015年进入电力行业,2016年进入石化行业,花费了巨额投资,2017年、2018年投资活动现金净流出金额也达到57亿元、80亿元,而2018年筹资活动现金净流量也出现了负值,成为“压倒骆驼的最后一根稻草”,这也是导致其2018年债券违约的深层原因之一。

表3-11　2015—2020年永泰能源现金流量表部分数据　　单位:万元

项目	2020年	2019年	2018年	2017年	2016年	2015年
经营活动现金净流量	501 908.97	516 879.37	483 921.58	458 245.90	406 464.53	285 793.12
购建固定资产、无形资产等支付的现金	173 735.37	241 628.05	275 190.97	424 748.73	659 061.84	221 372.99
投资支付的现金	4 958	84.21	464 477.17	242 189.68	944 223.14	949 949.12
投资活动现金净流量	−151 991.19	−170 244.30	−571 353.76	−800 748.43	−1 305 232.18	−1 095 857.30
筹资活动现金净流量	−298 445.15	−484 815.92	−242 576.69	396 464.78	922 176.68	1 044 073.91
现金流量净增加额	51 706.53	−138 170.92	−327 796.29	46 082.03	23 420.51	233 986.97

数据来源:Wind。

3.2.6　公司债券违约的影响及后续处理

3.2.6.1　公司债券违约的影响

债券违约不仅直接导致公司信用评级下调,融资受阻,更导致公司股票价格直接下跌,市值严重缩水,盈利能力下降,对公司发展产生深远的负面影响。

首先,对公司信用评级的影响。永泰能源作为民营煤炭行业代表企业,其信用评级一直备受看好。违约事件发生后,主体和债项的评级纷纷下调,主体评级更是从AA+调整为C,说明评级机构对永泰能源的信用及经营情况存在质疑。至此,永泰能源想要通过发行债券、银行借款等融资渠道获得资金彻底受限。

其次,对公司股票价格的影响。众所周知,在如今的股票市场中,投资者可以选择用脚投票的方式表示他们对公司风险的判断。因此,当公司信用风险加大时,股票市场也往往随之波动。永泰能源股价2017年保持稳定,从2018年3月开始,受公司债券二级市场价格突然波动影响,股价下滑,由3.36元下滑至1.78元。2018年7月,永泰能源违约时,股价下跌至近年来最低水平。因此,永泰能源宣布股票停牌,并于同年12月10日复牌。然而,市场显然对永泰能源失去信心,股价继续下跌。这对永泰能源造成较大损失。

最后,对公司财务的影响。公司的经营受到明显影响。永泰能源净利率在2018年6月直接由2017年的3.87%降为−2.76%,年底略有回升,但明显低于以前水平。同时,2018年年末的资产收益率和总资产收益率较2016年、2017年都有较大程度的下降。由此可见,永泰能源债券违约后,公司的盈利能力受到较大影响。

3.2.6.2　公司债券违约后续处理

永泰能源在发生债券实质性违约后,进行了较为积极的后续处理工作,并在债务偿还工

作上取得一定进展，稳定了企业正常、安全的经营，具体措施如下。

（1）停牌处理

永泰能源进行停牌处理，阻断事件在资本市场的继续恶化，并及时成立控股股东金融机构债委会，按照“同债同权”原则一致行动，与债权人沟通，获得债务展期。

（2）获取政府支持

永泰能源积极向所在地政府争取支持，由政府牵头成立各专项小组，保证公司正常经营。同时，相关政府部门给予永泰能源税费方面优惠，甚至通过预付货款方式支持永泰能源经营生产。

（3）出售资产

永泰能源召开董事会会议，提出资产出售相关计划，根据《关于公司参与永泰集团有限公司资产和债务处置的议案》，其计划出售共计 238.01 亿元的资产。当年，永泰能源出售全资控股子公司江苏永泰华兴新能源有限公司、江苏吉意新能源有限公司、珠海东方金桥一期与二期基金、华能延安电厂 49％股权、张家港青草巷吉君能源有限公司 65％股权等，实现资金回笼，回归核心业务。

（4）债务重组与债转股

永泰能源早有计划与海德资产管理有限公司进行债转股合作，直至 2018 年违约事件后，永泰能源才对债权人提出重组 700 亿元债务，其中 200 亿元拟通过债转股实现流动，并制订展期计划。

思考题

1. 从永泰能源上市以来筹资情况来看，该公司一直对债券融资情有独钟，结合理论，谈谈为何如此。

2. 结合永泰能源债券融资事件，企业融资时应当考虑哪些影响因素？

3. 如果你是公司财务总监，永泰能源应当如何识别和防控筹资风险？

4. 通过永泰能源债券违约事件，企业应该如何融资？应当建立怎样的资本结构？

5. 我国为何要提出“降杠杆”？其意义何在？

【分析思路】

1. 首先，分析债券融资的资本成本、风险等因素，分析债券融资方式的优缺点；其次，分析中国债券市场特点及债券发行条件等；最后，结合永泰能源自身情况，分析债券融资的合理性。

2. 结合永泰能源债券融资事件，融资需要考虑时间、风险、成本、结构、弹性、附加条款等因素。

3. 利用财务分析相关知识，根据永泰能源财务报告，从偿债能力、盈利能力、营运能力、成长能力入手，识别和防控筹资风险，结合永泰能源具体情况，可以从债务重组、降低负债，调整战略、提高盈利水平，合理筹资、稳健发展等方面入手。

4. 根据企业实际情况，结合资本结构理论，探讨如何在风险、时间、成本方面权衡，优化资本结构，以实现企业价值最大化，促进企业长期稳定发展。

5. 结合财务杠杆理论，探讨财务杠杆的“双刃剑”，分析现阶段我国国情和金融体制，阐述降杠杆对于稳定金融市场、防控金融风险的重要意义。

3.3 苏能股份 A 股 IPO 融资

2023 年 3 月 29 日，国内领先大型煤炭生产企业——苏能股份(600925)正式在 A 股上市，成为全国煤炭行业十年来首家主板上市企业。百年徐矿迎来苏能股份首发上市的高光时刻，为徐矿发展史上再添浓墨重彩的一笔。苏能股份发行定价为 6.18 元/股，本次 IPO 募资总额 42.57 亿元，二级市场上市首日开盘股价为 7.42 元，收盘价为 7.94 元，涨 28.48%，总市值达到 546.98 亿元。

3.3.1 背景介绍

3.3.1.1 煤炭行业现状

煤炭行业是国民经济的基础性行业，具有较强的周期性，受下游电力、钢铁、建材等行业周期性波动影响较大。煤炭行业本身受宏观经济因素和国家产业政策、地方政策的影响较大，可能影响煤炭的整体需求，进而可能给公司的经营业绩带来不利影响。

煤炭行业属于价格驱动型的周期性行业，产品同质化程度较高，价格对盈利的影响作用远大于销量。2012—2015 年，受供需关系影响，煤炭价格大幅下跌。为防范系统性风险，2016 年国家开始执行煤炭供给侧结构性改革，淘汰落后产能。2016 年以来，煤炭价格稳步回升，煤炭企业盈利能力明显增强。2019 年，煤炭行业淘汰落后产能目标完成，同时新建大型先进煤矿产能逐步释放，煤炭价格有所下降。2020 年，受新冠疫情影响煤炭价格出现短暂下跌，随着国内疫情得到有效控制，煤炭供需恢复平衡，煤炭价格逐步回升，且 2020 年第三、四季度受主要煤炭产地供应紧张，以及进口煤外部补充严重不足因素影响，煤炭价格持续上升。2021 年 1—10 月，随着疫情后经济的快速复苏，煤炭供需持续处于紧平衡状态，煤炭价格总体呈现上升态势。2021 年 10 月，国务院常务会议要求主要产煤省和重点煤企按要求落实增产增供任务，国家发展改革委打出“组合拳”，研究依法对煤炭价格实行干预措施，随着主产区煤炭产能加快释放，煤炭价格大幅回落。2022 年以来，随着煤炭库存水平持续下降，煤炭价格整体企稳回升。

3.3.1.2 电力行业现状

电力行业的盈利能力与经济周期的相关性比较明显，受国民经济发展的周期性影响，工业生产及居民生活用电的需求量出现波动。工业生产及居民生活用电需求量的波动将影响发电机组利用小时数变动，进而对电力企业的盈利情况产生较大影响。

自 2004 年煤电标杆电价首次核定至 2017 年，全国性的煤电标杆上网电价共经历了 12 次调整，其中 2004—2011 年主要因煤炭价格上涨经历 6 次上调，2009 年全国各地区涨跌不一；2013—2016 年主要受煤电价格联动进行 4 次下调，2017 年为缓解燃煤发电经营困难进行一次电价上调。随着电力市场化改革不断推进，燃煤电厂的电价受电力供需市场影响较大。2018—2020 年江苏省正式开始进行电力市场交易，由于此段时间煤价处于相对低位，电价呈逐年下降趋势。自 2020 年四季度开始，由于煤价开始逐步上涨，2021 年月度市场交易电价开始上涨。2021 年 11 月，随着《国家发展改革委关于进一步深化燃煤发电上网电价市场化改革的通知》的下发，燃煤发电市场化交易浮动价格范围扩大，上下幅度原则上均不超过 20%，并取消了工商业目录销售电价，江苏省月度市场交易电价涨至 468 元/兆瓦时。

3.3.2　公司简介

江苏徐矿能源股份有限公司，简称苏能股份，系经江苏省国有资产监督管理委员会（简称江苏省国资委）批准，由徐矿集团及其全资子公司于 2014 年 12 月共同发起设立的股份有限公司。苏能股份的历史最早可追溯至 1882 年洋务运动大臣左宗棠成立的徐州利国矿务总局。走过 140 多年历程的苏能股份已成为江苏省属唯一的“煤电一体化”大型能源实体企业。

苏能股份总部坐落于苏鲁豫皖四省接壤的江苏省徐州市境内，徐州位于“长三角一体化”北翼腹地，是淮海经济区中心城市、国际新能源基地，交通区位优势明显，经济营商环境优越，科技资本生态发达，公司运营发展的职责使命和外部生态独特而优越。

苏能股份主营业务为煤炭采掘、洗选加工、销售和发电等。公司设立以来，以服务江苏能源安全保障为重大使命，以推进绿色低碳发展为鲜明导向，高质量推进“新疆煤电一体化”“蒙电送苏”“陕电送苏”“晋焦入苏”等煤电基地建设和煤炭贸易网络构建，积极发展太阳能光伏发电等新能源，大力推进高碳企业绿色低碳发展，能源基地建设取得重大进展，能源结构调整呈现良好态势，已实质成为江苏省际能源合作重要平台、区外煤电保供重要渠道、能源结构优化重要引擎。

公司具有完善的科技创新管理体系，先后建立了江苏省煤矿冲击地压防治中心、自然资源部煤炭资源勘察与综合利用重点实验室、国家级博士工作站等科技创新平台，在煤矿冲击地压防治、软岩支护、瓦斯治理、水害防治、热害治理等领域取得了多项科技创新成果，达到行业领先水平。

公司拥有煤炭生产矿井 6 对，生产能力 1 830 万吨/年。公司目前开采的煤矿资源分布于江苏地区（张双楼煤矿）、陕甘地区（郭家河煤业、百贯沟煤业、新安煤业）、新疆地区（天山矿业、夏阔坦矿业）。

公司目前的发电业务分布于江苏地区（徐矿电厂、华美热电、新城光伏、苏丰光伏、贾汪光伏）、新疆地区（阿克苏热电），核定装机规模共计 1 739.76 兆瓦。

公司的控股股东为徐矿集团，实际控制人为江苏省人民政府。截至招股说明书签署日，徐矿集团持有本公司 528 284.03 万股股份，占本次发行前股本总额的 85.21%，本次发行后股权比例下降到 76.69%。

3.3.3　公司财务状况

苏能股份 2018—2022 年相关财务数据如表 3-12 所示，通过各年数据比较分析，不难看出公司各项财务数据均稳步提升，说明企业财务状况、经营成果、现金流量整体向好，企业的盈利能力、营运能力、偿债能力整体上稳步提高。

表 3-12　2018—2022 年苏能股份部分财务数据

项目	2022 年	2021 年	2020 年	2019 年	2018 年
利润表摘要					
营业总收入/万元	1 514 020.64	1 167 762.22	1 003 554.42	1 127 543	1 154 101.54
营业总成本/万元	1 118 163.75	913 250.24	849 696.93	893 186.60	921 165.32

表 3-12(续)

项目	2022 年	2021 年	2020 年	2019 年	2018 年
营业利润/万元	388 815.35	259 010.44	228 823.63	260 642.18	235 893.13
净利润/万元	300 583.02	215 286.18	189 615.36	212 303.68	182 442.05
资产负债表摘要					
资产/万元	3 174 690.95	3 073 444.83	2 760 690	3 308 932.19	2 650 527.29
负债/万元	1 919 955.39	2 121 862.28	1 898 544.99	2 100 290.01	1 546 027.69
股东权益/万元	1 254 735.56	951 582.55	862 145.01	1 208 642.19	1 104 499.60
现金流量表摘要					
经营活动现金净流量/万元	434 155.95	295 218.20	126 960.09	347 547.18	298 370.43
投资活动现金净流量/万元	−403 783.24	−182 695.50	574 872.29	−346 235.09	−107 344.26
筹资活动现金净流量/万元	−49 458.67	−9 174.79	−252 096.42	−25 454.26	−169 230.02
现金净增加额/万元	−19 105.81	104 324.73	449 735.95	−24 142.17	21 796.15
期末现金余额/万元	551 321.58	570 427.39	466 102.65	16 366.71	40 508.88
关键比率					
ROE/%	28.44	25.18	18.78	19.43	17.07
ROA/%	9.62	7.38	6.25	7.12	6.88
销售毛利率/%	40.35	39.77	33.17	38.71	36.47
销售净利率/%	19.85	18.44	18.89	18.83	15.81
资产负债率/%	60.48	69.04	68.77	63.47	58.33
资产周转率/次	0.48	0.40	0.33	0.38	0.44

数据来源：Wind。

结合表 3-13 所示 2018—2022 年煤炭行业部分财务指标平均值，苏能股份各项指标均高于煤炭行业平均水平，说明公司盈利能力、营运能力均处于行业平均水平以上，同时公司 60%～70%以上的负债水平也明显高于行业平均值 45%～50%，而负债产生的财务杠杆效应也是“双刃剑”。

表 3-13　2018—2022 年煤炭行业部分财务指标平均值

项目	2022 年	2021 年	2020 年	2019 年	2018 年
ROE/%	23.09	17.37	9.57	10.71	12.19
ROA/%	12.71	9.2	5.01	5.52	6.14
销售毛利率/%	35.92	29.58	25.26	27.6	30.56
销售净利率/%	19.46	14.13	9.38	10.37	11.69
资产负债率/%	45.08	48.77	49.06	49.19	50.58
资产周转率/次	0.65	0.65	0.53	0.53	0.53

数据来源：Wind。

3.3.4　公司上市历程

3.3.4.1　发起设立

为整合徐矿集团下属煤炭、电力业务，根据江苏省国资委于 2014 年 9 月 3 日出具的“苏国资复〔2014〕86 号”《关于同意徐州矿务集团有限公司主体产业改制上市方案的批复》设立苏能股份，并实施增资扩股。

2014 年 12 月，徐矿集团以部分煤炭产业资产（经资产剥离后的三河尖煤矿、张双楼煤矿、物供分公司、运销分公司）和持有的秦陇运销 100％股权出资，全资子公司江苏能投以持有的阿克苏热电 100％股权、徐矿电厂 65％股权出资，全资子公司陕西能化以持有的百贯沟煤业 100％股权、郭家河煤业 60％股权、新安煤业 100％股权出资，共同发起成立股份公司。

徐矿集团以持有的江苏运销 100％股权和天山矿业 100％股权向发行人进行增资；陕西能化以持有的秦源煤业 70％股权向发行人进行增资。

3.3.4.2　实施混改

2018 年，经江苏省发展改革委批准，苏能股份成为江苏省首批国企混改革试点单位，2019 年，确定了“混改＋上市”的实施路径，明确了资产重组、股权转让、推动上市的“三步走”计划。

根据江苏省国资委《关于同意江苏徐矿能源股份有限公司混合所有制改革涉及部分国有股权协议转让的批复》（苏国资复〔2020〕79 号），苏能股份实施混改，徐矿集团向投资人转让股份。2020 年 12 月，徐矿集团将其持有的苏能股份 15.44％股份分别转让给交银投资、贾汪城投、农垦集团、农垦投资、沛县国资、钟山宾馆和盐业集团，仅用半年时间完成资产重组和审计评估，完成 7 家战投混改，成为当年江苏省属企业混改“第一单”。

3.3.4.3　首发上市

2021 年，苏能股份进入首发上市推进阶段，高效率完成上市材料申报。2021 年年末，成功进入中国证监会处于审核状态的沪市主板拟上市企业名单。2022 年 12 月 8 日，公司沪市主板首发上市顺利通过中国证监会审核。2023 年 2 月 7 日，公司首次公开发行股票获批。

2023 年 2 月 17 日，苏能股份发布招股公告。2023 年 3 月 17 日，公司股票进入一级市场申购。2023 年 3 月 29 日，公司股票进入二级市场流通。公司发行上市重要日期如图 3-2 所示。

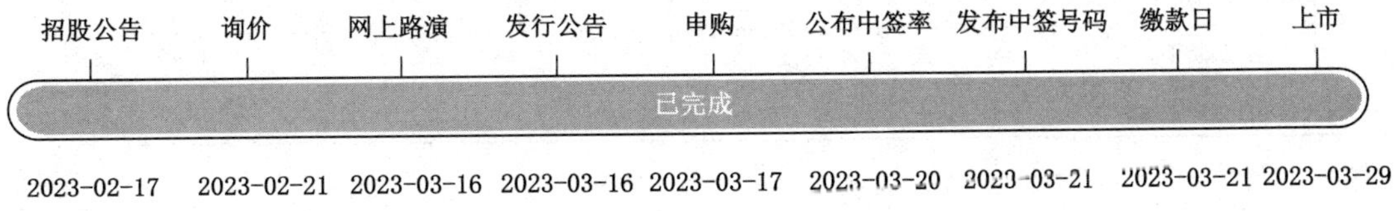

图 3-2　苏能股份发行上市的重要日期

3.3.5　公司融资情况

苏能股份 IPO 概况如表 3-14 所示。

表 3-14　苏能股份 IPO 概况

股票种类	人民币普通股(A 股)
每股面值	1 元
发行股数	688 888 889 股,本次发行股数占公司发行后总股本的 10%
每股发行价格	6.18 元
发行市盈率	22.49 倍(每股收益按照 2021 年度经会计师事务所审计的扣除非经常性损益前后孰低的归属于母公司的净利润除以本次发行后总股本计算)
发行方式	采用网下向询价对象配售与网上按市值申购定价发行相结合的方式
发行对象	符合资格的询价对象和在上海证券交易所开户的自然人、法人、证券投资基金及符合法律规定的其他投资者等(国家法律、法规禁止购买者除外)
承销方式	余额包销
预计募集资金总额	425 733.33 万元
预计募集资金净额	400 000 万元
发行费用概算	25 733.33 万元
其中:承销费用	22 491.57 万元
保荐费用	377.36 万元
审计及验资费用	1 560.38 万元
律师费用	548.39 万元
发行手续费用及其他	243.37 万元
用于本次发行的信息披露费用	512.26 万元
保荐机构(主承销商)	华泰证券
上市的证券交易所	上海证券交易所

苏能股份本次募集资金主要用于公司火力发电业务投资项目及补充流动资金,如表 3-15 所示。

表 3-15　苏能股份募集资金用途

序号	项目名称	投资总额 /万元	拟投入募集资金/万元
1	江苏能源乌拉盖 2×1 000 MW 高效超超临界燃煤发电机组工程项目	754 659	300 000
2	补充流动资金	100 000	100 000
合计		854 659	400 000

思考题

1. 结合苏能股份 IPO 案例,请查阅我国公司上市的相关法律法规,谈谈公司 IPO 需要满足哪些条件。

2. 为何苏能股份是煤炭行业十年来首家主板上市企业,煤炭企业上市遇阻受到哪些因素的影响?

3. 苏能股份IPO融资给公司带来哪些好处？同时带来哪些问题？如果你是决策者，是否会选择IPO融资方式？

4. 查阅苏能股份近三年年报，讨论本次募集资金投资项目的必要性及合理性。

5. 我国全面推行股票发行注册制，其意义何在？

【分析思路】

1. 公司股票上市发行需要符合《公司法》《证券法》《首次公开发行股票注册管理办法》《证券发行与承销管理办法》《上海证券交易所股票上市规则》等相关规定。

2. 结合永泰能源债券融资事件，融资需要考虑时间、风险、成本、结构、弹性、附加条款等因素。

3. 回顾股票融资优缺点知识点，结合苏能股份IPO上市具体资料，深入进行分析，比如资本成本、筹资风险、股权结构、公司治理等。

4. 第一，江苏能源乌拉盖2×1 000 MW高效超超临界燃煤发电机组工程项目的必要性及合理性。首先，从宏观角度，分析国家产业政策和能源开发格局、能源流向和战略部署；其次，结合我国的“双碳”目标进行分析；再次，从中观角度，分析满足当地江苏省用电需求；最后，从微观角度，分析本项目对企业战略安排及盈利能力提升的影响。

第二，补充流动资金项目的必要性及合理性。首先，分析公司经营性流动资金需求；其次，分析公司财务结构，包括资产负债率、流动比率、速动比率等指标；最后，分析公司现有融资渠道、融资方式等因素。

5. 首先，阐述注册制改革的本质，把选择权交给市场，强化市场约束和法治约束，是对政府与市场关系的调整，审核主体变化，充分贯彻以信息披露为核心理念，发行上市全过程更加规范、透明、可预期。其次，说明注册制的制度安排，比如：发行条件、退市规定等；最后，论述注册制的意义，对市场容量、市场效率、市场质量带来的积极影响，对我国经济、资本市场、企业融资、投资者等带来的深远意义。

第4章　煤炭企业投资管理

4.1　理论综述

4.1.1　煤炭建设项目评价系统分析

煤炭建设项目是指在总体设计范围内，由一个或者若干个相互联系的单项工程组成的，按照规定时限、预算和质量标准，达到预定质量水平的一项矿区建设的任务。煤炭建设项目评价是按照可持续发展的要求，研究项目与主体需要之间的价值关系，属于多目标决策问题。按系统工程的观点，煤炭建设项目可以看作由经济、社会、资源、环境要素组成的有机整体，其评价过程是对煤炭建设项目的可行方案进行量化分析和系统比较。由于系统涉及煤矿地质条件、开采条件、技术条件、区域经济及社会发展等多种因素，煤炭建设项目在工业广场布置、井田开拓、巷道布置、采煤方法选择、事故控制、环境保护等方面可能存在各种不同方案，如何通过数学模型模拟、优化等手段，科学确定煤炭建设项目最优方案，以项目在经济、社会、资源、环境等方面达到可持续发展为目标，与包容性发展相一致，是煤炭建设项目评价的重要工作。下面从煤炭建设项目生命周期入手，分析系统结构，探讨评价目标与优化模型，最后确定评价指标体系建立的指导思想和遵循的原则，为详细建立评价指标体系奠定基础。

4.1.1.1　煤炭建设项目的生命周期

煤炭建设项目的生命周期体现了项目从开始准备、投产、正常生产到矿井报废期间的内在规律。只有了解煤炭建设项目周期特征，项目投资主体才能使一切工作都按照计划、符合逻辑地进行。煤炭建设项目周期的各个阶段如图 4-1 所示。

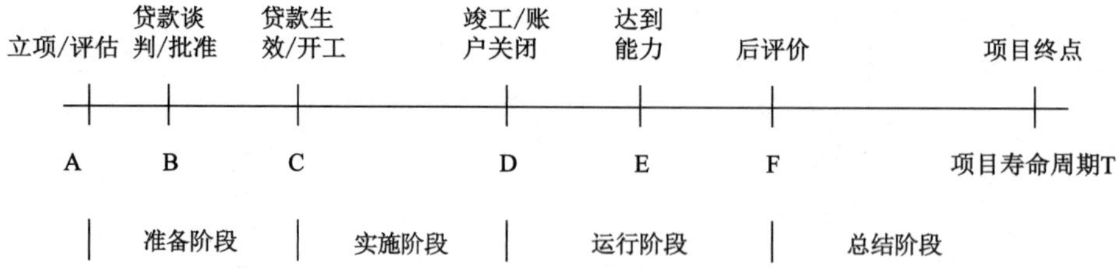

图 4-1　煤炭建设项目周期

如图 4-1 所示，点 A→C 是项目的准备阶段，主要是对项目建议书进行评估、项目可行性研究报告分析以及设计方案的批复阶段；点 C→D 为项目的实施阶段，是项目开工到竣工的过程，包括项目的施工准备，资金落实，对外谈判，投标招标，开工报告、批准文件、设备采购和安装以及竣工验收、竣工报告及其批准文件阶段；点 D→E 是项目的运行阶段，主要是项目试生产到正式生产的阶段；点 E→F 是项目的总结阶段，主要对项目进行后评价，总结项目的经验教训，包括从立项到项目运行的全过程评价以及对项目未来的预测等。本章的研究主要是在 A 点立项评估阶段，对煤炭建设项目进行分析和评价。

4.1.1.2　煤炭建设项目系统结构

系统分析为解决煤炭建设项目评价提供了理论依据和方法。但是，由于煤炭建设项目涉及的各种评价指标或要素之间相互关联、相互制约、相互影响，各种要素之间有很强的耦合作用和非线性特征，这些非线性特征导致评价指标可能具有静态、动态、混沌和不稳定性，使得煤炭建设项目的评价过程具有不确定性、实时性和开放性。因此，系统分析过程必须坚持包容性发展的思想观念和可持续发展战略，强调煤炭建设项目所涉及的资源因素、环境因素、经济因素、社会因素协调发展，遵循代际与代内的公平原则，由这种理念构建的煤炭建设项目可持续发展要素之间的关系如图 4-2 所示。

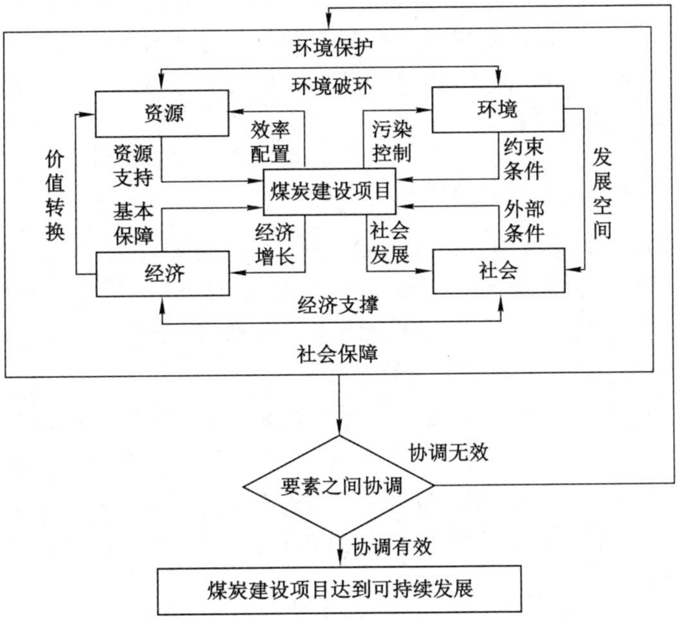

图 4-2　煤炭建设项目各要素之间的关系图

从图 4-2 可以看出煤炭建设项目内涵丰富，要求实现社会、经济、资源和环境多因素的协调发展。但是，由于系统的复杂性，如果实现煤炭建设项目的可持续发展，其系统要具有以下特征：

(1) 煤炭建设项目系统内涵本身的多面性和复杂性，使得系统目标难以具体描述和确定，在煤炭建设项目管理、控制以及评价和决策中，常常使用多目标和多准则，以满足企业、地区及国家在经济效益、社会福利、生态平衡及环境保护等各个方面的要求。煤炭建设项目评价从企业微观角度考虑自身经济目的的同时，也应该从地区乃至国家的宏观角度去考虑整个项目的综合效益。社会发展目标包括经济增长目标、公平分配目标、社会安全目标、稳定目标、就业目标、控制人口目标，这些目标一般是根据经济社会发展需要制定的，因而煤炭建设项目评价也必须考察项目的存在给社会带来的贡献与影响。

(2) 煤炭建设项目系统具有复杂多变的系统结构,涉及若干相互关联的因素,用传统建模方法建立数学模型较困难,而且模型建立后,求解十分困难。

(3) 经典的系统数学分析方法、评价技术和理论,特别是定量与定性如何实现量纲的统一,将是评价工作的难点。

(4) 煤炭建设项目涉及因素众多,研究中需要多领域的知识和经验。其中经济因素包括项目本身的费用、效益等技术经济方面的评价内容;社会因素包括煤炭建设项目给项目所在地个人、组织及社区带来的影响;环境因素包括煤炭建设项目产生的废气、废水及固体废弃物等对周围生态环境的影响;资源因素包括煤炭建设项目对当地资源的开采和浪费状况。

(5) 建立煤炭建设项目评价系统和指标体系需要大量的信息、数据和资料,而评价指标有些具有实时性,有些具有滞后性,有些需要外部资料的综合才能计算,这些为某些评价指标的量化带来困难。

为了解决以上难题,首先,对煤炭建设项目研究需要从系统理论的角度,建立方案选择系统的优化模型。其次,确定评价指标体系建立的指导思想和基本原则,对煤炭建设项目的资源承载力、资源利用率、环境保护、经济与社会发展等因素综合分析。最后,根据国家与地方的相关政策、规范和条例等制定评价指标。

4.1.2 煤炭建设项目评价目标与方案优化模型

煤炭建设项目方案的选择必须确保技术先进、经济合理、安全可靠,在此基础上要考虑经济、社会、资源、环境各方面因素及约束条件,确定系统目标,建立优化模型。每个可行方案的确定过程由于涉及众多因素,各因素之间千头万绪,错综复杂,每个要素与目标之间又呈现非线性关系,因此,必须用系统工程的方法来解决。

在满足包容性发展的理念下,假设每个煤炭建设项目可行方案的目标可能有下面四种结果:

(1) 可持续发展:说明煤炭建设项目实施取得较好的经济效果和社会效果,资源得到较好的开发和利用,生态环境处于理想状态,污染得到全面有效控制,经济、社会、资源、环境达到较好的协调一致。

(2) 基本可持续发展:说明煤炭建设项目实施取得较好的经济效果和社会效果,各种资源的开发与利用较合理,生态环境基本达到居民满意的结果,污染得到基本有效控制,经济、社会、资源、环境基本达到协调。

(3) 弱可持续发展:说明煤炭建设项目经济效果和社会效果一般,但能保证项目实施后企业盈利,资源基本上得到有效的开发与利用,对生态环境进行了治理,对污染进行了控制,但效果不够理想,经济、社会、资源、环境协调性弱化。

(4) 不可持续发展:说明煤炭建设项目具有一定的经济和社会效果,但是资源开发技术水平较低,资源浪费严重,污染没有进行治理,生态环境恶化,经济、社会、资源、环境无法达到协调。

在目标结果确定的基础上,设煤炭建设项目可持续发展函数为 $f(x_i)$, $i=1,2,\cdots,n$, n 表示方案数目, $f(x_i)\in l$, l 表示对每个可行方案的评价方案的评价结果,分别为可持续发展、基本可持续发展、弱可持续发展和不可持续发展, x_j 表示煤炭建设项目可行方案选择过程中的影响因素，$j=1,2,\cdots,m$，C_k 表示经济、社会、资源、环境对 $f(x_i)$ 约束条件。则优化模型为：

$$\max f(x_i)=(x_1,x_2,\cdots,x_m) \tag{4-1}$$

$$\begin{cases} f(x_i)=(x_1,x_2,\cdots,x_m)\leqslant(=,\geqslant)C_1 \\ f(x_i)=(x_1,x_2,\cdots,x_m)\leqslant(=,\geqslant)C_2 \\ f(x_i)=(x_1,x_2,\cdots,x_m)\leqslant(=,\geqslant)C_3 \\ f(x_i)=(x_1,x_2,\cdots,x_m)\leqslant(=,\geqslant)C_4 \end{cases} \tag{4-2}$$

煤炭建设项目评价的对象是可行方案，可行方案包含大量的定量与定性评价指标，并且有些指标具有不确定性，构成的评价系统十分复杂。因此，对系统评价采用优化方法、建立数学模型、对指标体系进行量化处理，是必须解决的问题。

煤炭建设项目评价必须有多学科、多专业知识作支撑，因此，交叉学科的合作、建立数学模型、进行数据分析与处理是解决评价的必要条件。在实际煤炭建设项目评价中，构建模型必须有理论为依据，指标参数的选择要遵循一定的指导思想和原则，结合实际经验和判断，只有这样才能得出正确的评价结论。

4.1.3　评价指标建立的指导思想与基本原则

本章所研究的煤炭建设项目评价有别于传统项目的技术经济评价，把煤炭建设项目涉及的经济、社会、环境、资源带来的影响系统考虑在内，由此建立煤炭建设项目评价的基本原则如下：

(1) 科学性和针对性

煤炭建设项目评价指标选择直接影响到评价结论，因此，在对评价对象进行系统分析的基础上，以科学的理论为依据，使评价指标能够客观、公正、合理地反映煤炭建设项目的评价目标和功能。

(2) 系统性和层次性

按照系统工程的观点，将煤炭建设项目置于社会大系统中，评价指标不仅要考虑内部性因素，还要考虑外部性因素，构建的指标体系要涵盖所有重要影响因素，充分反映系统的总体结构及功能，选择的指标要做到结构合理、层次清晰、相互关联、协调一致。当评价指标出现冲突及矛盾或者存在包含关系时，按矛盾论的观点，抓主要矛盾和矛盾的主要方面，做到全面把握，抓住重点，避免体系过于繁杂，力争指标简洁，精炼数据的收集和加工处理，从而确保提出的评价指标及指标体系的可操作性。

(3) 一致性和代表性

要使评价指标体系与评价目标一致，正确反映煤炭建设项目的直接效果和间接效果，不能将与评价对象、评价内容无关的指标选择进来。评价指标体系应尽可能具有代表性，能够准确清楚地反映问题的本质。

(4) 客观性和稳定性

煤炭建设项目评价的目的是测算系统的实际价值状态，实现评价指标的客观性关键在于对那些模糊的定性指标的量化处理，切忌主观臆断。在评价指标具有客观性的基础上，还应该充分考虑评价指标时效性，从而在一定时期内保持相对的稳定，以比较和分析不同时期、不同方案措施下煤炭建设项目功能的发挥，使评价结果更能反映项目的真实情况。

（5）相对性与可行性

在煤炭建设项目方案比较过程中，有些指标根据国家政策、规范等是可以给定评价标准的，有些指标特别是定性指标是没有评价标准的，因此，煤炭建设项目指标应该具有相对性。这种相对性表现为两个方面。其一，对于给定评价标准的建设项目评价指标，其标准本身动态变化，不同时期或同一时期不同地区都有不同的定量标准；其二，对于没有给定评价标准的指标，相对性是要分析评价对象之间指标值的差异，从不同的评价指标中选择相对好的指标作为评价标准。建设项目评价是从指标的选择到实施项目评价的一项复杂的工作，构成指标体系的影响因素可能含有十几个甚至几十个不同的指标，从系统工程的角度将它们综合在一起并进行数据分析和数据处理是工作的重点。因此，建设项目评价体系的构建应考虑其可行性。

4.1.4 构建评价指标过程

煤炭建设项目对经济社会的发展产生重大影响，评价指标体系直接影响到煤炭建设项目方案的选择结果，由于煤炭建设项目评价涉及众多要素，形成的评价体系十分复杂，构建项目评价指标体系并非易事。由上述煤炭建设项目评价指标建立的指导思想和原则可知，须针对具体的煤炭建设项目选择科学合理的评价指标，构成的指标体系必须充分反映出项目可持续发展的内涵。具体构建过程包括对象分析、预选指标、优化指标三个步骤。

（1）对象分析

在构建煤炭建设项目评价指标体系时，首先要对煤炭建设项目评价对象的各影响因素进行系统分析，确定各指标反映的功能、特点、影响范围及影响程度。

（2）预选指标

在对煤炭建设项目评价对象及各影响因素进行系统分析的基础上，按照指标的功能、特点、影响范围及影响程度，研究指标间的内在因果、隶属、逻辑关系，确定指标体系的层次结构，建立评价指标体系。

（3）优化指标

对预选的评价指标体系，详细分析指标的内涵，按照科学性、代表性、针对性、可行性、客观性等原则，通过合并、剔除、替换等手段对预选指标进行优化处理。优化处理方法包括：

① 专家评价法。通过会议、信函、征求意见方式向专家详细介绍煤炭建设项目整体情况及特征，咨询专家意见，对专家意见进行数据处理，将意见趋于一致的指标纳入指标体系。

② 最小均方差法。假设煤炭建设项目有 S_i 方案，$i=1,2,\cdots,n$，每个方案有 m 个评价指标，其指标值为 X_{ij}，形成二维矩阵。

$$X_{ij}=\begin{bmatrix} x_{11} & x_{12} & \cdots & x_{1n} \\ x_{21} & x_{22} & \cdots & x_{2n} \\ \cdots & \cdots & \cdots & \cdots \\ x_{m1} & x_{m2} & \cdots & x_{mn} \end{bmatrix} \tag{4-3}$$

最小均方差（Q_j）选取的原则如下：

$$Q_j=\left[\left(\frac{1}{n}\right)\sum_{i=1}^{n}(x_{ij}-x_j)^2\right]^{\frac{1}{2}} \quad j=1,2,\cdots,m \tag{4-4}$$

评价指标取 n 个评价方案均值（$\bar{x}_j$），其值为

$$\bar{x}_j = \frac{1}{n}\sum_{i=1}^{n} x_{ij} \quad j = 1,2,\cdots,m \tag{4-5}$$

若存在 $k_0(1 \leqslant k_0 \leqslant m)$，有

$$S_{k_0} = \min_{1 \leqslant j \leqslant m} \{Q_j\} \tag{4-6}$$

且 $S_{k_0} \approx 0$，则可去除与之相对应的评价指标。S_{k_0} 表示预测值与真实值之间的差距，越小越好，可以用来评估回归模型的精度。

③ 极小极大离差法。这种计算方法是首先计算煤炭建设项目评价指标 x_j 的最大离差 β_j：

$$\beta_j = \max_{1 \leqslant j \leqslant m} \{ | x_{ij} - x_{kj} | \} \tag{4-7}$$

再求 β_j 的最小值，令

$$\beta_0 = \min_{1 \leqslant j \leqslant m} \{\beta_j\} \tag{4-8}$$

当 $\beta_0 \approx 0$ 时，可去除 β_0 相对应的指标。

4.1.5 评价指标数据无量纲化处理

煤炭建设项目评价体系中含有与经济、社会、环境、资源相关的多项评价指标，这些指标由于属性的差异，其量纲和数量级也不同，需要对原始数据进行处理，指标种类分为极大型、极小型、中间型及区间型，数据处理可以采用线性插值方法。

设煤炭建设项目有 n 个评价方案，m 个评价指标，则数据处理方法按下式进行：

① 对极大型指标：

$$x_{ij}^* = \frac{x_{ij} - \min\{x_{kj} \mid k = 1,2,\cdots,n\}}{\max\{x_{kj} \mid k = 1,2,\cdots,n\} - \min\{x_{kj} \mid k = 1,2,\cdots,n\}} \quad i = 1,2,\cdots,n; j = 1,2,\cdots,m \tag{4-9}$$

② 对极小型指标：

$$x_{ij}^* = \frac{\max\{x_{kj} \mid k = 1,2,\cdots,n\} - x_{ij}}{\max\{x_{kj} \mid k = 1,2,\cdots,n\} - \min\{x_{kj} \mid k = 1,2,\cdots,n\}} \quad i = 1,2,\cdots,n; j = 1,2,\cdots,m \tag{4-10}$$

经过上述变换后得到的 x_{ij}^* 是原始评价指标数据处理结果，该值实现了指标的无量纲化。$x_{ij}^* \in [0,1]$，其值的大小，反映指标性能。

4.1.6 碳金融市场的内涵

碳金融目前没有一个统一的概念。一般而言，碳金融泛指所有服务于限制温室气体排放的金融活动，包括直接投融资、碳指标交易和银行贷款等。碳金融的兴起源于国际气候政策的变化，准确地说是涉及两个具有重大意义的国际公约——《联合国气候变化框架公约》和《京都议定书》。碳金融被定义为运用金融资本去驱动环境权益的改良，以法律法规作支撑，利用金融手段和方式在市场化的平台上使得相关碳金融产品及其衍生品得以交易或者流通，最终实现低碳发展、绿色发展、可持续发展的目的。

通常意义上来讲，完备的金融市场需要四个基本要素，即资金供应者和资金需求者、信用工具、信用中介、价格。在碳排放交易中，企业单位、政府、金融机构和个人互为资金提供者与需求者；碳排放配额或碳减排信用额可以作为原生交易标的，碳金融衍生品和其他创新

碳金融产品也被开发出来;碳排放权交易所、商业银行、碳交易中间商等担任着信用中介的角色;碳排放配额/碳减排信用额都有其相应的交易价格。因此,碳排放权交易市场也可看作碳金融市场,即从不同主体的自身利益出发,进行温室气体排放权配额或减排信用额买卖的交易市场。

4.1.7 云模型方法

云模型是中国工程院李德毅院士在传统的模糊集的理论和概念统计的基础上,借助隶属函数的思想建立起来的一种用于实现定性定量不确定性转换的模型。在不确定性推理的过程中,将不确定性概念的模糊性与随机性集成到一起,构成定性与定量间的映射,实现不确定语言值与定量数值之间的自然转换。这与煤炭建设项目评价指标(既包含定性指标又包含定量指标)的特点相一致。云将煤炭建设项目定性描述的概念转换成论域空间的一个个点,即云滴。每一个云滴都是用概率分布描述的随机事件,云滴的确定度本身也是随机的。所以,将云模型应用在煤炭建设项目中研究定性概念的量化方法,具有直观性和可操作性。云作为表示定性概念和其定量值间的不确定转换模型,用概率理论研究其随机性,用模糊集合理论研究其模糊性,从这一点上也体现出云的模糊性与随机性结合的特性。

由于云是将随机性与模糊性结合的新型定性定量转换模型,故在定义其概念时,应主要从定性定量间的映射入手。设 U 是一个定量的论域,A 是 U 上的定性概念,并对其进行定性描述。若定量值 $x \in U$,且 x 是定性概念 A 的一次随机事件,那么 x 对 A 的确定度$\mu(x) \in [0,1]$。

$$\mu: U \to [0,1] \quad \forall x \in U \quad x \to \mu(x)$$

则 x 在论域 U 上的分布,称为云。一个云能够体现出煤炭建设项目评价的一个指标的评判情况,每一个 x 称为一个云滴。根据云模型的基本定义,不难看出云具有如下性质:

(1) 根据云形成的几何形状,定量论域 U 既可以是一维的、二维的,也可以是多维的。

(2) 云模型通过概率理论和模糊集合理论诠释了模糊性和随机性的关联性。

(3) $x \in U$,x 与区间$[0,1]$上的映射是一对多的映射。

(4) x 对定性概念 A 的确定度是一个概率分布函数。

(5) 产生云滴的数量越多,越能反映出所描述的定性概念的整体特征。

所以,从云的上述性质来看,云在描述煤炭建设项目中定性指标定量化转换的时候,是由一个概念 C 从论域 U 到区间$[0,1]$的多个映射,论域中的某个元素与其对概念 A 的隶属度之间的映射是一对多的关系。这说明每个生成的云滴都是定性概念映射到论域上的点,是定性指标定量化的一次转换。云模型的生成同时能表达出云滴所代表的定性指标的确定程度。除此以外,在了解积累一定数量的云滴生成后的整体分布特性后,可以将不确定性的定性分析与确定性的定量分析有机结合起来,即可得到煤炭建设项目中某一定性指标的分布趋势。

云模型通过研究自然语言中的最基本的语言值所蕴含的不确定性的普遍规律,既可把从语言值所表达的定性信息转换成定量数据,研究其范围和分布规律,也能把精确数值有效转换为恰当的定性语言值,实现评价中定性概念的指标与定量概念的指标相统一。

在实际应用中,可将煤炭建设项目评价中的每一个指标通过云计算形成一个云图,云图的几何形状对理解煤炭建设项目评价指标的变化趋势很有帮助。

4.2 项目评价指标案例

4.2.1 煤炭建设项目经济评价指标体系

我国煤炭建设项目评价的指导性文件是 1997 年由煤炭工业部组织编写的《煤炭工业建设项目经济评价方法与参数》，其内容主要有财务评价（微观评价）和国民经济评价（宏观评价）两类，其中国民经济评价包括经济评价和社会评价。财务评价主要是按照现行的税政制度和原材料的市场价格，以建设项目主体企业为基准，测算项目资金的投入所能带来的利润。国民经济评价主要是以国家的利益为基准，以整个国民经济及经济社会发展的视角来计算项目的实施为国民经济带来的效益。无论是财务评价还是国民经济评价，其核心仍然是评价项目实施后的经济内部性效益，而对经济的外部性特别是负效果没有纳入评价指标之中。因此，本节对煤炭建设项目经济内部性评价与经济外部性问题统筹考虑，对涉及评价指标按经济内部性与经济外部性，分别纳入经济、资源、环境、社会体系中。下面详细分析经济内部性指标体系。

4.2.1.1 煤炭建设项目经济内部性评价指标模型

在进行煤炭建设可行性研究阶段，根据国家相关政策和设计的工程方案进行财务评价，涉及的评价指标为经济内部性指标，主要有经济效果指标和获利能力指标。其中经济效果指标包括净现值、净现值指数、动态投资回收期、净年值、费用现值、内部收益率等。获利能力指标包括销售利润率、净资产收益率、所有者权益收益率、成本费用利润率等。为计算这些指标，在煤炭建设项目周期内构建数学模型，煤炭建设项目评价时间通常取 20 年，包括投资期、增产期和正常生产期三个部分，其资金流量如图 4-3 所示。

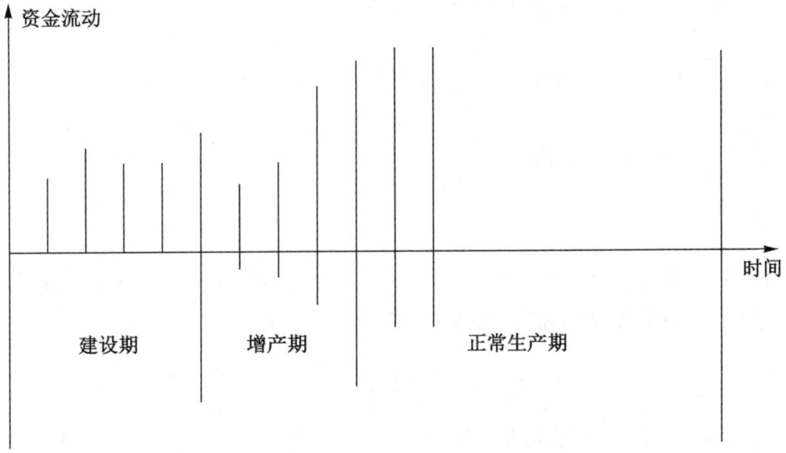

图 4-3 建设项目的寿命周期

设煤炭建设项目的建设期为 m，增产期为 q，项目寿命为 $n=20$ 年，则正常生产期为 $20-m-q$；生产期在建设期内每年投资金额为 P_i，$i=1,2,\cdots m$，增产期内企业年收入和支出分别为 $M(k)$ 和 $N(k)$，$k=m+1,m+2,\cdots,m+q$；正常生产期年收入与成本为 $R(j)$ 和 $C(j)$，$j=m+q+1,m+q+2,\cdots,20$；基准收益率为 i_0。

（1）经济效果指标的计算模型

经济效果是评价项目经济效益的最基本、最直接的指标，这类指标包括：

① 净现值（net present value，NPV）是反映项目盈利能力的指标，表示项目经济效益的绝对指标，也是经济评价最重要的指标之一。

在考虑资金时间价值的条件下来反映项目的直接收益，净现值计算模型为：

$$NPV = -\sum_{i=0}^{m} P_i (1+i)^{-i} + \sum_{k=m+1}^{m=p} [M(k) - N(k)](1+i_0)^{-k} + \sum_{j=m+q+1}^{m+q+n} [R(j) - C(j)](1+i_0)^{-j} \tag{4-11}$$

② 动态投资回收期。动态投资回收期是累计折现值为 0 的时间，充分考虑了煤炭建设项目的投资回收期未考虑资金时间价值的缺点，反映煤炭建设项目的资金周转效率。动态投资回收期计算模型为：

$$\frac{-\sum_{i=0}^{m} P_i (1+i)^{-i} + \sum_{k=m+1}^{m+q} [M(k) - N(k)](1+i_0)^{-k}}{\sum_{t=1}^{m} P_i (1+i)^{-t}} + \frac{\sum_{j=m+q+1}^{T_p^*} [R(j) - C(j)](1+i)^{-j}}{\sum_{t=1}^{m} P_i (1+i)^{-t}} = 0 \tag{4-12}$$

通过上式计算得到的 T_p^* 为动态投资回收期。

③ 净年值模型。净年值（net annual value，NAV）是通过资金等值换算将煤炭建设项目净现值分摊到建设寿命周期内各年的等额年值。

$$NAV = \left\{ -\sum_{i=0}^{m} P_i (^1 + i) - i + \sum_{k=m+1}^{m=p} [M(k) - N(k)](1+i_0)^{-k} + \sum_{j=m+q+1}^{m+q+n} [R(j) - C(j)](1+i_0)^{-j} \right\} (A/P, i_0, n) \tag{4-13}$$

④ 费用现值计算模型。费用现值（PC）是把煤炭建设项目评价方案计算期内的投资和各年费用按一定折现率折算成基准年的现值和。

$$PC = \sum_{i=0}^{m} P_i (1+i)^{-i} \sum_{k=m+1}^{m+q} N(k) (1+i_0)^{-k} + \sum_{j=m+q+1}^{m+q+n} C(j) (1+i_0)^{-j} \tag{4-14}$$

⑤ 费用年值计算模型。费用年值（AC）是将煤炭建设项目评价方案计算期内不同时点发生的所有费用支出，按一定折现率折算成与其等值的等额支付序列年费用。

$$AC = \left\{ \sum_{i=0}^{m} P_i (1+i)^{-i} \sum_{k=m+1}^{m+q} N(k) (1+i_0)^{-k} + \sum_{j=m+q+1}^{m+q+n} C(j) (1+i_0)^{-j} \right\} (A/P, i_0, n) \tag{4-15}$$

⑥ 内部收益率计算模型。内部收益率(internal rate of return,IRR)是指煤炭建设项目在计算期内各年净现金流量现值累计等于零时的折现率,即煤炭建设项目净现值为零的折现率。内部收益率是煤炭建设项目的盈利能力指标。

$$-\sum_{i=0}^{m} P_i (1+\mathrm{IRR})^{-i} + \sum_{k=m+1}^{m+q} [M(k)-N(k)](1+\mathrm{IRR})^{-k} + \sum_{j=m+q+1}^{m+q+n} [R(j)-C(j)](1+\mathrm{IRR})^{-j} = 0 \tag{4-16}$$

上式计算出的 IRR 为内部收益率。

(2) 获利能力指标

煤炭建设项目实施的主要目标之一是获得收益,这种收益既包括有形的经济利润又包括无形的社会效益,这里只考虑经济利润。

① 净现值指数(NPVI)计算模型。

$$\mathrm{NPVI} = \frac{-\sum_{i=0}^{m} P_i (1+i)^{-i} + \sum_{k=m+1}^{m+q} [M(k)-N(k)](1+i_0)^{-k}}{\sum_{t=1}^{m} P_i (1+i)^{-t}} + \frac{\sum_{j=m+q+1}^{m+q+n} [R(j)-C(j)](1+i)^{-j}}{\sum_{t=1}^{m} P_i (1+i)^{-t}} \tag{4-17}$$

② 年销售利润率,表示煤炭建设项目的总体盈利水平。

$$年销售利润率(\%)=\frac{年税后净利润}{年销售收入}\times 100\%$$

③ 成本费用利用率,表示煤炭建设项目在正常生产期单位成本费用支出所实现的盈利状况。

$$成本费用利用率(\%)=\frac{年利润总额}{年成本费用总额}\times 100\%$$

④ 职工平均年收入,反映企业的经济发展水平和经营效果。

⑤ 投资利税率,表示煤炭建设盈利能力及对国家的贡献。

$$投资利税率(\%)=\frac{年平均利税总额}{总投资}\times 100\%$$

4.2.1.2 煤炭建设项目经济外部性评价指标模型

煤炭建设项目在社会前景下不是孤立的,而是与区域社会的经济发展、资源配置、环境保护相辅相成,因此,必须从煤炭建设项目经济外部性的角度分析项目的社会效益,其指标主要有:

① 社会贡献率:社会贡献率是以价值形态表示项目对区域社会贡献的定量描述,反映煤炭建设项目运用全部资产为社会创造或支付价值的能力。

② 资产负债率:是煤炭建设项目负债总额与资产总额之比,反映财务风险程度。

③ 所有者权益收益率(净资产收益率或净报酬率):表示投资者投入资本的收益水平和煤炭建设项目的盈利水平,是税后净利润占平均净资产的百分比。

4.2.1.3 煤炭建设项目经济评价指标的确定

煤炭建设项目经济外部性评价指标由于主要考虑项目建成后对社会的贡献情况，其中有些指标的计算需要与区域经济指标相融合才能得出结论，因此，将经济外部性指标纳入项目后评价范畴。而有些经济指标，如费用年值、净年值可能通过投资利税率及成本反映出来，所以不单独作为经济评价指标。通过上述分析，在实证研究中，纳入煤炭建设项目的经济评价指标如表 4-1 所示。

表 4-1 煤炭建设项目经济评价指标体系

指标名称	单位
财务内部收益率	%
投资利税率	%
非煤产业比重	%
原煤单位设计生产成本	元/吨
税后财务净现值	万元
投资利润率	%
税后投资回收期	年
吨煤投资	元/吨
建井总工期	月

4.2.2 煤炭建设项目社会评价指标体系

煤炭建设项目在整个建设与生产运行期间，对所处城市或区域的经济发展将起到至关重要的作用。一方面，煤炭建设项目的建设和生产运行加速了城市化进程，提供了大量的矿物资源、就业机会，增加了职工收入，提高了职工生活水平并促进了区域经济增长；另一方面，煤炭建设项目在实施过程中，煤炭资源的开发将对土地、植被、水资源等造成严重的破坏，煤层开采过程中产生的煤矸石及有害气体对土地、河流及大气产生严重的污染，同时，还会影响到人口素质、人口迁移、社区稳定、产业结构等一系列社会问题。因此，构建煤炭建设项目评价指标体系，有助于提高项目管理者和企业经营者的思想意识，采取预防措施减少不利影响，确保煤炭建设项目的可持续发展。

按照上述评价指标的建立原则，煤炭建设项目社会评价指标体系可以从人口生活质量、受教育程度、就业状况、社会贡献等几个方面考虑。

(1) 生活质量指标

① 职工人均住宅面积：反映职工的生活水平。

② 恩格尔系数：表示企业职工生活的改善和提高。

③ 文教娱乐支出占消费支出比例：反映居民的精神生活水平。

④ 万人拥有医生数：反映项目为居民提供的医疗条件。

⑤ 企业职工医疗投保率：反映项目企业为职工提供的医疗保障程度。

⑥ 职工人均收入：表示项目企业生活质量。

(2) 教育程度指标

① 职工平均教育程度:表示企业职工素质。

② 科技人员比例:表示企业管理与技术能力。

③ 职工子女受教育程度:反映文化教育水平。

(3) 就业指标

① 直接就业贡献率:表示煤炭项目主体投资所提供的就业人数。

$$直接就业贡献率(人/万元)=\frac{项目主体提供的就业人数}{项目总投资}$$

② 社会就业贡献率:表示煤炭建设项目对当地就业情况的影响程度。

$$社会就业贡献率(\%)=\frac{项目主体提供的就业人数}{区域总就业人数}\times 100\%$$

(4) 社会贡献指标

① 全员效率:表示项目企业人均对社会贡献的煤炭量。

② 在籍企业职工数:表示项目企业人均效率。

上述评价指标较全面地反映煤炭建设项目对社会的影响程度,但有些指标需要在项目投产后与地方区域经济指标结合才能计算,如社会就业贡献率等;有些指标需要统计与职工相关的家庭背景资料,如恩格尔系数等。另外,职工平均教育程度指标属于定性描述概念,在实际应用中,我们可以设定教育水平对该指标划分标准。中学以下为低等教育水平,大学为中等教育水平,硕士研究生为中上等教育水平,博士及专业人员为高等教育水平。

因此,在实际评价过程中,可以根据实际情况进行确定,煤炭建设项目社会评价指标体系如表 4-2 所示。

表 4-2　煤炭建设项目社会评价指标体系

指标名称	单位
职工医疗投保单	%
人均住房面积	平方米/人
教育年限	年
子女入学率	%
全员效率	吨/工·天
矿工人均收入	万元/月
在籍职工	人
工业场地占地面积	公顷

4.2.3　煤炭建设项目资源评价指标体系

煤炭资源合理开发与利用是煤炭建设项目可持续发展的重要因素。为确保煤炭建设项目的可持续发展,必须坚持资源的稀缺性与有效利用原则,确定评价指标主要考虑资源的承载能力。其中煤炭资源承载能力和资源开发技术水平的评价指标主要有工业储量、采煤与掘进机械化程度，资源的开发效率与质量指标主要有回采率和原煤入洗率。土地资源的评价还应包括工业场地面积、人均占有土地面积、土地利用率变化率等。水资源评价指标主要有人均水资源量、万元产值耗水量等。由于土地资源评价指标和水资源评价指标是在煤炭建设项目生产后实际发生的，因此，将其纳入项目后评价的内容，这里只考虑工业场地占地面积。另外，资源评价指标中有些指标不能单纯地用一个定量值表示，往往需要规定一个区间，如资源综合利用率指标。所以在计算中，通常用定性语言进行描述。当资源综合利用率在 75%～80%时，表现为不好；在 80%～85%时，表现为中；在 85%～90%时，表现为良好；在 80%～95%时，表现为好。具体评价指标如表 4-3 所示。

表 4-3　煤炭建设项目资源评价指标体系

指标名称	单位
资源回采率	%
资源综合利用率	%
采煤机械化程度	%
掘进机械化程度	%
原煤入洗率	%
采(盘)区回采率	%

4.2.4　煤炭建设项目环境评价指标体系

环境评价指标的选择主要是根据煤炭建设项目在正确建设与生产过程中对生态环境的破坏和污染的治理程度来确定的。煤炭建设项目对环境的影响可分别从对大气环境的污染、对水环境的污染、噪声的影响、对土壤的影响等几个方面来考虑，具体指标包括反映环境的质量状况、污染治理效果、环保投资、土地复垦等因素来考虑。另外在对煤炭建设项目环境评价的过程中，有些环境评价指标在煤炭建设初期很难进行估算，所以应列入项目后评价中进行考察，如人均耕地和人均林地等指标。具体指标如表 4-4 所示。

表 4-4　煤炭建设项目环境评价指标体系

指标名称	单位
生产区土地复垦率	%
森林覆盖率	%
噪声控制达标率	%
废水处理达标率	%
废气排放达标率	%
固体废物排放达标率	%
TSP（总悬浮颗粒物)日均浓度	毫克/立方米

表 4-4(续)

指标名称	单位
SO_2日平均浓度	毫克/立方米
矿区土地沙漠化率	%
煤矸石年生产量	万吨/年
环保投资	万元
水土保持投资	万元

4.3　项目投资决策案例

为全面对煤炭建设项目进行综合评价，结合内蒙古煤矿设计研究院有限责任公司2011年编制的《内蒙古准格尔旗柏树坡煤炭有限责任公司柏树坡煤矿项目可行性研究报告》，构建评价指标体系，并利用云模型理论对其进行分析。

4.3.1　建设项目背景及基本情况

(1) 项目背景

煤炭的消费领域主要有电力、建材、冶金、化工、出口等相关行业。随着经济社会的不断发展，我国电力行业是煤炭消费中最主要的部分，冶金行业用煤量逐年上升，化工和建材行业动力煤需求量保持平稳态势。从发展趋势来看，动力煤由于工业经济快速发展和用电量增长等因素，价格坚挺，未来发展前景光明。2010年5月7日，《国务院关于鼓励和引导民间投资健康发展的若干意见》出台，明确提出鼓励民间资本参与矿产资源勘探开发，为煤炭资源开发提供了发展平台。内蒙古自治区鼓励煤炭企业与电力、冶金、化工、建材、交通运输等企业联合经营，以延伸产业链条、降低经营成本。2011年3月15日，内蒙古自治区人民政府出台《内蒙古自治区煤炭企业兼并重组工作方案》，明确指出，加快推进企业兼并重组，夯实煤炭安全基础，构建和发展大型煤炭产业集团，进一步促进产业结构优化升级。到2013年年底，全区煤炭生产企业最低生产规模将达到120万吨(有条件的提高到300万吨)，生产规模在120万吨以下的煤炭生产企业全部退出市场。原煤生产能力在500万吨以上的企业，或已拥有至少一处井工矿井规模在120万吨及以上、资产优良的企业，可优先作为兼并的主体。支持参与生产兼并重组的煤炭企业进行以资源整合和产业升级为主的技术改造。

(2) 自然情况

准格尔旗柏树坡煤矿位于内蒙古自治区鄂尔多斯市准格尔旗薛家湾镇境内，隶属山东矿机集团股份有限公司，2010获得划分的矿区范围。矿井设计年生产能力1.20百万吨，井田南北最长4.6千米，东西最宽1.8千米，井田面积5.706 1平方千米，开采标高990～1 100米。井田可采煤层3层，平均厚度10.44米。本井田各可采煤层为低硫、特低-低磷长焰煤，为高热稳定性煤，煤中有害成分低，发热量较高，是良好的民用及动力用煤。矿井共获得保有资源/储量37.86百万吨，工业资源/储量37.123百万吨，设计可采储量22.872百万吨。本矿井为低瓦斯矿井，煤层具有爆炸危险性，煤层易自燃。矿井服务年限14.7年。矿井设计年工作日为330天，采用四六制工作制，三班生产，一班检修，日净提升时间16小时。地面采用三八制工作制。

(3) 社会状况

准格尔旗在改革开放前是一个以农牧业为主体经济的贫困旗县，由于土壤贫瘠，气候恶劣，种植业沿袭广种薄收的耕作习惯，牧业靠天养畜，至20世纪80年代中期农牧业总产值占工农业总产值的53.85%。位于矿区仅28千米的薛家湾镇是准格尔旗集文化、经济为一体的重镇。镇内随着准格尔煤田的开发，煤炭资源加工利用及坑口电厂等一系列项目也随之建成，项目从建设到生产可以提供近2 000个就业岗位，在拉动地区生产总值的同时对地方经济的发展也起到积极的推动作用。随着西部大开发的进一步深入，该煤炭建设项目在能源、电力等方面扮演着更为重要的角色，发挥着更加重要的作用。

(4) 生态环境

由于井田范围内无常年地表水系，因此未设置地表水监测断面。区内目前无其他工业污染源，只有少量的居民生活污水排放，因此，地表水环境受外界因素影响较小。地下水监测采用柏树坡煤矿西北方向12千米处黑代沟煤矿的地下水监测数据，结果表明矿区地下水监测点各指标均满足《地下水质量标准》(GB 14848—93)中的Ⅲ类标准要求。总的来看，该地区地下水水质较好。

在柏树坡煤矿工业场地、上风向原柏树坡煤矿、下风向原井刘煤矿各设一个监测点，结果表明各监测点TSP日均浓度指数范围为0.23～0.967，3个监测点的监测值均无超标现象出现；NO_2小时平均浓度指数为0.021～0.146，日均浓度指数范围为0.017～0.108，3个监测点均无超标现象；SO_2日平均浓度评价指数在0.073～0.173之间，均小于1.0。由此可知，区域环境空气质量基本良好，尚有一定的环境容量。

噪声质量现状监测共设4个监测点，分别在工业场地四周。根据监测统计结果，各监测点的昼间监测值在40.9～41.4 dB(A)，夜间监测值在35.9～36.8 dB(A)之间，该厂界昼间、夜间均未出现超标值，小于Ⅱ类标准限值，这表明拟建项目所在区域声环境质量良好。

项目区地处准格尔黄土丘陵沟壑农田水土保持生态功能区。由于风力和水力侵蚀，该区域地形复杂，沟谷纵横交错，树枝状冲沟十分发育，地貌特征为黄土丘陵沟壑区。

矿井建设可能引起的生态变化主要在以下几个方面：一是地形地貌变化。由于地下煤层开采，采空区上方地表产生不同程度的移动和变形，因此可能会使局部地表形态发生变化。但由于本矿井范围内原本就沟壑纵横、梁峁起伏，局部地表形态的变化不会改变地貌类型。二是土地利用变化。矿井建设占地将彻底改变被占土地的利用类型，使所占荒草地、灌草地等面积减少，土壤及土地资源总面积也随之减少，如果不采取有效措施，还会造成矿区植被的进一步破坏，加剧水土流失。另外，地表沉陷带来的地形地貌变化可能会导致草地功能退化和耕地生产力下降，从而对土地利用状况产生影响。矿井开发过程中将采取措施对受沉陷影响的土地进行生态综合整治，有利于生态恢复，预计地表沉陷对土地利用的影响较小。三是对植被及野生动物的影响。矿井建设占地将改变被占土地的植被类型，但并不会因此使某种植被类型灭绝。四是对水环境的影响。矿井建设和生产会产生生活污水、矿井井下涌水。对生活污水和矿井井下涌水分别采取措施进行处理后，回用至井下洒水、选煤厂生产用水等，可使这些废水基本不外排，基本不会对地表水环境造成影响。煤矿开采影响地下水的方式，主要是煤层顶板发生垮落，形成冒落带和导水裂隙带，使地下含水层与开采煤层之间的隔水层破坏，导致含水层水量漏失、水位下降，故未形成较大的充水空间，加上地下水补给来源有限，对采矿还没有多大影响。五是土地沙漠化。在煤矿周围，有小范围沙漠化土地存在，沙漠化是该地区较为敏感的问题。该地区原有沙地比较固定，且表面已有少量植被生长，但是植被一旦被破坏，流沙将迅速再起，而且恢复较困难。矿区建设后，人为活动的加剧，如工程建筑、煤矿建设、修路等，都将严重破坏地表植被，使潜伏的沙堆露出地面，在风力作用下，流沙再起、移动并不断扩大，侵占草地，使土地生产力不断下降，造成土壤的沙漠化。

4.3.2　建设项目矿井设计方案

矿井设计方案决定着煤炭建设项目的经济效果与资源的合理利用，同时影响着矿井建设、生产期间的社会效益与生态环境。为科学准确评价项目可持续发展状况，下面将系统分析柏树坡煤矿矿井设计方案的经济指标和资源开发利用指标。

柏树坡煤矿地形总体为西北高、东南低，井田内较大的沟谷哈尔乌素沟从井田西部边界到中部后斜穿井田通过。从地形上考虑，适合布置工业场地的位置主要有井田中东部的平缓高地和井田中部沟谷两侧的平缓台地。井田东部场地平缓、开阔，但煤层赋存较深，矿井开拓较为困难；井田中部沟谷两侧平缓台地煤层赋存相对较浅，井田开拓较为容易，但平地狭小，工业场地布置相对困难。根据对本井田地形地貌的分析及现场踏勘了解的情况，设计提出了三个可供选择的工业场地与井口位置方案进行技术比较。三个场地的选择方案如表 4-5 所示。

表 4-5　工业场地选择方案

方案	第一方案	第二方案	第三方案
位置	609 钻孔东北侧	588 钻孔和 465 钻孔之间	579 钻孔西北侧，6 号煤层露头处
优点	工业场地面积较大而且平整，有利于场地内房屋和各种设施的布置，场地平整工程量小，且压煤量较少	工业场地面积较大而且平整，有利于场地内房屋和各种设施的布置，场地平整工程量小，且压煤量较少，另外本工业场地比第一方案距离煤层赋存区域更近	工业场地一部分在公路保护煤柱上和煤层风化带上，减少了压煤量，另外该处场地标高较低，可节省井筒的工程量，对于矿井的开拓较为有利
缺点	平均海拔标高较高，场地大部分为农田，征地费用高，井筒的工程量较大	井筒的工程量较大，场地大部分为农田，征地费用高	场地面积较小，场地西侧是沟谷，因此对地面工业场地的布置空间比较紧张，若填平沟谷则场地平整工程量较大
标高	＋1 085 米	＋1 124 米	＋1 024 米

根据已选定的三个工业场地位置，并结合本矿井的地形条件、地面运输条件，设计提出三个开拓方案进行比较，如表 4-6 所示。

表 4-6　矿井开拓方案

开拓方案	方案 1:三斜井方案	方案 2:二斜井一立井方案	方案 3:三斜井方案
位置	井口及工业场地位于井田中部(即工业场地方案 1),工业场地内按 52°方位角布置主、副两斜井,在副斜井落底处以西布置回风斜井	工业场地位于 588 钻孔和 465 钻孔之间(即工业场地的方案 2),布置两条井筒,主斜井和副斜井,风井工业场地位于主、副井工业场地的南侧约 350 米处,布置回风立井	井口及工业场地位于井田中部以西边的界处(即工业场地的方案 3),布置三条井筒,主斜井、副斜井和回风斜井。主、副斜井方位角均为 350°8′24″,回风斜井方位角为 16°
功能	主斜井装备一条 DTⅡ型胶带输送机,担负矿井的煤炭运输和进风任务,并作为矿井的安全出口。副斜井采用防爆无轨胶轮车运输方式,担负矿井下放人员、材料、设备等辅助运输任务,兼作进风及安全出口。回风斜井装备台阶,作为全矿井的回风井和安全出口	主斜井装备一条 DTⅡ型胶带输送机,担负矿井的煤炭运输和进风任务,并作为矿井的安全出口。副斜井采用防爆无轨胶轮车运输方式,担负矿井下放人员、材料、设备等辅助运输任务,兼作进风及安全出口,因副井较长,落底位置远,因此采用“回”字形布置。回风立井装备梯子间,作为全矿井的回风井和安全出口	主斜井装备一条 DTⅡ型胶带输送机,担负矿井的煤炭运输和进风任务,并作为矿井的安全出口。副斜井采用防爆无轨胶轮车运输方式,担负矿井下放人员、材料、设备等辅助运输任务,兼作进风及安全出口。回风斜井装备台阶,作为全矿井的回风井和安全出口
水平布置	一个水平	一个水平	一个水平
水平标高	+1 010 米	+1 057 米	+1 010 米
大巷运输方式	主运输采用带式输送机,辅助运输采用防爆无轨胶轮车运输	主运输采用带式输送机,辅助运输采用防爆无轨胶轮车运输	主运输采用带式输送机,辅助运输采用防暴无轨胶轮车运输
矿井通风	矿井通风系统采用中央分列式,通风方式为机械抽出式	矿井通风系统采用中央并列式,通风方式为机械抽出式	矿井通风系统采用中央并列式,通风方式为机械抽出式

4.3.3　建设项目评价指标确定

依据经济与资源评价指标的建立准则,结合矿井可行性研究报告提供的经济对比分析数据及有关文件确定评价指标体系。

① 中煤建协字〔2007〕90 号文颁发的煤炭工业建设矿建工程概算指标、费用定额。

② 煤规字〔2000〕第 48 号文颁发的煤炭工业建设土建工程及安装工程概算指标、费用定额、费用构成及计算标准。

③ 准格尔旗柏树坡煤炭有限责任公司煤矿整合改造工程水土保持方案报告书(内蒙古自治区水利科学研究院,2009 年 11 月)。

④ 准格尔旗柏树坡煤炭有限责任公司柏树坡煤矿(1.2 百万吨/年)技改及选煤厂项目环境影响报告书(内蒙古新创环保科技发展有限公司,2009 年 7 月)。

⑤ 准格尔旗柏树坡煤炭有限责任公司柏树坡煤矿(1.2 百万吨/年)整合改造项目可行性研究报告(内蒙古煤矿设计研究院有限责任公司,2009 年 7 月)。

根据以上述信息,可得出综合评价指标体系如表 4-7 所示。

表 4-7　煤炭建设项目可持续发展评价指标值与评价标准

准则层	具体指标	单位	最低指标	最高指标	方案		
					方案 1：三斜井（中部）	方案 2：二斜井一立井	方案 3：三斜井（边界）
经济	财务内部收益率 I_1	%	10	30	24.67	24.89	25.70
	投资利税率 I_2	%	36	37	36.26	36.03	36.19
	非煤产业比重 I_3	%	10	30	12.2	12.2	12.2
	原煤单位设计生产成本 I_4	元/吨	140	120	130.75	130.46	131.75
	税后财务净现值 I_5	万元	30 600	31 000	30 787.24	30 623.22	30 909.99
	投资利润率 I_6	%	24	26	25.78	24.93	25.13
	税后投资回收期 I_7	年	6	5	5.2	5.7	5.35
	吨煤投资 I_8	元/吨	320	280	280.05	319.05	289.05
	建井总工期 I_9	月	16	12	13.8	15.3	14.3
社会	职工医疗投保单 I_{10}	%	80	100	85	85	85
	人均住房面积 I_{11}	平方米/人	15	27	22.05	22.05	22.05
	教育年限 I_{12}	年	6	18	12	12	12
	子女入学率 I_{13}	%	90	100	95.8	95.8	95.8
	全员效率 I_{14}	吨/工·天	12	13	12.5	12.42	12.5
	矿工人均收入 I_{15}	万元/月	0.25	1	0.6	0.6	0.6
	在籍职工 I_{16}	人	335	315	320	322	320
	工业场地占地面积 I_{17}	公顷	9	7	8.54	7.87	8.54
资源	资源回采率 I_{18}	%	70	80	76.64	75.32	79.39
	资源综合利用率 I_{19}	%	75	95	良好	中	好
	采煤机械化程度 I_{20}	%	30	90	85	85	85
	掘进机械化程度 I_{21}	%	94	98	95	95	95
	原煤入洗率 I_{22}	%	50	90	86	86	86
	采(盘)区回采率 I_{23}	%	70	90	80	80	80
环境	生产区土地复垦率 I_{24}	%	30	90	中	中	中
	森林覆盖率 I_{25}	%	30	70	中	中	中
	噪声控制达标率 I_{26}	%	50	90	62	63	62
	废水处理达标率 I_{27}	%	50	90	79	84	83
	废气排放达标率 I_{28}	%	50	90	85	83	86
	固体废物排放达标率 I_{29}	%	50	90	84	84	84
	TSP(总悬浮颗粒物)日均浓度 I_{30}	毫克/立方米	0.23	0.967	0.72	0.72	0.72
	SO_2日平均浓度 I_{31}	毫克/立方米	0.073	0.173	0.16	0.16	0.16
	矿区土地沙漠化率 I_{32}	%	20	60	一般	一般	一般
	煤矸石年生产量 I_{33}	万吨	20	40	23.76	23.76	23.76
	环保投资 I_{34}	万元	670	690	678	680	678
	水土保持投资 I_{35}	万元	640	650	646.63	646.63	646.63

4.3.4 实例计算

（1）评价指标等级标准

根据 4.1.2 煤炭建设项目评价目标与方案优化模型及表 4-7 评价指标值，确定各指标评价等级标准，如表 4-8 所示。如果确定建设项目各方案的等级为 1 级，则说明为不可持续发展，2 级为弱可持续发展，3 级为基本可持续发展，4 级为可持续发展。

表 4-8 柏树坡煤矿项目各方案可持续发展评价等级划分标准

等级	I_1	I_2	I_3	I_4	I_5	I_6	I_7	I_8	I_9
1 级	10～15	36～36.25	10～15	135～140	30 600～30 700	24～24.5	5.75～6	310～320	15～16
2 级	15～20	36.25～36.5	15～20	130～135	30 700～30 800	24.5～25	5.5～5.75	300～310	14～15
3 级	20～25	36.5～36.75	20～25	125～130	30 800～30 900	25～25.5	5.25～5.5	290～300	13～14
4 级	25～30	36.75～37	25～30	120～125	30 900～31 000	25.5～26	5～5.25	280～290	12～13
等级	I_{10}	I_{11}	I_{12}	I_{13}	I_{14}	I_{15}	I_{16}	I_{17}	I_{18}
1 级	80～85	15～18	6～9	90～92.5	12～12.25	0.5～0.6	330～335	8.5～9	70～72.5
2 级	85～90	18～21	9～12	92.5～95	12.25～12.5	0.6～0.7	325～330	8～8.5	72.5～75
3 级	90～95	21～24	12～16	95～97.5	12.5～12.75	0.7～0.8	320～325	7.5～8	75～77.5
4 级	95～100	24～27	16～18	97.5～100	12.75～13	0.8～0.9	315～320	7～7.5	77.5～80
等级	I_{19}	I_{20}	I_{21}	I_{22}	I_{23}	I_{24}	I_{25}	I_{26}	I_{27}
1 级	75～80	30～50	94～95	50～60	70～75	30～32.5	30～50	30～40	50～60
2 级	80～85	50～60	95～96	60～70	75～80	32.5～35	50～60	40～50	60～70
3 级	85～90	60～80	96～97	70～80	80～85	35～37.5	60～80	50～60	70～80
4 级	90～95	89～90	97～98	80～90	85～90	37.5～40	80～90	60～70	80～90
等级	I_{28}	I_{29}	I_{30}	I_{31}	I_{32}	I_{33}	I_{34}	I_{35}	I_{36}
1 级	50～60	50～60	50～60	0.23～0.41	0.07～0.1	20～30	20～25	670～675	640～642.5
2 级	60～70	60～70	60～70	0.41～0.6	0.1～0.13	30～40	25～30	675～680	642.5～645
3 级	70～80	70～80	70～80	0.6～0.79	0.13～0.15	40～50	30～35	680～685	645～647.5
4 级	80～90	80～90	80～90	0.79～0.967	0.15～0.17	50～60	35～40	685～690	647.5～650

建立每个指标对应的云图，再根据等级云化过程，以经济指标投资内部收益率 I_1 为例，计算出各个等级的数字特征：第 4 等级为（27.500 0　2.123 1　0.100 0）；第 3 等级为（22.500 0　2.123 1　0.100 0）；第 2 等级为（17.000 0　2.547 8　0.100 0）；第 1 等级为（12.000 0　1.698 5　0.100 0）。其他指标算法同上，指标 I_1 对应的 4 个等级云图见图 4-4。

（2）评价指标等级权重

利用熵权法求权重的思想，结合 Matlab 程序编程求解，得出以上指标的权重为：

W=(0.020 7,0.000 50,0.001 2,0.001 0,0.013 7,0.099 4,0.209 8,0.123 5,0,0,0,0,0.000 6,0,0.000 6,0.097 2,0.032 2,0.336 3,0,0,0,0,0,0,0,0.002 2,0.046 6,0.014 5,0,0,0,0,0,0.000 1,0,0)

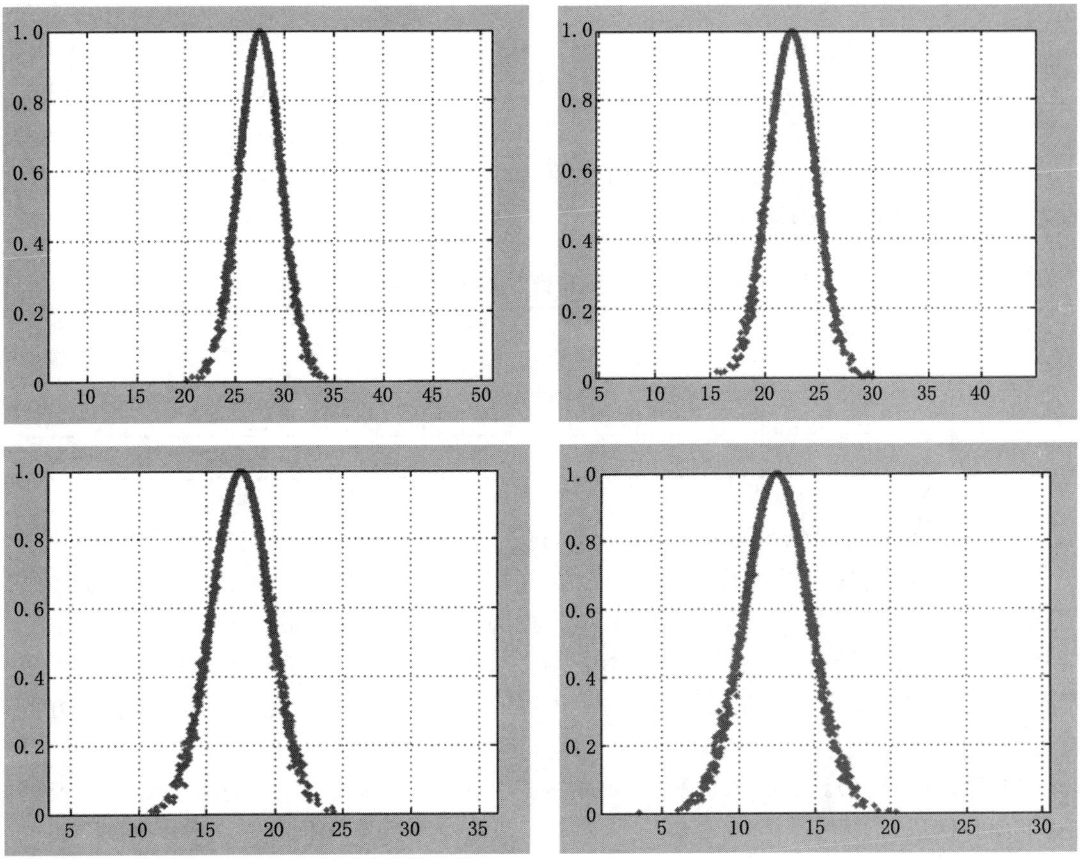

图 4-4　I_1 对应 4 个等级的云图

计算结果表明，权重为 0 的指标对整个煤炭建设项目方案的评价没有产生影响。

(3) 评价结果

综合表 4-8 所有评价指标，计算出各方案指标的隶属度矩阵 B：

$$
1\sim9\text{列}\quad\begin{bmatrix}
0.0000 & 0.5856 & 0.9922 & 0.0278 & 0.0000 & 0.0000 & 0.0000 & 0.0000 & 0.0000 \\
0.0004 & 0.0007 & 0.0485 & 0.9347 & 0.0008 & 0.2494 & 0.0001 & 0.0007 & 0.9256 \\
0.2514 & 0.0000 & 0.0000 & 0.1587 & 0.3674 & 0.7129 & 0.5435 & 0.3877 & 0.2828 \\
0.7128 & 0.0011 & 0.0000 & 0.0001 & 0.6400 & 0.0159 & 0.2793 & 0.6222 & 0.0010
\end{bmatrix}
$$

$$
10\sim19\text{列}\quad\begin{bmatrix}
0.4864 & 0.0000 & 0.0009 & 0.0004 & 0.0236 & 0.9815 & 0.0000 & 0.8334 & 0.0000 \\
0.4067 & 0.2546 & 0.5723 & 0.1729 & 0.8692 & 0.0000 & 0.0019 & 0.0359 & 0.0000 \\
0.0012 & 0.9453 & 0.4738 & 0.9208 & 0.4471 & 0.5929 & 0.5125 & 0.0172 & 0.0153 \\
0.0000 & 0.0312 & 0.0000 & 0.0348 & 0.2222 & 0.3780 & 0.5328 & 0.0000 & 0.8377
\end{bmatrix}
$$

$$
20\sim27\text{列}\quad\begin{bmatrix}
0.0000 & 0.0000 & 0.5294 & 0.0000 & 0.0018 & 0.0065 & 0.0619 & 0.0026 & 0.0000 \\
0.0000 & 0.0000 & 0.2044 & 0.0000 & 0.4883 & 0.4670 & 0.4901 & 0.4969 & 0.0003 \\
0.0018 & 0.2100 & 0.0056 & 0.0204 & 0.4934 & 0.3727 & 0.5088 & 0.4855 & 0.2712 \\
0.5173 & 1.0000 & 0.0000 & 0.9729 & 0.0006 & 0.0047 & 0.0000 & 0.0020 & 0.7585
\end{bmatrix}
$$

$$
28\sim36\text{列}\quad\begin{bmatrix}0.0000 & 0.0000 & 0.0000 & 0.0107 & 0.7465 & 0.0027 & 0.8094 & 0.0233 & 0.0000\\ 0.0001 & 0.0000 & 0.0000 & 0.4966 & 0.0000 & 0.5139 & 0.2191 & 0.9734 & 0.0333\\ 0.1502 & 0.0339 & 0.1102 & 0.4212 & 0.9588 & 0.5140 & 0.0003 & 0.0982 & 0.9536\\ 0.8863 & 0.9723 & 0.9725 & 0.5271 & 1.0000 & 0.0023 & 0.0000 & 0.0001 & 0.1547\end{bmatrix}
$$

利用权重集合与隶属矩阵进行模糊变换，得出评价集上的模糊子集 B。$B=W\times R$，可得出评价项目隶属等级的程度(表 4-9)。

表 4-9　柏树坡煤矿项目各方案可持续发展水平等级

方案	1 级	2 级	3 级	4 级	确定等级
1	0.079 7	0.134 8	0.356 7	0.428 7	4
2	0.476 2	0.351 9	0.099 6	0.072 3	1
3	0.074 5	0.213 8	0.248 7	0.463 0	4

根据表 4-9 的评价结果可知，方案 1 和方案 3 均隶属第 4 等级，即可持续发展水平，方案 2 为不可持续发展。根据最大隶属度原则，方案 3 的隶属度 0.463 0 大于方案 1 的隶属度 0.428 7，所以方案 3 更符合可持续发展要求，应选方案 3 作为最优方案。此评价结论与准格尔旗柏树坡煤炭有限责任公司柏树坡煤矿(1.20 百万吨/年)整合改造项目可行性研究报告(内蒙古煤矿设计研究院有限责任公司，2009 年 7 月)的结论完全一致，表明此方法具有可信度。

如果单纯考虑经济、社会、资源、环境中的某一因素，可能得到与上述评价结果相反的结论，下面分别进行讨论。

① 单纯考虑经济指标：根据云模型算法得出煤炭建设项目各个方案的经济指标可持续发展水平等级，如表 4-10 所示。

表 4-10　经济评价指标可持续发展水平等级

方案	1 级	2 级	3 级	4 级	确定等级
1	0.001 1	0.132 0	0.463 6	0.403 3	4
2	0.635 8	0.230 0	0.111 7	0.022 6	1
3	0.012 9	0.292 0	0.380 6	0.314 5	3

由表 4-10 可知，方案 1 属于可持续发展水平，方案 2 属于不可持续发展水平，方案 3 属于基本可持续发展水平。因此，单纯从经济评价指标上分析，应选择方案 1。

② 单纯考虑社会指标：得出各个方案的社会指标可持续发展水平等级，如表 4-11 所示。

表 4-11　社会评价指标可持续发展水平等级

方案	1 级	2 级	3 级	4 级	确定等级
1	0.854 3	0.138 0	0.003 2	0.004 5	1
2	0.000 4	0.390 2	0.609 1	0.000 2	3
3	0.796 0	0.177 5	0.022 9	0.003 6	1

由表 4-11 可知，方案 1 属于不可持续发展水平，方案 2 属于基本可持续发展水平，方案 3 属于不可持续发展水平。因此，单纯从社会评价指标上分析，应选择方案 2。

（3）单纯考虑资源评价指标：得出各个方案的资源指标可持续发展水平等级如表 4-12 所示。

表 4-12　资源评价指标可持续发展水平等级

方案	1 级	2 级	3 级	4 级	确定等级
1	0.142 3	0.006 5	0.452 3	0.398 9	3
2	0.333 0	0.431 5	0.223 4	0.012 1	2
3	0.165 4	0.000 5	0.021 5	0.812 6	4

由表 4-12 可知，方案 1 属于基本可持续发展水平，方案 2 属于弱可持续发展水平，方案 3 属于可持续发展水平。因此，单纯从社会评价指标上分析，应选择方案 3。

（4）单纯考虑环境评价指标：得出各个方案的环境指标可持续发展水平等级如表 4-13 所示。

表 4-13　环境评价指标可持续发展水平等级

方案	1 级	2 级	3 级	4 级	确定等级
1	0.000 1	0.005 1	0.489 2	0.505 6	4
2	0.000 0	0.001 0	0.105 7	0.893 4	4
3	0.000 1	0.001 9	0.144 0	0.853 9	4

由表 4-13 可知，三个方案均属于可持续发展方案，但是根据隶属度原则，三个方案的可持续发展程度顺序为：方案 2 优于方案 3，方案 3 优于方案 1，所以应选择方案 2。

可见，单纯从经济评价出发，以盈利为目的考虑项目评价方案，应选择方案 1；单纯考虑煤炭建设项目对社会贡献或环境破坏的影响程度，应选择方案 2；单纯从煤炭建设项目资源有效利用的角度，应选择方案 3。上述结果说明，单纯考虑一个或两个因素，可能会得到局部最优，而不是全局最优的结论。因此，在包容性发展的思想和可持续发展理念下的煤炭建设项目评价，不能仅考虑经济效益，必须从系统的角度分析经济社会的发展、资源的合理利用、环境的保护与治理。基于云模型的煤炭建设项目可持续发展评价，是对传统财务评价的补充与发展，对煤炭设计部门可行性研究具有重要的理论意义和应用价值。

思考题

1. 煤炭企业投资项目评价的特点是什么？
2. 煤炭企业投资项目经济评价的指标有哪些？请探讨它们的适用性。

第5章 煤炭企业营运资金管理

5.1 理论综述

5.1.1 营运资金的概念和特点

5.1.1.1 营运资金的概念

营运资金，又称营运资本、循环资本，是维持日常经营、循环使用的资金。营运资金从广义上讲，是流动资产和流动负债的和；从狭义上讲，就是流动资产与流动负债的差额，即净营运资金。无论是广义上的界定还是狭义上的界定，营运资金的管理都离不开对流动资产的管理和对流动负债的管理。流动资产是流动资金的占用形态，流动资产的管理体现了营运资本投资策略。流动负债是流动资金的形成来源，因此流动负债的管理是营运资本融资策略的体现。当我们以狭义的营运资金为研究对象时，当净营运资金大于零时，说明流动资产多于流动负债，流动资产所占用的资金由流动负债和长期负债两部分提供；当净营运资金等于零时，说明流动资产等于流动负债，也就是说，流动资产所占用的资金完全是由流动负债提供的；当净营运资金小于零时，说明流动资产少于流动负债，也就是说，公司不能从短期资产中筹集足够的现金来解决负债问题，公司可能还需要以控制和降低存货投资、重新审核并紧缩信贷、减少公司的应收账款、增加长期负债或者发行股票等方式确保其流动性。

5.1.1.2 营运资金的特点

（1）周期短流动性强

由于营运资金与企业流动资产和流动负债有关，且这两者的周期一般都是在一年或一个营业周期内周转，并能够快速转换为应收账款、货币或存货等流动资产，所以营运资金的周期与流动资产和流动负债一样较短，也具有高收益性和高流动性。

（2）来源多样性

当企业紧急需要营运资金时，可以通过短期借款、商业信用等方式来筹集资金，反之则可通过一些长期筹资方式。营运资金的来源较广泛。此外，企业的一些存货、应收账款等较容易变现，也可以应对紧急性资金需求。

（3）营运资金变现能力强

企业的营运资金大部分都能够在较短的时间内售掉或用掉，还可以与现金资产随意转换。如应收账款、存货等一些项目，具有较强的变现能力，当企业在生产经营过程中出现资金短缺的情况时，可以利用它们置换现金，填补企业资金缺口，所以企业应该持有定量的营运资金。

（4）财务风险小

当企业的流动资产规模较大时，由于其周转速度快且流动性强，可以适当地降低企业的财务风险。

5.1.2　营运资金管理理论

传统营运资金的概念是由于对营运资金的理解逐渐深入后，相对于基于渠道理论的营运资金等概念而言的。利用传统的营运资金管理理论，可以有效地提高企业的短期偿债能力，提高资金的利用率，从而整体提高企业的营运资金管理水平。

按要素和按随时间变动的特点，传统的营运资金可以分为两种。按要素分类，是指将营运资金按资产负债表中流动资产和流动负债列示的各项目分类，一般分为银行存款、应收账款、存货、应付账款等，对其的管理研究一般是指对各要素的最佳持有量进行研究，以周转率指标作为管理绩效的评价指标。按随时间变动的特点，营运资金可以分为永久性和临时性两类。

5.1.3　营运资金管理内容

营运资金是指企业经营中可供流转使用的资本。营运资金管理的核心是营运资金的变现能力，其中主要是对现金、应收账款、存货和应付账款的管理。

营运资金数额的增加，并不一定意味着现金增加，这种增加可能是由于企业经营业务的迅速扩展，使得存货规模和应收账款(票据)相应地有较大幅度的增长引起的。假如这种情况在事先未被充分预计的话，现金周转就可能发生困难，甚至可能会出现因缺乏足够的现金而无法支付各种到期的账单及其他应付款的情况。同样的道理，营运资金数额的减少也并不一定意味着企业面临现金缺乏的风险。因此，当我们评价营运资金管理现状的时候，需要仔细分析造成各种现象的原因。

5.1.3.1　现金管理

现金是一项极为特殊的企业资产，一方面它的流动性最强，代表着企业直接的支付能力和应变能力；另一方面它的盈利性又是最弱的，闲置不用的现金不仅不能带来收益，由于机会成本的存在，还会意味着造成损失。现金的这种“流动性—收益性”的逆向矛盾规律是进行现金管理的重要理论依据。

现金管理的目标是：企业不仅要有充足的现金支付能力，而且还要最大程度降低占用额。也就是说要保证现金的流动性，用于及时充足地支付各项支出；保证现金的安全性，有效控制现金支付安全；保证现金的盈利性，通过节约占用现金减少现金机会成本，并从暂时闲置的现金中获得最多的利息收入。现金管理在企业不同的发展阶段，具有不同的侧重点。

创业期——这个时期企业战略的侧重点是“在正确的产品定位上进行投资和融资”。此时企业需要投入大量的资本，形成了巨额的资本性支出，同时企业的现金流入极少，现金缺口很大，企业面临着巨大的融资压力和融资风险。因此，处于创业期的现金流管理重点是如何取得足够的现金流入。

成长期——这一时期企业刚进入市场，市场占有率不稳定，产品价格也不稳定，经营现金流量一般会呈现负数。因此，从各种渠道筹集企业发展所需资金仍然为现金管理工作的重点之一。另外，在这个时期，企业领导者开始逐步授权，容易出现一段责权利不清晰的时期，为了避免此时现金流出给企业造成损失，企业需要及早规范现金流出制度。

成熟期——这个时期市场环境已经好转，产品市场份额较为稳定，企业的各项制度和组织结构已经较为完善并能充分发挥作用，经营风险相对较低。此时企业的现金流量比较稳定，现金管理工作的重点是制度化管理，并随着外界环境的改变随时调整制度。所以，这段时期现金流量的预测、决策、控制、报告、分析是重点工作。

衰退期——这个时期企业原有的产品已经在市场上逐渐萎缩，不能持续性地给企业带来盈利，企业必须积极寻找新的经济增长点。此时企业必须有足够的现金流用于新的经营项目投资，所以必须加强应收账款回收，测算资金缺口，同时考虑通过多种渠道融资，为企业进行新的战略投资做好充分准备。

5.1.3.2　应收账款管理

应收账款是指企业因赊销产品或服务而形成的应收款项，它是企业流动资产的重要组成部分。应收账款对于企业来讲是一把双刃剑，一方面它可以给企业带来许多好处。例如，在激烈的市场竞争条件下，赊销是一种比较有效的促销方式，它可以帮助企业大幅增加产品销售额、扩大并迅速占领市场、减少产成品库存、降低存货风险及存货管理开支，有可能使企业因此加快获取利润的速度，增加获取利润的空间。另一方面，持有应收账款也会增加企业的经营成本和风险。应收账款管理成本包括机会成本、管理成本、坏账成本等。应收账款加速了企业的现金流出，其中包括各种税金以及用于利润分配的现金等。所以，应收账款虽然带来了销售收入，但并未实际收到现金，也不是所有的应收账款都可以收回，企业必须承担呆坏账的风险。

由于应收账款存在上述利与弊，管理的重点需要放在根据企业的实际经营情况和客户的信誉情况制定合理的信用政策方面，并在信用政策所增加的销售盈利和采用这种政策预计要负担的成本之间作出权衡。只有当增加的销售盈利超过运用此政策所增加的成本时，才能实施和推行这种信用政策。

(1) 应收账款管理职能分析

① 企业是否进行信用管理？由哪个部门进行管理？销售部门和财务部门在应收账款管理中各承担什么样的责任？

② 企业制定了怎样的信用管理制度？信用标准如何制定？针对不同的客户制定了怎样的信用政策(包括信用额度、期限、折扣等)？

③ 企业在制定信用政策之前是否进行了信用调查？信用调查的内容有哪些？

④ 选取企业的几个主要客户，分析企业对其制定的信用政策，并分析这些客户应收账款的发生额、收账期、实际还款期，是否有逾期应收账款，是否发生坏账，企业对其信用管理政策是否合理。

⑤ 财务部门是否能够及时对应收账款进行核算及分析？是否及时将应收账款发生及回收情况反馈给有关部门？

⑥ 企业在应收账款发生后制定了怎样的收账政策？对于逾期应收账款采取了哪些催收政策？

(2) 应收账款管理注意事项

① 负责应收账款的人员，不得同时负责账单处理或汇款责任。

② 应收账款明细账必须根据经核对的给客户的账单和汇款单位为依据进行记录，必须制定程序以保证准确、及时地记录发出账单和客户付款。

③ 应收账款明细账必须按月与总分类账调节。应妥善处理任何差额，该项调节应经上一级会计主管人员批准。

④ 应收账款账龄分析必须由财务部门审查，以查清有无异常或严重的拖欠账款项目。账龄分析必须准确无误，不得歪曲客户债务种类。

⑤ 必须采用应收账款内部管理报告制度。内部报告或档案包括：应收账款周期，账龄分析，拖欠账款清单，潜在核销账项，收账工作是否健全等内容。

⑥ 对所有应收账款余额的调整必须遵守企业的规定，经主管领导批准后予以调整并计入当期账目，已经确认的账款调整不得耽搁或拖延。

⑦ 财务部门必须制定一套应收账款估价准备政策，以便反映应收账款可变现的净值。该政策必须包括坏账准备、账单调整准备的计提规定。

⑧ 必须按季度审查估价准备，以查明是否充分合理，并及时按要求作出调整。

⑨ 应收账款明细账必须妥善保管，来自员工的记录和应收账款账龄，必须与客户的应收账款明细账分开保管，并按月审计和核对。

⑩ 严格执行企业制定的授信制度，包括账龄和账额制度。

5.1.3.3　存货管理

存货是指企业在生产经营过程中为了销售或者耗用而储备的物资，包括材料、燃料、低值易耗品、在产品、半成品、产成品、协作件、商品等。企业持有存货一方面是为了保证生产或销售经营的需要，避免或减少出现停工待料、停业待货等事故；另一方面是出于整批购买存货可以在价格上得到优惠的考虑。但是企业持有存货的弊端也是很明显的。其一，随着技术进步和时间延长，企业的存货价值有可能不断下降。其二，存货有可能消耗企业可观的储存管理费用。其三，存货占用并消耗企业的营运资金，并降低营运资金的周转率。

对于一个企业而言，最核心的问题就是现金流管理，如果因存货变现能力差，同时又占据和消耗了大量的营运资金，那么将有可能导致资金周转困难，甚至直接威胁到企业的生存。因此，企业存货管理的目标就是在存货的成本与效益之间作出权衡，力求达到最佳的平衡点。

企业制定存货预算通常按照这样的程序进行：销售预算—生产预算—原材料预算，在这三个环节中，存货分别以产成品、在产品、原材料这三种形式存在。这三种形式存货的持有数量的多少，从根本上讲依赖于销售预测的准确程度以及由于曾经发生过缺货现象而导致各个部门增加安全存货的要求。

(1) 存货管理应注意的问题

① 分析企业的存货总额占流动资金的比重，并与前两年进行比较，分析上升或下降的原因。

② 对存货的构成进行分析，分析原材料、低值易耗品、在产品、产成品各自占存货的比重，分析主要是哪一类存货占的比重较大，原因是什么。

③ 对存货的库龄进行分析，分析企业是否有长期积压的存货，是否相应计提了存货跌价准备金。

④ 对存货周转率进行分析，并与前两年进行比较，分析上升或下降的原因。

(2) 存货管理职能分析

① 企业如何进行存货计划管理？存货计划的过程是怎样的？

② 企业各种不同类型的存货由哪些部门进行管理？不同的部门承担怎样的责任？

③ 企业的存货出入库管理是否做好各项记录？库存管理部门是否定期与财务部门进行核对？

④ 是否制定了仓库管理措施？

⑤ 是否按照重要性对存货进行分类管理？

⑥ 是否对存货进行定期盘点？盘盈、盘亏如何处理？

⑦ 企业采取了怎样的措施加速存货周转或降低存货持有量？这些措施是否有效？

⑧ 存货管理中有哪些难点和问题？

5.1.4 营运资金管理评价指标

营运资金管理评价可以通过营运能力指标来反映。营运能力主要是指企业对营运资产的使用效率和效益，包括存货周转率、应收账款周转率、流动资产周转率和总资产周转率等重要指标。这些指标的大小标志着相关营运资金的周转效率，指标越大，说明对应的营运资金周转速度越快，效率越高，管理水平越好，如存货周转率越高，说明存货周转速度越快，存货管理水平越高。但在具体分析时，还应结合企业经营的实际情况进行详细分析。如一家食品加工企业与机械设备制造企业的存货性质不同，储存方式不同，销售方式也不同，周转情况也不相同。因此，在煤炭企业进行营运资金管理时，应结合企业主营业务所涉及的矿产资源开采具体流程和存货的类目进行具体分析。也就是说，由于目前国内的经济情况日益复杂，对营运资金管理进行分析的时候，必须要与煤炭企业的主营业务、发展战略计划等其他业务信息相联系，不能单纯地将周转速度当作评价营运资金管理水平或营运能力的唯一标准，还应该包含对公司的其他增值手段展开评价，要对公司的资产回报率展开分析和评估，从而更全面、更科学地判断该企业的营运资金管理和营运能力水平的好坏。一般而言，评价企业营运能力的指标包括以下几个。

(1) 存货周转率

存货周转率被定义为公司在一定时间段内，一定数量的企业存货所占用的资金，循环一次所要用的天数或循环周转的次数。该指标越高，说明企业存货周转的速度越快，存货管理水平较好。在对煤炭企业存货管理情况进行分析时，首先，我们要了解煤炭企业库存的构成。煤炭企业库存主要分为原煤、洗选煤和成品煤三种。原煤的存放时间较长，质量波动较大，库存量大，因此在进行存货核算时需要分析原煤的品质和质量变化情况。洗选煤虽然质量相对较好，但存放时间较短，有挥发性，因此核算时需要重点分析洗选煤的含水率和灰分等指标。成品煤的库存特点就是数量相对稳定，质量较高，核算时需要分析成品煤销售的情况，及时跟踪库存变化。其次，我们需要了解库存核算的原则和方法。煤炭企业的库存核算应遵循以下几个原则：实物与账面保持一致、先进先出原则、准确计算、科学管理、及时更新。核算方法主要包括：直接计价法、加权平均法、标准成本法和活动成本法。其中，加权平均法是应用最广泛的方法，通过对库存量和库存品质进行加权平均，计算出每吨库存的成本，可以得到较为准确的库存核算结果。接着，我们需要掌握好一些关键的核算指标，以便更具准确性地核算库存。这些指标包括:库龄、存货周转率、存货占用资金等。库龄是指煤炭在存货中停留的时间,过长会导致品质变差,甚至发生质量事故。存货周转率是指在一定时间内,煤炭库存变化的速度,是衡量煤炭库存运营效率的重要指标之一。存货周转率的计算公式为:

$$存货周转率=\frac{营业成本}{平均存货}$$

理论上,库存周转率越高,说明企业的煤炭库存运营效率越好。

此外,存货占用资金是指企业为维持库存而投入的资金,这个指标进一步反映了煤炭企业的资金效率。

(2) 应收账款周转率

煤炭企业的应收账款周转率是一个重要的财务指标,用于衡量企业应收账款的周转速度和管理效率。应收账款周转率的高低直接反映了企业的营运能力和风险控制水平。该指标的计算公式为:

$$应收账款周转率=\frac{赊销收入净额}{平均应收账款}$$

这个指标的理论和运用公式有所不同,但核心在于衡量应收账款转换为现金的速度。在煤炭行业,不同子行业的应收账款周转率存在差异。例如,无烟煤行业的平均应收账款周转率为9.73,而动力煤行业的平均应收账款周转率高达21.5。这些数据反映了不同煤炭子行业在应收账款管理上的效率差异。据估计,煤炭产业的应收账款周转天数约为56.4天,据此计算出的应收账款周转率为6.47。这一数据提供了煤炭行业整体应收账款周转率的一个参考值。

具体到某些企业,如平煤股份,其应收账款周转率从2020年的22.65次/年下降到2022年的15.81次/年,显示了公司应收账款管理效率的下降趋势。中煤能源的应收账款周转率在2017—2021年间有所波动,但总体呈现上升趋势,从2017年的11.45上升到2021年的31.26,反映了公司在这段时间内对应收账款管理的改善。对近三年中煤能源的应收账款周转率表现进一步分析,2021年应收账款周转率为31.26次,2022年应收账款周转率为27.95次,2023年应收账款周转率为25.13次。从这些数据可以看出,中煤能源的应收账款周转率在近三年内呈现下降趋势。应收账款周转率是衡量企业应收账款周转速度及管理效率的指标,它说明一定期间内公司应收账款转为现金的平均次数。较高的应收账款周转率通常意味着公司能够快速收回应收账款,资金周转速度较快,减少了资金占用成本,提高了公司的流动性,有利于公司偿付债务、投资扩张和应对突发事件。中煤能源应收账款周转率的变化可能表明公司在一段时间内应收账款的回收速度有所减缓。为了提高应收账款周转率,中煤能源可以采取一些优化策略,如加强与客户的沟通,优化内部流程,引入管理软件,健全信用风控体系等。

应收账款周转率的高低不仅影响公司的资金周转效率,还可以反映公司的市场竞争力和客户信誉度,是公司财务状况和经营效率的重要指标。中煤能源管理层应密切关注这一指标,并采取适当的措施来提高应收账款周转率,以促进公司的稳健发展。

煤炭企业的应收账款周转率受多种因素影响,包括行业特点、企业规模、市场环境等。因此,企业需要通过有效的财务管理和风险控制措施,提高应收账款的周转效率,以优化企业的财务结构和运营效率。

（3）流动资产周转率

煤炭企业的流动资产周转率反映了煤炭企业在一定时期内主营业务收入净额与平均流动资产总额的比率，是评价企业资产利用率的一个重要指标。2014—2022年，煤炭行业该指标呈现一定的波动，2014年的流动资产周转率为2次，而到了2022年下降至1.7次。流动资产周转率的高低与企业的经营效率和盈利能力密切相关。较高的流动资产周转率意味着企业能够更快地将流动资产转化为现金，提高资金周转速度，降低资金占用成本，增强盈利能力。相反，较低的流动资产周转率可能表明企业在流动资产管理方面存在问题，需要采取措施来优化内部管理，提高资产利用效率。其公式为：

$$流动资产周转率=\frac{营业收入}{平均流动资产总额}$$

为了提高流动资产周转率，煤炭企业可以采取以下措施：① 优化存货管理：减少库存积压，提高存货周转速度。② 加强应收账款管理：及时催收账款，降低坏账风险。③ 合理配置流动资产：确保流动资产的合理配置，避免资金浪费。④ 加强内部管理：通过内部审计和流程优化，提高资金使用效率。通过上述措施，煤炭企业可以提高流动资产周转率，提升经营效率和市场竞争力。同时，企业应密切关注行业内的流动资产周转率情况，以便更好地了解自身在行业内的位置，并制定相应的改进策略。

煤炭企业流动资产周转率与其他因素之间存在密切的关联。首先，流动资产周转率与企业的营运能力相关，反映了企业流动资产的周转速度和利用效率。较高的流动资产周转率意味着企业能够更有效地利用流动资产，提高资产的周转速度，从而可能带来更高的盈利能力。其次，流动资产周转率与企业的库存管理密切相关。库存水平的高低直接影响流动资产周转率。如果库存过高，资金将被束缚在库存中，导致流动资产周转率下降；反之，若库存水平合理并得到有效管理，流动资产周转率将得到提升。此外，流动资产周转率还受到企业所处行业和经营背景的影响。不同行业的运营模式和市场需求特性可能导致流动资产周转率的差异。例如，煤炭行业受宏观经济、政策调控以及行业供需变化等因素影响较大，这些因素都可能对流动资产周转率产生影响。

综上所述，煤炭企业流动资产周转率的高低受到多个因素的影响，包括企业的营运能力、库存管理、行业背景等。企业需要综合考虑这些因素，制定相应的策略来优化流动资产的周转效率，提升企业的盈利能力和市场竞争力。

（4）总资产周转率

煤炭企业的总资产周转率是衡量企业资产利用效率的重要指标。其计算公式为：

$$总资产周转率=\frac{营业收入}{平均总资产}$$

煤炭企业上市公司数据显示，煤炭企业的总资产周转率普遍较低，例如新大洲A的总资产周转率为0.07次，苏能股份为0.09次，华电能源为0.18次，新集能源为0.08次，恒源煤电为0.1次，上海能源为0.12次，昊华能源为0.08次，郑州煤电为0.37次，安泰集团为0.56次。总资产周转率低可能意味着企业资产利用不够高效，可能存在以下问题：① 资产配置不合理。企业资产分配可能不均衡，一些资产可能未被充分利用，而另一些资产可能过剩。② 销售能力不足。低周转率可能表明企业的销售能力不强，产品市场需求可能较低，或者销售策略需要重新审视。③ 运营效率不高。低周转率可能暗示企业的运营效率不高，可能存在管理不善、流程不畅等问题。④ 资金利用不充分。低周转率意味着企业资产占用较多资金，可能导致资金周转缓慢，影响企业的偿债能力和投资能力。

为了提高总资产周转率，企业可以采取以下措施：① 优化资产配置。对资产进行合理配置，确保资产的充分利用。② 提升销售能力。通过市场调研和策略调整，提升产品销售能力。③ 改善运营效率。优化内部流程，提高管理水平，降低运营成本。④ 加强资产管理。通过信息技术和内部管理措施，提高资产的使用效率和周转速度。通过上述措施，企业可以提高总资产周转率，提升资产利用效率，增强企业的盈利能力和市场竞争力。

(5) 固定资产周转率

固定资产周转率衡量企业利用固定资产产生销售收入的效率。其计算公式为：

$$固定资产周转率=\frac{营业收入}{平均固定资产}$$

根据煤炭企业上市公司数据可知，煤炭企业的固定资产周转率在 2014 年至 2022 年间有所波动。2014 年的固定资产周转率为 1.2 次，而到了 2022 年下降至 0.8 次。固定资产周转率的高低反映了企业对固定资产的利用效率。较低的固定资产周转率意味着企业固定资产的利用不够充分，可能存在以下问题：① 设备利用不足。固定资产周转率低可能表明设备利用不足，可能存在生产规模未充分利用或设备陈旧等问题。② 库存积压。低固定资产周转率可能暗示库存积压，导致资金占用过多，影响企业的资金周转。③ 销售不畅。低固定资产周转率可能表明产品销售不畅，市场需求可能较低，或者销售策略需要重新审视。④ 资产管理不善。低固定资产周转率可能暗示企业在资产管理方面存在问题，需要改进资产管理流程和策略。

为了提高固定资产周转率，企业可以采取以下措施：① 优化生产流程。通过改进生产流程，提高设备利用率，降低生产成本。② 加强库存管理。通过精细化库存管理，降低库存水平，提高固定资产周转效率。③ 提升销售能力。通过市场调研和策略调整，提升产品销售能力，促进固定资产的充分利用。④ 改进资产管理。通过内部审计和流程优化，提高固定资产的使用效率和周转速度。

通过上述措施，企业可以提高固定资产周转率，提升固定资产利用效率，增强企业的盈利能力和市场竞争力。

5.1.5　营运资金管理政策

5.1.5.1　营运资金管理原则

企业的营运资金在全部资金中占有相当大的比重，而且周转周期短、形态易变，所以对营运资金的管理是企业财务管理工作的一项重要内容。营运资金管理应遵循的原则：

① 认真分析生产经营状况，合理确定营运资金的需要数量。

② 在保证生产经营需要的前提下，节约使用资金。

③ 加速营运资金周转，提高资金的利用效果。

④ 合理安排流动资产与流动负债的比例关系，保证企业有足够的短期偿债能力。

5.1.5.2　营运资金管理策略

营运资金管理策略是指企业对营运资金管理的方式和方法。制定营运资金管理策略时，首先需要权衡的是资产的收益性与风险性，其次，应充分考虑企业经营的内外部环境。

营运资金管理策略包括稳健型管理策略、激进型管理策略和配合型管理策略(图 5-1)。

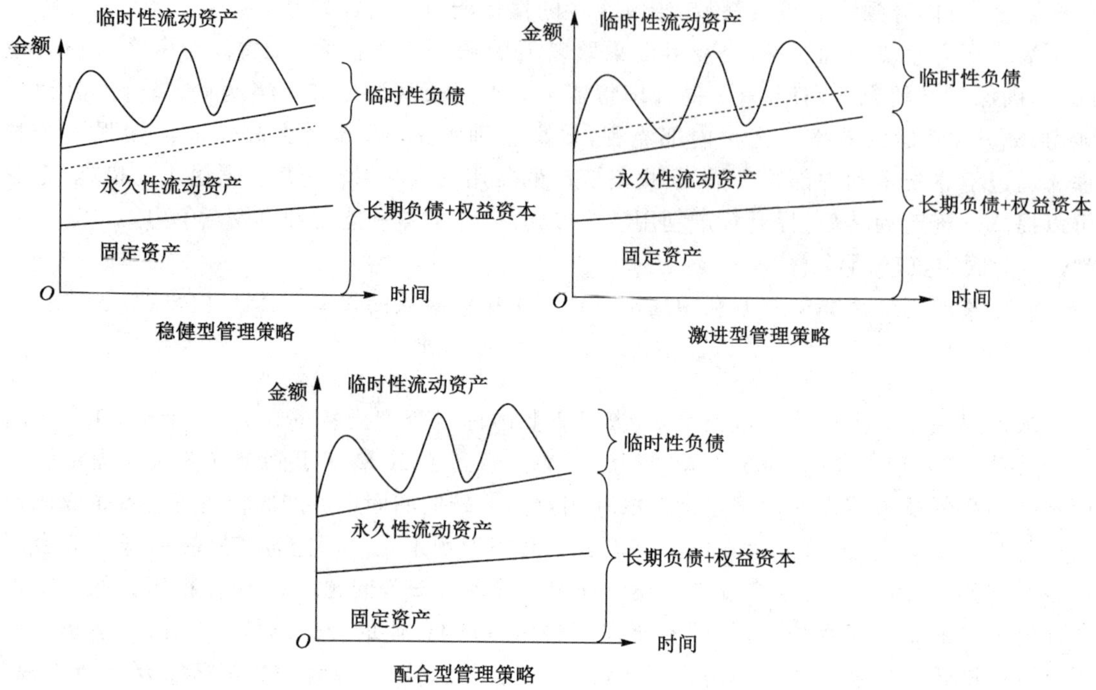

图 5-1　营运资金管理策略

5.2　现金管理案例

煤炭企业的现金收入主要来自销售煤炭,对于企业而言,如何将现金收入有效地管理起来,直接关系到其运营和发展。首先,企业应按照合同约定、规定的期限及时收取款项,并加强应收账款的管理,防止出现坏账;其次,应积极开展煤炭融资,提高企业的流动性和资金利用效率;最后,应加强财务核算和管理,及时了解企业的现金流状况,为资金管理提供科学依据。

煤炭企业的现金支出主要包括采购成本、研发费用、人力成本、债务偿还等,相应的,企业需要建立一个全面、严密的现金支出管理制度。在采购环节,企业应通过竞价、招投标等方式降低采购成本。在人力成本方面,企业应根据市场需求及自身发展实际情况调整人力资源的配置;在债务偿还方面,企业应加强负债管理,做好贷款、债券等借款产品的资金使用计划和偿还计划,防止贷款资金流向不明。

T 煤业公司主要开展煤炭相关业务,涉及煤炭资源开采、洗选加工和销售全流程,公司包括 14 个生产矿井和 4 个精煤选煤厂。公司位于国内一中部城市,区位优势明显,焦柳铁路及多条高速公路穿城而过,运输交通便利。T 煤业公司对煤炭产品主要采用直销方式进行销售,这也是公司的主要收入构成,其主营业务无明显变动。T 煤业公司的煤炭资源丰富、煤质优良、品种丰富,销售市场广阔。公司的核心竞争力体现在以下方面:

① 产品结构。T 煤业公司贯彻落实“精煤战略”,致力于产品结构优化以及动力煤转化,煤炭产品中洗精煤所占比例达到三分之二以上,煤炭洗选工艺领先于行业其他企业,重

视产品质量的提升，走可持续发展的道路。

② 地理与交通。T 煤业公司地理位置优越，地处中原地区，交通运输便利。具体表现为：公路上，矿区覆盖京广、京九和焦柳三大干线；铁路上，公司与中国国家铁路集团武汉局及郑州局有密切合作；海路上，借助连云港的航线优势，出口遍布欧洲、东南亚、南美洲和中东地区。这些保障了产品运输的时效性，不仅能直达中南、华南、华东、西南地区，还可远销至海外市场。

③ 煤炭质量。得益于先天优势，T 煤业公司的炼焦煤具有低硫、低灰、低磷、碱金属含量低、有害元素占比低、热态指标好的特点，在国内炼焦精煤品质中位居前列，可与世界一流优质炼焦精煤的澳大利亚峰景矿硬焦煤相媲美。

④ 技术水平。T 煤业公司在一些技术难题的攻克方面取得了一定成绩，包括矿井瓦斯治理、破解煤炭深部安全开采技术等。科技创新能力是公司发展的重要保障，公司获得国家级科技进步二等奖 6 项、省部级一等奖及以上奖励 16 项，授权国际发明专利 5 件、国内发明专利 300 多件。

⑤ 安全生产。T 煤业公司采取把风险控制在隐患前、隐患消灭在事故前的双预控模式。在瓦斯治理方面，实行抽采标准化、打钻视频化、计量精准化、一个钻孔就是一项工程的“三化一工程”，以及多元信息找规律、严格现场抓落实、预测预报堵漏洞的“三位一体”体系；在顶底板水害治理方面，采取超前探测、疏水解压等得力措施，预防重大事故的发生，重视安全生产。

T 煤业公司的经营关乎所有职能部门。各个部门正常高效地完成自己的工作计划和部门任务，才能推动企业发展，同时推动营运资金高效流转。T 煤业公司自成立以来，不断完善公司组织结构，目前公司的主要组织体系如图 5-2 所示。

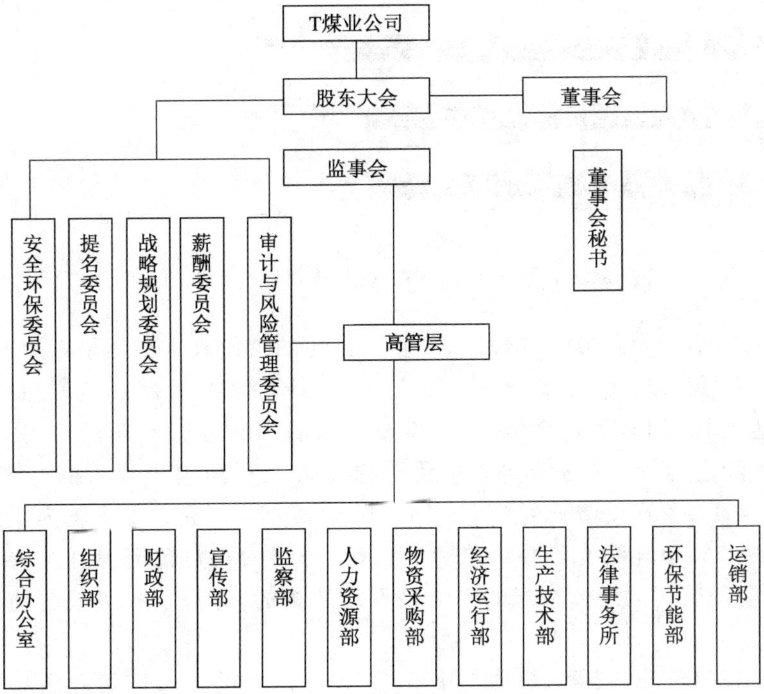

图 5-2　T 煤业公司组织结构

这些年以来，煤炭企业的发展历程可谓是一波三折，在社会经济发展和国家政策两大因素的影响下，经历过巅峰时期，也遭遇了低谷。在历时十年的黄金发展阶段之后，煤炭行业于 2012 年快速回落，产能过剩、价格持续走低、市场低迷等种种因素都在制约着煤炭资源企业的发展，往日的辉煌已经不复存在，现阶段新型能源发展势头正劲，煤炭资源在我国能源结构中的主导地位不断受到新型能源的挑战，收益连年下降且于 2015 年触及最低点。2015—2019 年 T 煤业公司经营情况如表 5-1 所示。2015—2019 年 T 煤业公司经营指标趋势如图 5-3 所示。

表 5-1　2015—2019 年 T 煤业公司经营情况

项目	2015 年	2016 年	2017 年	2018 年	2019 年
原煤产量/万吨	3 514.53	2 988.53	3 125.1	3 080.23	2 832.4
商品煤销量/万吨	3 177.51	2 594.34	2 690.78	2 579.18	2 556.06
平均售价/(元/吨)	312.43	409.38	644.59	661.28	2 556.06
商品煤销售收入/万元	992 747.59	1 062 074.5	1 734 442.93	1 705 549.33	1 908 152.15
商品煤销售成本/万元	892 325.66	785 379.55	1 307 308.17	1 306 866.48	1 440 267.03
商品煤销售毛利/万元	100 421.93	276 694.95	427 134.76	398 682.85	467 885.13

数据来源：由 T 煤业公司 2015—2019 年度报告整理计算所得。

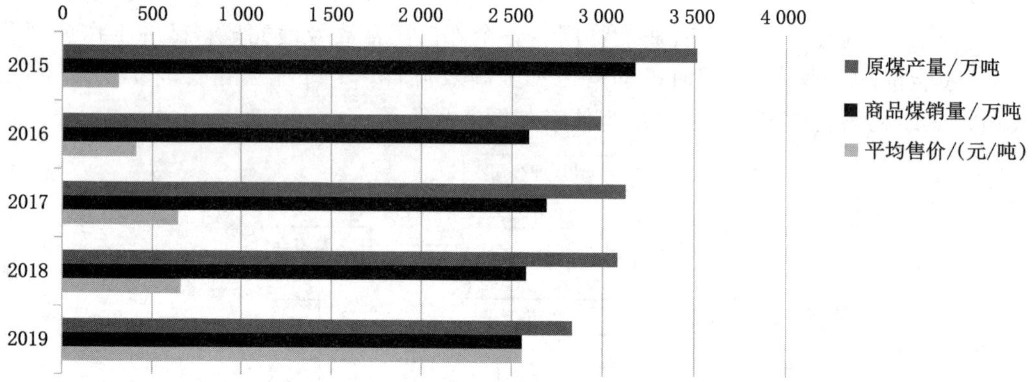

图 5-3　2015—2019 年 T 煤业公司经营指标趋势图

由表 5-1 可以看出，自 2015 年以后，T 煤业公司的销售收入整体呈现上升趋势，其中在 2018 年出现了小幅下降，由 2015 年的 992 747.59 万元增长到 2019 年的 1 908 152.15 万元，增长幅度达到 92.21%。近几年来，T 煤业公司的产品种类不断丰富，公司规模也有所扩张，销售收入随之增加。与此同时，商品煤的销售毛利同销售收入的变动趋势一致，由 2015 年的 100 421.93 万元增长到 2019 年的 467 885.13 万元。受到国内整体经济形势的影响，2015 年的公司净利润为负数。之后的几年，公司的收益情况得到改善。这说明了国内的经济大环境使公司的经营情况的影响是不可忽视的，经济下行可能会使公司财务状况产生一定波动。

结合图 5-3，2015—2019 年，总体上来看，T 煤业公司的原煤产量和商品煤销量呈现下降趋势。原煤产量从 3 514.53 万吨减少至 2 832.40 万吨，与此同时，商品煤销量从 3 177.5

万吨减少至 2 556.06 万吨，在 2016 年的下降幅度最大。但是，平均售价每年都有一定程度的上升。这主要是因为市场煤炭价格在 2015 年跌至谷底后的触底反弹。加上随着国家供给侧结构性改革和煤炭行业去产能等政策深入实施，煤炭市场形势稳中向好，煤炭价格合理回归，企业效益稳步增长。此外，商品煤销售毛利自 2015 年以来增幅明显，尤其是 2015—2017 年商品煤销售毛利翻了两番。这一状况的出现，除了受到社会经济和国家政策的影响之外，还因为公司不断加强产品结构调整，大力实施精煤战略，提升煤炭核心竞争力。

T 煤业公司流动资产结构的分析。T 煤业公司的流动资产结构分析主要是分析各流动资产项目在流动资产中所占的比例，如货币资金、应收票据、应收账款、存货、预付账款等项目。科学的流动资产结构可以对资金的高效运转、资产收益率以及财务风险的有效控制提供一定的保障。T 煤业公司 2015—2019 年流动资产各主要项目构成比例如表 5-2 和图 5-4 所示。

表 5-2　2015—2019 年 T 煤业公司的流动资产结构　　金额的单位：万元

项目	2015 年	2016 年	2017 年	2018 年	2019 年	平均数	占流动资产比例
货币资金	384 916	542 077	792 450	1 162 808	1 093 813	795 212.8	55.45%
应收票据	411 074	417 772	291 759	201 513	13 110	267 045.6	18.62%
应收账款	126 263	98 320	192 831	62 278	171 891	130 316.6	9.09%
预付账款	34 852	42 663	49 544	49 401	38 186	42 929.2	2.99%
存货	95 305	123 989	155 917	119 176	145 543	127 986	8.92%
其他应收款	11 761	10 791	13 025	13 535	10 870	11 996.4	0.84%
其他	11 889	13 379	18 229	34 181	215 465	58 628.6	4.09%
流动资产合计	1 076 060	1 248 991	1 513 755	1 642 892	1 688 878	1 434 115.2	100.00%

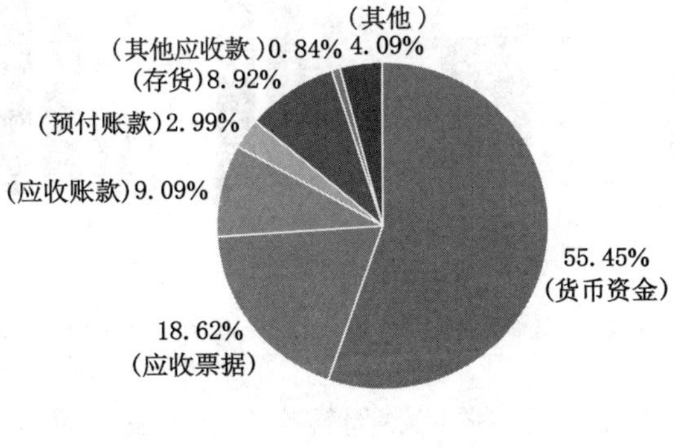

图 5-4　T 煤业公司的流动资产结构

如图 5-4 所示，T 煤业公司 2015—2019 年货币资金、应收账款、应收票据和预付账款的平均数值合计约占流动资产总额的 86%。其中，货币资金占比为 55.45%，说明公司要合理使用资金，提高企业的回报率，避免闲置资金的浪费和隐性亏损。应收票据、应收账款和存货的比重分别为 18.62%、2.99%、0.84%，公司还需注意应收票据、应收账款和存货管理制度的评价、考核和完善，预防坏账风险的发生。

5.3 应收账款管理案例

T 煤业公司常采用赊销手段来增加销售额和营业收入，以应对激烈的市场竞争和追求利益最大化。应收账款相对存货而言流动性更强，因而持有前者更具有流动性优势，然而，应收账款过多也无法避免公司的管理成本、机会成本和坏账损失的增加，不恰当的应收账款管理可能造成坏账过多，严重时会导致公司面临财务危机。所以严格的应收账款管理是不可或缺的，公司需寻找成本和收益之间的平衡点。2015—2019 年 T 煤业公司应收账款周转如表 5-3 所示，2015—2019 年 T 煤业公司应该收账款周转率对比情况如图 5-5 所示。

表 5-3　2015—2019 年 T 煤业公司应收账款周转

项目	2015 年	2016 年	2017 年	2018 年	2019 年
平均应收账款余额/万元	284 030.61	258 664.07	250 170.55	185 979.84	112 198.13
应收账款周转率	4.38	5.69	8.29	10.84	21.07
应收账款周转期/天	82.17	63.29	43.42	33.22	17.09

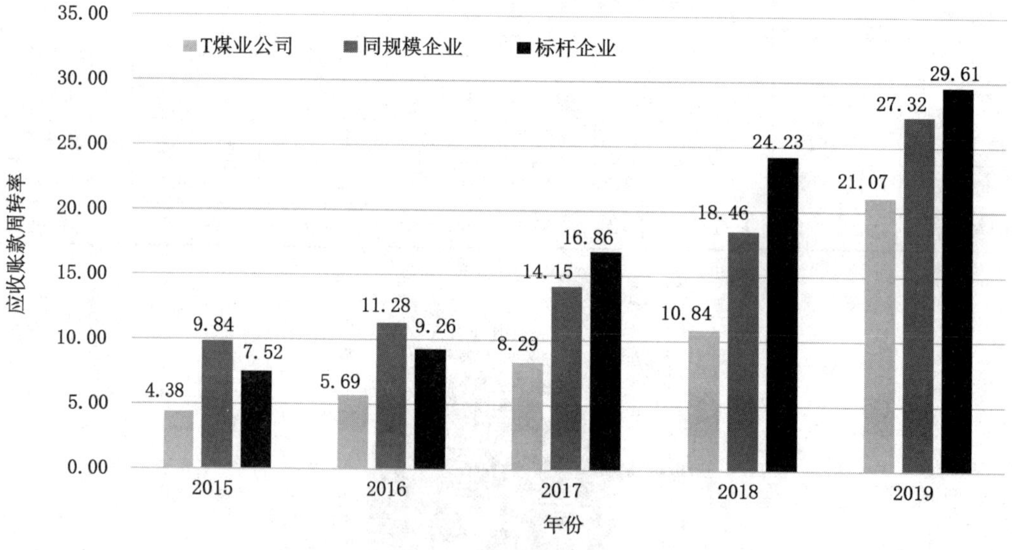

图 5-5　2015—2019 年 T 煤业公司与同规模企业、标杆企业应收账款周转率对比

根据表 5-3，通过对 T 煤业公司应收账款周转率及应收账款周转期的计算可知，2015—2019 年，T 煤业公司的应收账款周转期呈现连年下降走势，从 2015 年的 82.17 天下降至 2019 年的 17.09 天。应收账款周转期的缩短等同于应收账款周转率的提高。

应收账款周转率也是衡量营运资金流动性的重要指标之一，它是主营业务收入与平均应收账款余额的比值；区别于存货周转率和应收账款周转率，它的分子部分是主营业务收入而非销售成本。由表 5-3 及图 5-5 可知，T 煤业公司 2015—2019 年应收账款周转率连续上升。但是，与同规模企业和标杆企业相比，T 煤业公司 2015—2019 年应收账款周转率一直较低，这表明 T 煤业公司应收账款管理需要进一步加强。

5.4　存货管理案例

存货是营运资金三大核心要素之一，存货周转率这一指标用于衡量存货的周转速度，是某一阶段的销售成本与平均存货余额的比值。较高的存货周转率意味着存货从投入到销售用时较短，资金流动性强。存货周转期与存货周转率之间反向变动，存货周转期越小表明流动性越好。同时，存货周转期也是公司在优化存货管理时会加以考虑的指标。2015—2019 年 T 煤业公司的存货周转情况如表 5-4 所示，2015—2019 年 T 煤业公司存货周转率对比情况如图 5-6 所示。

表 5-4　2015—2019 年 T 煤业公司存货周转

项目	2015 年	2016 年	2017 年	2018 年	2019 年
平均存货余额/万元	111 644.81	109 524.23	139 952.76	133 525.09	132 359.69
存货周转率	10.15	10.81	11.64	12.10	14.16
存货周转期/天	35.48	33.30	30.92	29.74	25.43

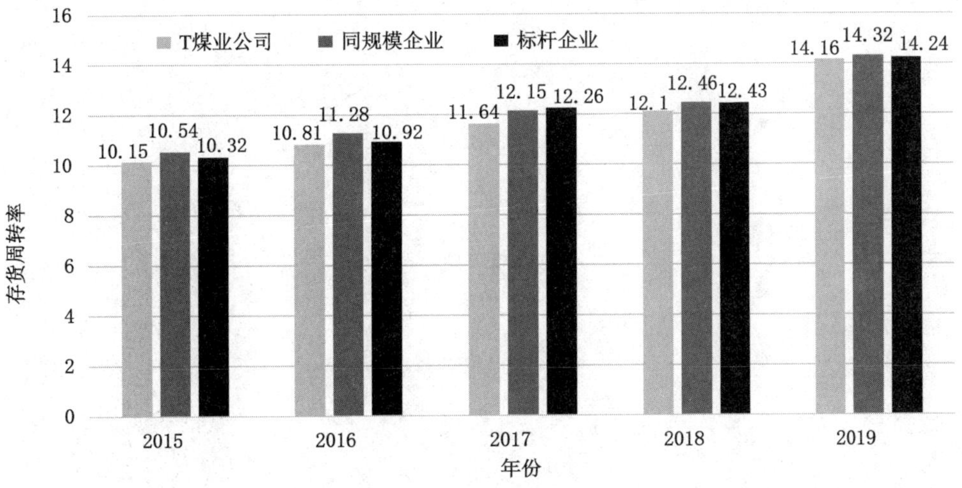

图 5-6　2015—2019 年 T 煤业公司与周规模企业、标杆企业存货周转率对比

根据表 3-8 可知，T 煤业公司的平均存货余额先上升后小幅下降，从 2015 年的 111 644.81 万元增加到 2017 年的 139 952.76 万元，接着减少到 2019 年的 132 359.69 万元。存货周转期由 2015 年的 35.48 天下降到 2019 年的 25.43 天，存货周转期明显缩短，说明公司的存货管理水平有一定程度的提高。

由表 5-4 及图 5-6 可以看出，2015—2019 年 T 煤业公司的存货周转率逐年连续上升，由 2015 年的 10.15 上升到 2019 年的 14.16，与同规模企业及标杆企业的存货周转率走势一致，在一定程度上说明了 2015 年煤炭行业中各个企业普遍存在存货积压严重的情况，后来随着市场整体情况的好转而使存货积压情况有所好转。但是 T 煤业公司与同规模企业及标杆企业对比，存货周转率稍低。这表明 T 煤业公司存货管理还有进步空间，公司的营运资金管理有待加强。

思考题

1. 简述煤炭企业储备存货的动因。
2. 简述煤炭企业现金的持有动机与成本。
3. 简述煤炭企业营运资金的特点。
4. 简述煤炭企业应收账款的作用与成本。

第 6 章　煤炭企业利润分配管理

6.1　理论综述

6.1.1　股利分配的概念

股利是股息和红利的总称，是公司向股东分配的公司盈余。股息，是指公司根据股东出资比例或持有的股份，按照事先确定的固定比例向股东分配的公司盈余；而红利是公司除股息之外根据公司盈利的多少向股东分配的公司盈余。显然，股息或股息率是相对固定的，而红利是不固定的，由股东大会根据股息以外公司盈余的多少而作出决议。

目前，股利分配方式主要有四种：现金股利、股票股利、财产股利及负债股利。

① 现金股利。现金股利是指企业将应分配给投资者的股利直接用现金支付，这是最普遍的股利发放方式，并且也最受投资者欢迎。公司支付现金股利要具备两个条件：一要有累计盈余，特殊情况时可以用弥补亏损之后的盈余公积支付；二要有足够的现金。上市公司分配现金股利可以降低代理成本，一定程度上规避管理层的道德风险，还可以促进管理层积极为股东创造价值。同时，还能够向市场传递公司盈利以及未来发展良好的信号，有助于提升公司形象。但也要注意，股东在接受现金股利时，需要缴付税金。

② 股票股利。股票股利是股份有限公司以股票的形式向股东支付的股利。这种股利通常是按现有股东持有股份的比例来分派的，因此，这种股利分配方式不会涉及公司的现金流增减。获得股票股利的股东，其所持有的股票数量虽有所增加，但其在公司所占权益的份额依旧不变。适当的股利政策不仅可以树立公司良好的形象，激发广大投资者的投资热情，同时也能促使上市公司管理层努力工作，从而提高公司的价值。

③ 财产股利。财产股利是以现金之外的资产作为股利支付，主要是该公司拥有的其他公司的有价证券，如股票、债券等。

④ 负债股利。负债股利是公司以负债形式支付的股利，通常是公司的应付票据，也有发债抵付的情况。应注意的是，财产股利和负债股利在我国公司中很少使用。

股利发放的数量与形式能够给公司带来不同的影响。发放较多股利能给市场带来企业经营良好、盈利能力强的信息，使更多的投资者对公司发展前景有信心，有利于投资者持续持有或者追加投资该企业。如果企业不发放股利或者发放极少量股利，尤其是经营业绩良好的前提下股利分配较少，则会使现有投资者及其他潜在投资者收到警示，该企业可能存在业绩隐瞒，未来发展持续性不足，从而导致现有投资者可能选择放弃投资，潜在的投资者也可能会放弃选择投资该公司。

煤炭企业上市公司在制定股利分配政策时，要遵循一定的原则，并充分考虑影响股利分配政策的相关因素与市场反应，使公司的收益分配规范化。因此，本章将以我国煤炭上市公司为研究对象，对股利分配活动的过程和结果进行分析，阐述股利分配政策的特点和影响，识别影响煤炭企业上市公司股利分配的影响因素，从而理解股利分配对煤炭企业经营的重要意义。

6.1.2 股利分配理论

股利分配理论是制定股利政策的重要依据。尽管有很多理论和实证研究用来解释公司股利政策，关于最优股利政策却没有一个定论。西方的股利理论发展得比较早且比较成熟，因此本书中仅列出几个西方典型的股利分配理论。

(1) MM 股利无关论

MM 股利无关论认为股利分配对公司的市场价值(或股票价值)不会产生影响。这一理论是美国经济学家莫迪利亚尼与米勒于 1961 年基于完美资本市场的假设提出的。他们认为在完美资本市场下，投资者并不关心公司股利的分配，并且股利的支付比率不影响公司的价值。该理论因它的简洁、深刻和抽象在理论界引起很大反响，被认为是现代公司股利分配政策理论的基石。

(2) 代理理论

代理理论是解释股利政策的主流理论之一。该理论认为，上市公司的经理在很多情况下，不会以能使股东财富最大化的方式来管理企业，而是把企业的资源投放到能证明其自身能力与价值的项目上来。然而，股东则希望把经理自由控制的现金降到最低限度。经理可自由支配的现金越少，就越难投资于净现金流量现值为负数的项目。因此，通过发放股利可以有效地降低自由现金流量，从而减少剩余损失，降低代理成本，增加企业的价值。

(3) 信号传递理论

在非完美市场中，公司管理层与企业外部投资者之间存在信息不对称的情况，股利是管理者用来向外界传递有关公司未来前景信息的一种手段，这就是信号传递理论的基本思想。股利传递信号理论为解释股利是否具有信息量提供了一个基本分析逻辑，鉴于股东与投资者对股利信号信息的理解不同，所作出的对企业价值的判断也不同。

信号传递理论可以被认为是管理层向外界传递公司经营情况的一种信息，上市公司现金分红数额高且连续性好，被认为是公司管理层通过不断改善公司治理，提升公司的经营业绩，对公司发展前景充满信心的结果，预示着公司未来经营业绩将不断提升，现金分红传递出公司较好发展前景信息；反之，上市公司降低现金分红数额或不进行现金分红则可能反映出公司经营绩效不佳、前景不好等消极信息。事实上，偶尔高额现金分红不一定传递出公司利好的消息，对于成熟期的公司，盈利能力稳定但缺乏较好的投资项目时，也可能高额现金分红。

(4) "一鸟在手"理论

"一鸟在手"理论最具有代表性的文献是 1959 年戈登(Gordon)在《经济与统计评论》上发表的《股利、盈利和股票的价格》，该理论认为股东更偏好于现金股利而非资本利得，也就是说由于企业在经营过程中存在着诸多的不确定性因素，股东会认为现实的现金股利要比未来的资本利得更为可靠，会更偏好于确定的股利收益。因此，随着公司股利支付率的提高，公司股利支付的越多，其股价就越高，公司价值因此也会上升。反之，当公司降低其股利支付率时，其股价就会降低，公司的价值也会降低。

"一鸟在手"理论以投资者的心理为研究出发点，认为股利支付会影响公司的价值，强调了公司支付股利的重要性，在实践中被广泛接受。但其也存在局限性：一是混淆了股利政策和投资决策对股价的影响。留存收益在投资中形成的收益和风险主要是由投资决策决定的，而不是由股利政策所决定的。二是该理论并没有量化股利政策对股价变动的影响，只是停留在定性描述阶段。

6.1.3　股利分配政策

本部分从股利分配政策的基本内容和股利分配政策的基本类型两个方面进行阐述。

（1）股利分配政策的基本内容

① 股利支付形式：以现金股利、股票股利还是其他某种形式支付股利。

② 股利支付率：每股实际分配的股利与本期净利润的比率。

③ 股利政策的类型：采取固定股利政策，还是稳定增长股利政策，或是剩余股利政策等。

④ 股利支付程序：确定股利宣告日、股权登记日、除权除息日和股利支付日等具体事宜。

（2）股利分配政策的基本类型

① 剩余股利政策。剩余股利政策是在公司有着良好的投资机会时，根据一定的目标资本结构（最佳资本结构），测算出投资所需的权益资本，先从盈余当中留用，然后将剩余的盈余作为股利予以分配。若无剩余，则不分配。公司使用该种分配政策的根本理由是为了保持理想的资本结构，使加权平均资本成本最低。

② 固定或持续增长股利政策。这一股利政策是将每年发放的股利固定在某一相对稳定的水平上并在较长时期内不变，只有公司认为未来盈余会显著地不可逆转地增长时，才会提高年度的股利发放额。使用该种分配政策可以给市场传递公司正常发展的信息，有利于树立公司良好形象，增强投资者对公司的信心，稳定股价。当然这种分配方式也存在弊端，这种方式与公司的盈余严重脱节，在公司盈利下降时会给公司带来沉重的财务负担。

③ 固定股利支付率政策。固定股利支付率政策指公司将每年净利润的某一固定百分比作为股利分配给股东。固定股利支付率越高，公司留存的盈余越少，各年股利支付额随公司经营状况的好坏而上下波动。这种股利分配政策一方面使得股利与公司盈余紧密结合，盈利高的年份股利高，盈利低的年份股利低，体现了"多盈多分、少盈少分、无盈不分"的股利分配原则；另一方面使得企业的股利支付极不稳定。股利通常被认为是公司未来发展前途的信息来源，波动的股利向市场传递公司未来收益前景不明确、不可预测的信息，容易给投资者带来经营不稳定、投资风险大的不良印象。

④ 低正常股利加额外股利政策。该政策是指公司在一般情况下每年支付固定的、数额较低的股利，在盈余多的年份再根据实际情况向股东发放额外股利。但额外股利并不固定化，不意味着公司永久地提高了规定的股利支付率。这种股利政策使公司具有较大的灵活性，还可以使那些依靠股利度日的股东每年至少可以得到较低但比较稳定的股利收入，从而吸引住这部分股东。

6.1.4 财务因素对股利政策的影响

影响公司股利政策的因素有很多,本部分主要探讨财务因素对股利政策的影响。

(1) 变现能力

企业的变现能力是影响公司股利政策的重要部分。企业要想正常经营,必须保证资金的灵活运作。在公司资金充足的状况下,公司资产的变现能力增强,进而公司的支付股利能力就会随之增强。如果公司的现金资产用于偿债,而消耗大量资产,那么公司的变现能力就会变差,会采取降低支付股利,尤其是现金股利的政策。因此,企业的支付能力,以及支付现金股利的水平,常常会受到变现能力的影响。

(2) 盈利能力

企业的盈利能力决定了企业当期可用于股利分配的剩余收益,企业盈利能力较好时,企业有能力分配较高的现金股利;反之,企业可适当减少当期现金股利的分配。

(3) 运营能力

企业资产转化为收益的能力水平,就是企业的运营能力。运营能力反映未来可分配的剩余收益多少,运营能力强的上市公司未来收益的保证度较高,股利分配的数据较好,传递利好信号较强。

(4) 偿债能力

公司的偿债能力,对于其股利分配政策具有巨大的影响,由于公司债权人的权益较高,其一般高于股东权益,所以公司会优先考虑债权人,保证一定的资金支付债务,再对股东的股利进行支付。

此外,确定股利政策时需要考虑许多因素,这些因素通常是相互关联和制约的,产生的影响无法通过固定方法来分析,投资机会、股东心理、宏观经济环境等因素是影响公司进行股利分配的非财务因素。

6.1.5 我国煤炭上市公司股利分配情况

6.1.5.1 煤炭上市公司现状

煤炭作为世界重要的三大能源之一,在能源消费构成中占有非常重要的地位。2022年,党的二十大胜利召开,描绘了全面建设社会主义现代化国家、以中国式现代化全面推进中华民族伟大复兴的宏伟蓝图。我国经济经受住了多重超预期因素冲击,资本市场服务实体经济功能持续提升,上市公司高质量发展进入新阶段。

2022年,我国境内首发上市公司424家,总数增至5 079家。注册制改革释放活力,上市公司群体持续壮大,引领高质量发展态势明显。2022年全年,境内上市公司共实现营业收入71.53万亿元,同比增长7.2%;实现净利润5.63万亿元,同比增长0.8%,整体业绩保持平稳增长态势。受2022年煤炭现货价格涨幅影响,煤炭板块整体向好发展。2022年全年,申万煤炭、上证综指涨跌幅分别为10.95%、−9.05%,申万煤炭行业指数高于上证综指20个百分点。从煤炭行业整体业绩上看,2022年煤炭行业上市公司实现营业收入合计15 785.3亿元,同比上升7.5%;归母净利润合计实现2 433.8亿元,同比上升53.6%,归母净利润的增幅相较于营业收入增加高47.1%,盈利水平已达到历史最高水平,行业ROE达到23.09%,同时经营性现金流表现比净利润更好,货币资金/总资产为23%,达到历史高位。从分配情况上看，煤炭行业的高分红趋势延续，2022 年 29 家上市煤炭公司的现金分红比例为 56.4%，虽然同比减少 7.1 个百分点，但是受益于板块归母净利润的高增长，板块分红绝对金额实现 1 373.7 亿元，同比增长 36.5%。根据分红率可知，2022 年现金分红最高的五个行业是纺织服装(58.4%)、食品饮料(53.9%)、传媒(51.9%)、公用事业(50.5%)、煤炭(49.8%)。根据股息率可知，2022 年股息率最高的五个行业分别是煤炭(7.08%)、钢铁(6%)、石油石化(5.97%)、银行(5.72%)、交通运输(4.32%)。近年来，煤炭企业业绩高增、现金流充裕，具有较强分红能力。截至 2023 年 1 月，煤炭行业近一半公司为净现金公司，中国神华、陕西煤业、潞安环能、中煤能源等净负债为负，行业平均资产负债率为 51.09%，中国神华、陕西煤业、潞安环能、晋控煤业、上海能源等资产负债率及有息负债率低于行业中位水平，行业大部分公司可以在一年左右偿还有息负债。此外，兖矿能源 2023 年 6 月公告，2023—2025 年每年现金股利的总额不少于可供分配净利润的 60%(2022 年实际为 69.33%)，且每股现金股利不低于 0.5 元。中国神华承诺分红由“不少于公司当年实现的归属于本公司股东的净利润的 50%”提高至 60%；陕西煤业也将可供分配利润的 40%用来分红提高至 60%；山煤国际承诺 2024—2026 年公司现金分红比例不少于当年实现的可供分配利润的 60%。2022 年中国神华承诺分红 60%，实际分红 72.77%；陕西煤业承诺分红 60%，实际分红 60.17%；兖矿能源承诺分红 50%(2023 年提高承诺至 60%)，实际分红 69.33%；山西焦煤承诺分红 10%，而实际分红 63.54%；盘江股份承诺分红 10%，实际分红 40.11%。可见，根据目前分红情况上看，煤炭企业实际分红率高于承诺。从具体经营表现上看，中国神华 2023 年上半年财务公告显示，神华累计实现商品煤炭产量 160.7 百万吨，同比增长 2%；煤炭销售量 217.9 百万吨，同比增长 3.7%；总发电量 1002 亿千瓦时，同比增长 18.2%；总售电量 942.6 亿千瓦时，同比增长 18.4%。陕西煤业 2023 年上半年财务公告显示，该公司实现煤炭产量 8 406 万吨，同比增长 10.37%；自产煤销量 8 336 万吨，同比增长 11.13%。两家煤企的煤炭产量、销量同比均呈上涨趋势。但在煤炭市场供求关系的影响下，受煤炭价格下降影响，两家公司的利润同比有下降趋势，业绩下滑。总体来看，我国煤炭上市公司的现状及未来发展前景都很可观。

6.1.5.2　煤炭上市公司股利分配特征

根据同花顺数据，以证监会行业分类中采矿业为样本进行分析，可得出煤炭上市公司股利分配具有如下特征：

(1) 不分配现金股利的煤炭上市公司比例下降

采矿业上市公司 2016—2022 年现金分配比例如表 6-1 所示。

表 6-1　采矿业上市公司 2016—2022 年现金分配比例　　单位：%

证券代码	证券名称	2016 年	2017 年	2018 年	2019 年	2020 年	2021 年	2022 年
600028.SH	中国石化	44.34	94.74	49.90	39.94	47.80	52.71	35.26
600121.SH	郑州煤电	—	—	33.30	—	—	—	—
600123.SH	兰花科创	—	32.16	31.71	34.47	30.49	36.42	35.44
600188.SH	兖矿能源	28.55	34.82	33.54	32.87	68.44	60.87	69.33
600256.SH	广汇能源	76.19	51.40	38.96	—	—	52.46	45.84
600259.SH	广晟有色	—	—	—	—	—	—	—

表 6-1(续)

证券代码	证券名称	2016 年	2017 年	2018 年	2019 年	2020 年	2021 年	2022 年
600301.SH	华锡有色	—	—	—	—	—	—	—
600338.SH	西藏珠峰	—	—	2.90	—	—	—	—
600339.SH	中油工程	—	30.83	30.40	30.56	30.04	30.38	30.21
600348.SH	华阳股份	—	30.11	34.16	39.59	39.95	34.03	30.02
600395.SH	盘江股份	202.64	66.03	70.06	60.68	76.78	73.24	40.11
600397.SH	安源煤业	—	—	—	—	—	—	—
600403.SH	大有能源	—	30.36	30.10	30.17	—	64.92	66.09
600489.SH	中金黄金	33.33	35.55	35.23	50.12	50.01	64.04	64.34
600497.SH	驰宏锌锗	—	13.22	57.22	78.62	53.97	104.54	91.24
600508.SH	上海能源	16	30.64	30.60	30.07	30.06	30	30.32
600547.SH	山东黄金	14.37	6.53	25.28	24.04	9.56	−115.48	25.13
600583.SH	海油工程	33.61	45.02	277.10	949.92	85.19	95.65	30.34
600711.SH	盛屯矿业	15.88	27.47	8.62	32.34	45.53	10.42	—
600758.SH	辽宁能源	30.67	31.52	30.45	30.26	—	—	40.73
600759.SH	*ST 洲际	37.08	—	—	—	—	—	—
600777.SH	新潮能源	—	—	—	—	—	—	—
600871.SH	石化油服	—	—	—	—	—	—	—
600925.SH	苏能股份	—	—	—	—	—	—	—
600938.SH	中国海油	—	—	—	—	—	68.22	22.71
600968.SH	海油发展	—	—	—	30.50	30.06	43.56	35.76
600971.SH	恒源煤电	—	32.59	33.59	37.23	51.24	43.25	47.76
600985.SH	淮北矿业	33.33	30.30	30.60	35.93	42.85	36.33	37.16
600988.SH	赤峰黄金	—	—	—	—	—	—	—
601001.SH	晋控煤业	—	—	—	—	—	14.37	34.64
601020.SH	华钰矿业	33.70	20.73	21.07	—	—	—	—
601069.SH	西部黄金	32.16	32.08	65.43	30.97	30.37	30.61	30.38
601088.SH	中国神华	40.28	40.19	39.90	57.94	91.91	100.39	72.77
601101.SH	昊华能源	—	30.72	31.62	32.04	75.16	32.76	36.44
601121.SH	宝地矿业	—	—	—	—	—	—	51.17
601168.SH	西部矿业	119.39	91.43	—	23.66	31.50	16.25	96.81
601225.SH	陕西煤业	39.93	40	29.10	29.98	52.11	61.91	60.17
601666.SH	平煤股份	—	—	—	59.99	60.07	60.21	35.18
601699.SH	潞安环能	31.41	30.86	30.11	30.06	30.05	30.01	60.17
601808.SH	中海油服	−2.08	865.80	471.75	30.51	30.01	228.54	32.45
601857.SH	中国石油	88.06	48.77	31.32	26.45	84.20	19.11	26.96
601898.SH	中煤能源	25.52	30.20	30.11	29.93	30.09	30.05	30.02

表 6-1(续)

证券代码	证券名称	2016 年	2017 年	2018 年	2019 年	2020 年	2021 年	2022 年
601899.SH	紫金矿业	75.11	59.09	56.26	59.24	48.54	33.60	26.27
601918.SH	新集能源	—	—	9.91	8.99	10.70	7.45	13.80
601958.SH	金钼股份	—	120.31	84.61	170.14	443.19	65.21	72.52
601969.SH	海南矿业	—	—	—	—	—	—	32.52
603132.SH	金徽股份	—	—	—	—	—	—	—
603505.SH	金石资源	—	31.12	31.39	32.10	30.09	30.19	31.02
603619.SH	中曼石油	—	30.42	30.70	—	—	60.48	19.86
603727.SH	博迈科	30.14	31.97	96.03	65.66	43.23	42.38	65.40
603979.SH	金诚信	13.18	21.38	14.86	14.92	12.64	12.64	11.85
603993.SH	洛阳钼业	59.22	60.18	51.25	50.01	30.61	35.34	30
605086.SH	龙高股份	—	—	—	—	—	50	41.07
900948.SH	伊泰 B 股	30.15	30.06	39.33	30.06	−111.92	35.01	—
000426.SZ	兴业银锡	41.77	6.61	—	—	—	—	17.96
000506.SZ	中润资源	—	—	—	—	—	—	—
000552.SZ	甘肃能化	20.63	41.41	39.93	43.58	50.34	16.29	20.37
000603.SZ	盛达资源	178.78	—	—	15.39	—	—	—
000655.SZ	金岭矿业	—	—	—	—	25.83	23.26	14.66
000688.SZ	国城矿业	—	27.58	—	—	10.42	—	21.10
000758.SZ	中色股份	13.31	14.70	24.67	—	—	—	—
000762.SZ	西藏矿业	—	—	—	—	—	—	—
000923.SZ	河钢资源	—	—	4.87	12.35	6.72	15.05	29.39
000937.SZ	冀中能源	144.83	33.20	40.52	39.20	179.94	128.99	79.27
000968.SZ	蓝焰控股	—	—	—	8.68	38.74	15.85	10.31
000975.SZ	银泰黄金	—	87.11	59.10	45.90	55.87	54.52	69.14
000983.SZ	山西焦煤	7.99	8.03	52.45	18.43	20.94	64.24	63.54
001203.SZ	大中矿业	—	—	—	—	—	—	45.73
001337.SZ	四川黄金	—	—	—	—	—	—	42.28
002128.SZ	电投能源	59.51	27.94	—	31.16	37.12	26.99	28.11
002155.SZ	湖南黄金	42.36	—	17.78	22.57	—	19.85	27.48
002192.SZ	融捷股份	—	—	—	—	—	—	10.43
002207.SZ	准油股份	—	—	—	—	—	—	—
002554.SZ	惠博普	20.43	12.05	—	10.05	—	10.57	10.15
002629.SZ	仁智股份	—	—	—	—	—	—	—
002683.SZ	广东宏大	56	43.13	49.55	46.09	40.83	46.78	40.05
002828.SZ	贝肯能源	23.40	18.82	27.01	28.03	48.38	56.40	—
002978.SZ	安宁股份	—	—	—	—	28.62	13.97	18.31

表 6-1(续)

证券代码	证券名称	2016 年	2017 年	2018 年	2019 年	2020 年	2021 年	2022 年
300084.SZ	海默科技	54.38	44.80	—	16.71	—	—	—
300157.SZ	新锦动力	—	—	—	—	—	—	—
300164.SZ	通源石油	20.04	20.36	43.55	91.02	—	—	—
300191.SZ	潜能恒信	28.16	−19.07	22.07	24.45	61.05	18.67	15.59
300483.SZ	首华燃气	33.32	31.73	—	9.19	—	—	—

数据来源：同花顺 iFind。

对表 6-1 进行分析可知，2016—2022 年间采矿业有 83 家上市公司，其中有 13 家没有在此期间进行现金股利分配，占比 15.67%；分配次数小于或等于 3 次的共有 20 家，占比 24.09%。也就是说，低频次现金股利分配的比重总额为 39.76%(15.67%+24.09%)。相比于前一周期(2011—2015 年，表 6-2)，煤炭上市公司不进行现金股利分配的公司数量变化不大，但由于上市公司基数增加，不分配现金股利分配的煤炭企业上市公司占比下降。

表 6-2　煤炭上市公司 2011—2015 年股利分配统计情况

上市公司数量	2011 年	2012 年	2013 年	2014 年	2015 年
	35	36	36	37	37
不分配股利公司数量	11	12	11	13	17
所占比例	31.43%	33.33%	30.56%	35.14%	45.95%

数据来源：张亚萍. 煤炭业上市公司股利政策研究[J]. 现代经济信息，2017(19)：305-308.

煤炭上市公司不分配股利的公司数量，受到公司所处的行业环境和投资者对股利关注度等多方因素影响，比重有下降的趋势，上市公司股票价格的变动受股利政策的影响，企业价值最大化目标最终受到股票价格变动的影响。对于这种现象，上市公司必须要考虑到公司现实利益和长远利益，然后根据这种现象制定出最优的股利政策。

(2) 分红意识不断提升

如表 6-3 所示，据同花顺数据统计，2016—2022 年，新证监会行业分类 83 家采矿业企业中，有 70 家实施现金股利分红，占比 84.33%。煤炭上市公司分红数量不断壮大，高比例分红的公司也越来越多。据统计，上市公司年度分红金额占年度净利润比例不低于 30%的公司越来越多，2016—2022 年累计股利支付率不低于 30%的上市公司数共 33 家。公司在制定股利政策时往往会受到行业背景或自身生命周期的影响。通常来说，制造业和能源行业的股利分配比例较高，但若是遇到行业不景气的情况下，可能会降低股利分配的比例致使股利分配率不稳定。处于初创期或成长期的企业由于资金需求量大，因此留存收益可能较少，用作股利分配的资金不多。而当企业发展至成熟期，投资机会较少时，可能更多地将资金当作股利分配给股东，由此造成了股利分配的不稳定。综上所述，股利支付率的高低应根据具体情况来确定。对于追求稳定现金流的投资者来说，高的股利支付率可能更具吸引力。然而，从公司的角度来看，低的股利支付率可能更有利于实现增长和竞争力。因此，在决定是否投资于某个公司时，应该根据公司的财务状况、行业特点和个人投资目标来综合考虑。

表 6-3　2016—2022 年现金股利支付率明细

名称	分红次数	分红总额/万元	净利润/万元	现金股利支付率/%
大有能源	5	222 991.07	105 469.20	211.43
金钼股份	7	364 606.30	312 300.75	116.75
驰宏锌锗	7	281 205.36	262 788.23	107.01
冀中能源	7	989 393.12	1 106 425.91	89.42
西部矿业	6	469 451	659 076.90	71.23
中国神华	8	21 306 421.04	31 393 100	67.87
盘江股份	7	470 130.90	733 788.86	64.07
中国石化	14	23 919 041.02	38 864 900	61.54
辽宁能源	5	32 133.69	53 166.62	60.44
银泰黄金	7	323 744.93	571 189.70	56.68
中金黄金	7	360 980.49	639 796.62	56.42
中国石油	14	21 629 875	38 949 300	55.53
海油工程	7	225 489.09	410 457.46	54.94
山西焦煤	7	1 192 061.52	2 329 556.03	51.17
陕西煤业	7	5 394 890	10 698 578.68	50.43
广东宏大	7	96 676.85	219 083.05	44.13
潞安环能	7	1 376 347.37	3 148 891.01	43.71
恒源煤电	6	338 601.38	816 166.24	41.49
广汇能源	5	899 423.07	2 187 870.62	41.11
博迈科	7	30 456.95	74 709.32	40.77
兖矿能源	8	3 028 664.14	7 956 612.90	38.06
平煤股份	4	530 029.69	1 403 507.79	37.76
兰花科创	6	293 596.80	781 587.52	37.56
淮北矿业	7	828 370.57	2 264 491.17	36.58
金徽股份	2	52 420.80	148 625.60	35.27
洛阳钼业	7	809 172.60	2 372 018.62	34.11
昊华能源	6	168 959.76	500 586.78	33.75
中曼石油	5	30 863.08	91 920.81	33.58
华阳股份	6	575 276	1 780 297.17	32.31
电投能源	7	536 808.88	1 668 963.54	32.16
西部黄金	7	16 633.07	52 632.10	31.60
甘肃能化	8	194 265.52	620 942.41	31.29
紫金矿业	7	1 699 397.19	5 594 871.79	30.37
金石资源	6	35 315.93	119 273.88	29.61
安宁股份	6	144 360	491 202.65	29.39
上海能源	7	144 688.14	498 802.29	29.01

表 6-3(续)

名称	分红次数	分红总额/万元	净利润/万元	现金股利支付率/%
潜能恒信	7	3 840	13 558.54	28.32
海南矿业	1	20 000.49	75 341.57	26.55
大中矿业	2	104 982.15	395 802.15	26.52
西藏珠峰	4	108 399.21	442 265.90	24.51
海油发展	4	225 665.31	931 929.47	24.21
中油工程	6	135 670.48	575 146.21	23.59
伊泰 B 股	6	774 456	3 379 892.38	22.91
中煤能源	7	1 049 734.45	5 092 858.10	20.61
山东黄金	8	146 873	790 475.07	18.58
盛屯矿业	6	47 102.55	258 190.25	18.24
盛达资源	2	43 030.95	242 234.75	17.76
湖南黄金	5	33 657.11	190 025.57	17.71
晋控煤业	2	172 391.10	1 091 932.15	15.79
龙高股份	2	8 448	53 771.28	15.71
华钰矿业	4	17 352.36	121 411.03	14.29
金诚信	7	33 383.61	242 284.95	13.78
河钢资源	5	52 871.05	384 460.02	13.75
宝地矿业	1	10 240	77 117.07	13.28
兴业银锡	3	10 597.23	82 253.51	12.88
融捷股份	1	25 446.21	223 759.14	11.37
四川黄金	1	8 400	81 218.29	10.34
新集能源	5	63 468.27	644 660.57	9.85
国城矿业	3	16 818.55	176 269.38	9.54
蓝焰控股	5	25 155.07	310 318.87	8.11
首华燃气	4	1 354.21	31 312.38	4.32
中国海油	3	685 299.03	35 069 754.34	1.95
*ST 洲际	1	1 598.43	−156 473.65	−1.02
新锦动力	1	7 127.72	−357 430.36	−1.99
海默科技	3	1 539.06	−72 540.83	−2.12
郑州煤电	1	5 076.72	−186 280.97	−2.73
通源石油	4	9 959.22	−80 113.35	−12.43
中色股份	3	9 846.89	−23 346.82	−42.18
惠博普	5	7 163.51	−11 922.64	−60.08
中海油服	7	242 758.38	−348 109.16	−69.74
贝肯能源	6	7 641.01	−5 082.48	−150.34
金岭矿业	3	11 906.80	−3 723.02	−319.82

表 6-3(续)

名称	分红次数	分红总额/万元	净利润/万元	现金股利支付率/%
中润资源	—	—	−78 531.76	—
西藏矿业	—	—	84 625.79	—
准油股份	—	—	−38 039.48	—
仁智股份	—	—	−62 232.01	—
广晟有色	—	—	24 695.38	—
华锡有色	—	—	11 561.30	—
安源煤业	—	—	−290 714.45	—
新潮能源	1	—	270 024.65	—
石化油服	—	—	−2 491 842.10	—
苏能股份	—	—	997 517.71	—
赤峰黄金	1	—	246 830.23	—

数据来源：同花顺 iFind。

6.2　股利分配案例

投资者投资于股票的最终目的是获取投资收益，企业进行持续稳定的现金分红不仅是企业健康发展的重要标志，更是吸引长期稳定资本的重要方式。在我国重融资、轻回报的市场环境下，如何识别企业分配活动的基础和稳定是我们关心的一个问题。中国神华巨额现金分红的背后到底是健康经营的合理举措，还是向市场投资者释放的空头支票？本节对中国神华现金股利分配情况进行分析。

6.2.1　背景介绍

中国神华能源股份有限公司(简称中国神华)是于 2004 年 11 月 8 日在中国境内成立的股份有限公司。公司的注册地址为北京市东城区安定门西滨河路 22 号。公司是由神华集团有限责任公司(简称神华集团)经国务院批准独家发起成立的股份有限公司。神华集团以其与煤炭生产、铁路及港口运输、发电等相关的核心业务于 2003 年 12 月 31 日的净资产投入中国神华。上述净资产经北京中企华资产评估有限责任公司进行了资产评估，评估后净资产为 186.12 亿元。2004 年 11 月 6 日，国务院国资委以国资产权〔2004〕1010 号文《关于对神华集团有限责任公司重组设立股份有限公司并境内外上市资产评估项目予以核准的批复》对此评估项目予以核准。经国务院国资委国资产权〔2004〕1011 号文《关于对神华集团有限责任公司设立中国神华能源股份有限公司国有股权管理有关问题的批复》批准，神华集团投入中国神华的上述净资产按 80.594 9%的比例折为中国神华股本 150 亿股，每股面值人民币 1 元。未折入股本的人民币 36.12 亿元计入中国神华的资本公积。中国神华及其子公司接管了神华集团的煤炭开采、发电及运输业务。

2005 年，中国神华发行 3 089 620 455 股 H 股，每股面值为人民币 1 元，以每股港币 7.50 元通过全球首次公开发售形式出售。此外，神华集团亦将 308 962 045 股每股人民币

1元的内资普通股转为H股。总数为3 398 582 500股的H股于香港联合交易所有限公司挂牌上市。2007年,中国神华发行1 800 000 000股A股,每股面值1元,发行价为36.99元,于上海证券交易所挂牌上市。

2017年8月28日,中国神华最终控制方神华集团收到国务院国资委《关于中国国电集团公司与神华集团有限责任公司重组的通知》(国资发改革〔2017〕146号),同意中国国电集团公司(简称中国国电)与神华集团实施联合重组,神华集团更名为国家能源投资集团有限责任公司(简称国家能源集团),作为重组后的母公司,吸收合并中国国电。2017年11月27日,神华集团完成营业执照工商变更登记手续,更名完成后,中国神华的最终控制方为国家能源集团。

(1) 经营现状

中国神华是中国乃至全球第一大煤炭上市公司,2016年公司煤炭销售量达到394.9百万吨。按发电机组装机规模计算,中国神华位居中国电力上市公司前列,2020年国内煤炭市场供需基本平衡,煤炭现货价格波动范围加大。

从供给侧看,煤炭生产企业积极应对新冠疫情影响,统筹推进疫情防控和复产达产,煤炭产量维持在较高水平。随着煤炭供给侧结构性改革的持续深入推进,煤炭行业安全、环保检查常态化,煤炭优质产能持续释放,煤炭产量进一步向主产区集中。2020年,规模以上工业原煤产量38.4亿吨,同比增长0.9%。内蒙古、山西、陕西原煤产量占全国产量的71.4%,较上年提高约0.9个百分点。其中,山西原煤产量10.6亿吨,同比增长8.2%;内蒙古受资源、环保、安全等政策因素影响,原煤产量10.0亿吨,同比下降7.8%;陕西原煤产量6.8亿吨,同比增长6.3%。晋陕蒙产量合计增加3 687.1万吨,为全国增量的108.9%。煤炭供应通道更为畅通,全国铁路煤炭运量23.6亿吨,同比下降4.1%。全国重点港口煤炭运量7.5亿吨,同比下降3.7%。煤炭进口量保持增长,全年共进口煤炭3.0亿吨,同比增长1.5%。

从需求侧看,2020年初,新冠疫情对经济带来冲击,煤炭需求下降。但自二季度我国统筹疫情防控和经济社会发展工作取得重大成果,经济稳步恢复,煤炭需求逐步回升。入冬后受内外经济复苏及天气等因素影响,用煤需求显著攀升。全国煤炭消费总量较上年小幅增长0.5%,电力行业耗煤量同比增长0.8%,占全国煤炭消费总量的52.9%,钢铁、建材、化工行业耗煤保持增长。

2022年,中国神华积极贯彻落实国家能源保供政策,以煤炭保能源安全,以煤电保电力稳定,突出"稳健、协同、赋能、提质"工作导向,巩固一体化运营,持续深化改革,推进科技创新和绿色转型发展,较好完成年度经营目标。2022年,中国神华实现营收3 445.33亿元,同比增长2.6%,实现归母净利润696.26亿元,同比增长39%,创公司上市以来净利新高。营业利润98 138百万元(2021年为78 017百万元),同比增长25.8%;归属于本公司股东的净利润69 626百万元(2021年为50 084百万元),同比增长39.0%;基本每股收益3.504元/股(2021年为2.521元/股),同比增长39.0%。同时,中国神华披露高分红预案,拟向全体股东派发现金红利2.55元/股(含税),按截至2022年12月31日公司总股本198.69亿股计算,拟派发现金红利约人民币506.65亿元(含税),占上述归母净利润的72.8%。同花顺iFinD数据显示,中国神华自2007年上市以来,累计现金分红数额达4 189.03亿元,这一数额已远超贵州茅台(600519.SH)。对于营业收入同比增长的主要原因,中国神华称发电业务量价齐升是营收增长的驱动因素。集团多台新机组投产，售电量同比增长 15.2%。同时，受益于国家电价政策调整，公司平均售电价格同比增长 20.1%。中国神华 2012—2022 年营业收入和归属于母公司股东净利润变化如图 6-1 所示。

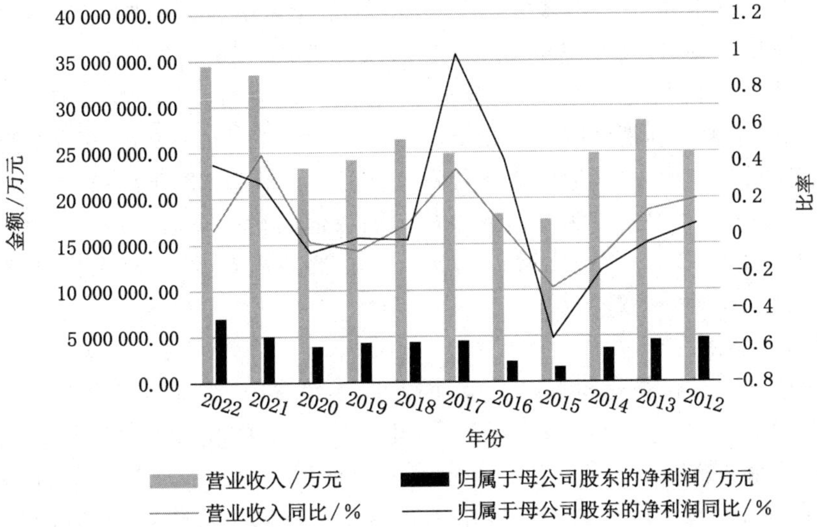

图 6-1　中国神华 2012—2022 年营业收入和归属于母公司股东净利润变化图
（数据来源：同花顺 iFind）

从图 6-1 中可以看出，中国神华的营业收入经历了持续的下降，而在 2015 年出现明显转折，且在 2017 年达到峰值，随后回落并缓步提升。2016 年中国神华财务报告中指出由于国内经济运行缓中趋稳、稳中向好。煤炭行业积极推动供给侧结构性改革，化解过剩产能工作取得阶段性进展。在市场和产量调节政策的双重影响下，煤炭供需严重失衡的局面得到改善，价格明显回升，煤炭企业经营状况有所好转。全社会用电量增速好于 2015 年，但因火电供应能力相对过剩、发电成本上升，火电企业经营压力加大。2016 年中国神华营业收入同比增加 3.4%，主要影响因素有以下三方面：第一，销售量和售价上浮。中国神华充分发挥自有运力，加大外购煤销售力度，2016 年实现煤炭销售量 394.9 百万吨，此项指标在 2015 年为 370.5 百万吨，同比增长 6.6%。同时，受市场回暖影响，煤炭平均销售价格 317 元/吨，此项指标在 2015 年为 293 元/吨，同比增长 8.2%。第二，电价下调。2016 年中国神华实现售电量 220.57 十亿千瓦时，此项指标在 2015 年为 210.45 十亿千瓦时，同比增长 4.8%。受上网侧电价下调影响，中国神华平均售电电价 307 元/兆瓦时，此项指标在 2015 年为 334 元/兆瓦时，同比下降 8.1%。第三，物资贸易业务量下降。2017 年全国煤炭市场供需处于“紧平衡”的状态，价格随供需关系和季节变化高位波动。全社会用电量增速高于去年，火电发电量同比明显回升。中国神华坚持清洁发展，加强运营组织、市场开拓和提质增效，一体化优势得到有效发挥，煤炭、运输业务利润大幅提升，创造优良业绩。2018 年公司煤炭业务实现 413.85 亿元，运输业务实现 207.14 亿元，发电业务实现 127.20 亿元，煤炭、运输、发电业务占比分别为 55%、27%、17%，三大板块的高效、协同运行有效提升了公司业务结构的适应性和竞争力。2018 年，公司营业收入 2 641.01 亿元，同比增长 6.2%。实现利润总额 700.69 亿元，归属于本公司股东的净利润为 438.67 亿元（基本每股收益为

2.205元),同比分别下降0.4%和2.6%。通过分析中国神华2018年度报告可知其变动原因包括以下几个方面:① 资产减值损失:2018年同比下降61.7%,主要原因是上年同期本集团对关停发电机组及澳洲沃特马克项目部分土地因用途改变而计提减值准备较多,以及本报告期坏账损失减少。② 信用减值损失:2018年信用减值损失1.52亿元,主要是应收票据及应收账款减值准备,以及按照相关规定计提减值准备。③ 其他收益:2018年同比下降20.9%,主要原因是燃气电厂收到的政府补贴减少。④ 投资收益:2018年同比下降55.1%,主要原因是上年同期理财产品投资收益较多,2018年对联营公司的投资收益下降。⑤ 公允价值变动收益(损失):2018年公司公允价值变动收益22百万元(2017年公允价值变动损失19百万元),主要是对美元债务进行套期保值的衍生金融工具公允价值变动产生收益。⑥ 营业外支出:2018年同比增长177.7%,主要原因是2018年发生分离移交"三供一业"相关支出,以及对外捐赠增加。

(2) 股东情况及控制权关系

由于中国神华同时在香港和上海上市,因此股本包含A股和H股两部分。2022年中国企业会计准则下归属于本公司股东的净利润为69 626百万元,基本每股收益为3.504元/股;国际财务报告准则下归属于本公司所有者的本年利润为72 903百万元,基本每股盈利为3.669元/股。2022年12月31日,中国企业会计准则下可供本公司股东分配的利润为195 903百万元。公司董事会建议以实施权益分派股权登记日登记的总股本为基数,派发2022年度末期股息现金人民币2.55元/股(含税)。按公司2022年12月31日总股本198 685 199 555股计算共计人民币50 665百万元(含税),为国际财务报告准则下归属于本公司所有者的本年利润的69.5%,为中国企业会计准则下归属于本公司股东的净利润的72.8%。公司年度末期股息方案/预案如表6-4所示。

表6-4 年度末期股息方案/预案

分红年度	每10股派息数(含税)/元	现金分红的数额(含税)/百万元	按企业会计准则分红年度合并报表中归属于本公司股东的净利润(未经重述)/百万元	占合并报表中归属于本公司股东的净利润的比率/%
2022年度末期股息(预案)	25.5	50 665	69 626	72.8
2021年度末期股息	25.4	50 466	50 269	100.4
2020年度末期股息	18.1	35 962	39 170	91.8

报告期内,公司普通股股份总数及股本结构未发生变化。公司未发行优先股。公司股本总数及结构如表6-5所示。

表6-5 中国神华股本总数及结构(2022年12月31日)

结构	数量	比例/%
有限售条件股份	0	0
无限售条件流通股份	19 868 519 955	100
人民币普通股	16 491 037 955	83

表 6-5(续)

结构	数量	比例/%
境外上市外资股	3 377 482 000	17
股份总数	19 868 519 955	100

截至 2022 年年末，公司股份总数为 19 868 519 955 股，前十名股东持股情况如表 6-6 所示。

表 6-6　神华公司前十名股东持股情况表

股东名称	报告期内增减	期末持股数量	比例/%	持有有限售条件股份数量	质押或冻结情况		股东性质
					股份状态	数量	
国家能源投资集团有限公司	0	13 812 709 196	69.52	0	无	不适用	国有法人
HKSCC NOMINEES LIMITED	213 579	3 369 264 907	16.96	0	未知		境外法人
中国证券金融股份有限公司	0	594 718 004	2.99	0	无	不适用	其他
香港中央结算有限公司	102 267 431	320 937 248	1.62	0	无	不适用	境外法人
中央汇金资产管理有限责任公司	0	106 077 400	0.53	0	无	不适用	国家
中国人寿保险股份有限公司－分红－个人分红－005L－FH002 沪	70 319 933	73 100 358	0.37	0	无	不适用	其他
中国工商银行－上证 50 交易型开放式指数证券投资基金	398 142	28 224 064	0.14	0	无	不适用	其他
珠海市瑞丰汇邦资产管理有限公司－瑞丰汇邦三号私募证券投资基金	0	22 233 848	0.11	0	无	不适用	其他
全国社保基金一零八组合	11 566 297	21 011 097	0.11	0	无	不适用	国家
阿布达比投资局	8 577 304	18 291 703	0.09	0	无	不适用	境外法人

根据中国神华披露的信息，公司控股股东为神华集团，公司实际最终控制人为国务院国有资产监督管理委员会。中国神华产权控制关系如图 6-2 所示。

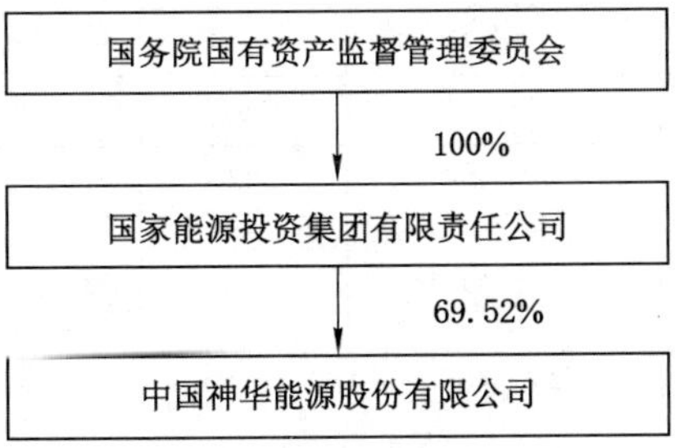

图 6-2　中国神华产权及控制关系图

(3) 营业收入与营业成本构成情况

中国神华的主要运营模式为煤炭生产→煤炭运输(铁路、港口、航运)→煤炭利用(发电及煤化工)的一体化产业链,各分部之间存在业务往来,分行业的营业收入、成本等均为各分部合并抵销前的数据,详如表 6-7 所示。

表 6-7　2022 年中国神华营业收入明细

分行业	2022 年度营业收入/百万元	2021 年度营业收入(已重述)/百万元	营业收入比上年增减/%
主营业务收入	328 978	319 691	2.90
煤炭收入	230 050	249 569	(7.82)
发电收入	77 767	57 023	36.38
运输收入	15 384	7 822	96.68
煤化工收入	5 777	5 277	9.48
其他业务收入	15 555	15 949	(2.47)
合计	344 533	335 640	2.65

数据来源:中国神华 2022 年财务报表。

① 煤炭分部生产经营情况。

中国神华主营业务包括煤炭、电力的生产和销售,铁路、港口和船舶运输,煤化工等业务,营收主要来自煤炭业务和发电业务,煤炭业务收入从 2021 年的 249 569 百万元减少至 2022 年的 230 050 百万元,同比下降 7.82%。2022 年,受煤炭市场供求关系影响,煤炭价格上涨,中国神华煤炭销售平均价格为 644 元/吨(不含税,下同)(2021 年为 588 元/吨),同比增长 9.5%。但是煤炭价格上涨的同时,煤炭销售量却有所下降。据统计,2022 年中国神华煤炭总体销售量全年实现 4 178 百万吨,较 2021 年同期下降 13.4%,从而导致煤炭业务收入下降,如表 6-8 所示。

表 6-8　2022 年中国神华各煤炭品种产销情况

煤源类型	2022 年			2021 年		
	销售量	占销售量合计比例	价格(不含税)	销售量	占销售量合计比例	价格(不含税)
	百万吨	%	元/吨	百万吨	%	元/吨
自产煤	316.2	75.7	597	312.7	64.84	—
外购煤	101.6	24.3	789	169.6	35.16	—
销售量合计/平均价格(不含税)	417.8	100.0	644	482.3	100.0	—

数据来源:中国神华 2021 年和 2022 年财务报表。

注:由于煤炭销售规模大、产品种类较多、部分自产煤与外购煤混合运输及销售等原因,公司当年尚无法准确按煤炭来源(自产煤和外购煤)分别核算煤炭销售收入、成本及毛利。

中国神华对前五大外部煤炭客户销售量为 184.6 百万吨,占煤炭销售总量的 44.2%,其中对最大客户国家能源集团的煤炭销售量为 161.3 百万吨,占煤炭销售总量的 38.6%。前五大外部煤炭客户主要为电力、化工及煤炭贸易公司。2022 年中国神华报表数据显示,外购煤销售量的下降是煤炭销售总量主要原因。2022 年，中国神华外购煤销售量为 101.6 百万吨，同比下降 40.1%。因此，即使中国神华平均煤炭销售价格上涨，并处于 644 元/吨的高位，但由于国内煤炭市场中长期合同销售量占比提升，导致公司可采购的外购煤资源减少，使外购煤销售量下降。但外购煤销量的下降也让中国神华节省了大量成本。外购煤成本作为中国神华主要成本，在 2021 年中国神华营业成本中占比达到 45.7%。而在 2022 年，中国神华外购煤成本为 65 079 百万元，同比减少 36.73%，在总成本中占比从 45.70%（102 865 百万元/225 101 百万元）下滑至 30.98%（65 079 百万元/210 059 百万元）。因此，在中国神华其余成本项目普遍上涨的情况下，中国神华合计营业成本由 225 101 百万元下降到 210 059 百万元，下降了 6.68%，如表 6-9 所示。

表 6-9　2022 年中国神华营业成本明细

分行业	2022 年度营业成本/百万元	2021 年度营业成本（已重述）/百万元	营业成本比上年增减/%
外购煤成本	65 079	102 865	(36.73)
原材料、燃料及动力	33 365	24 318	37.20
人工成本	25 663	21 285	20.57
修理费	10 715	10 731	(0.15)
折旧及摊销	19 485	17 962	8.48
运输费	18 930	18 764	0.88
其他	36 822	29 176	26.21
合计	210 059	225 101	(6.68)

数据来源：中国神华 2022 年财务报表。

当前，我国能源保供已由攻坚战转入常态化，同时“碳达峰、碳中和”推进，对能源行业提出了加快绿色转型、确保能源资源安全等更高的要求。对煤炭和煤电等高碳资产占比较高的中国神华而言，既面临传统煤基能源产业转型升级的压力，又面临新能源技术突破带来的巨大挑战。

② 发电分部生产经营情况。

2022 年中国神华坚持以煤电保电力稳定，保持机组稳发多发。推进清洁高效煤电机组建设，罗源湾项目 2 号机组、北海电力一期项目 1、2 号机组陆续投运。全年完成总售电量 179.81 十亿千瓦时，占同期全社会用电量 86 372 亿千瓦时的 2.1%，其中市场交易电量达 162.92 十亿千瓦时，占总售电量的比例上升至 90.6%。推动落实电价改革政策，积极争取上浮电价，2022 年中国神华平均售电价格 418 元/兆瓦时（2021 年为 348 元/兆瓦时），同比增长 20.1%。中国神华一直坚持清洁能源规模化、常规能源清洁化发展，大力推动煤电机组“三改联动”。积极开展锦界能源、寿光电力、台山电力等煤电机组的灵活性改造，进一步提升调峰能力；有序推进孟津电力、神东电力所属店塔电厂等机组的供热改造以及台山电力、锦界能源等机组的节能改造。2022 年，中国神华燃煤发电机组平均供电煤耗 296.7 克/千瓦时（2021 年为 298.5 克/千瓦时），同比降低 1.8 克/千瓦时。中国神华在加快推进新能源发电项目建设的同时，积极获取新能源建设指标。截至 2022 年年末，中国神华已投产新能源发电项目 35 个，装机容量合计 105.5 兆瓦，其中福建能源、寿光电力等对外商业运营的装机容量合计 62 兆瓦。中国神华参与设立的北京国能新能源产业投资基金和北京国能绿色低碳发展投资基金，已陆续在山西、江浙、两湖等地投资风电、光伏项目。

中国神华售电成本主要由原材料、燃料及动力，人工成本、修理费、折旧及摊销以及其他成本构成。2022 年，中国神华单位售电成本为 380.8 元/兆瓦时（2021 年 352.2 元/兆瓦时，已重述），同比增长 8.1%，主要原因是燃煤电厂燃煤采购价格上涨。全年发电分部共耗用中国神华煤炭 66.0 百万吨，同比增长 10.4%，主要原因是发电量同比增长，以及发挥一体化运营优势，保障电厂燃煤供应。中国神华煤炭耗用量占发电分部耗煤总量 84.4 百万吨的 78.2%。燃煤电厂售电成本同比增长 25.5%。其中，原材料、燃料及动力同比增长的主要原因是燃煤采购价格上涨，以及售电量增长；人工成本同比增长的主要原因是多台新机组投运相关电力生产人员增加，以及工资和社保缴费增长；折旧及摊销同比增长的主要原因是多台新机组投运，发电分部长期资产的折旧及摊销增长；其他成本同比增长的主要原因是发电权交易费用等增长。

③ 运输分部生产经营情况。

铁路方面，2022 年，中国神华铁路分部精心组织，保持运输通道高效畅通，保障煤炭运输安全，全年自有铁路运输周转量 297.6 十亿吨公里（2021 年为 303.4 十亿吨公里），同比减少 1.9%。积极推动大物流业务发展，全年铁矿、锰矿、化工品等非煤货物运量 19.6 百万吨，其中反向运输货物量 12.1 百万吨。中国神华加强技术创新和智慧运输赋能，包神铁路首台 HXN6 型油电混合动力机车上线试运行；朔黄铁路重载列车自动驾驶试验取得阶段性成果；国能新朔铁路有限责任公司参与研制的国内首台大功率氢能源动力调车机车成功运营试验。2022 年，铁路分部营业收入为 42 197 百万元，相较于 2021 年 40 699 百万元上升 3.7%。营业成本由 2021 年的 21 546 百万元上升到 24 710 百万元，上涨 14.7%，这主要是因为运输费、人工成本、其他成本的增长导致的。单位运输成本为 0.077 元/吨公里（2021 年为 0.068 元/吨公里），同比增长 13.2%，主要原因是运输费、人工成本、其他成本等增长，以及自有铁路运输周转量同比下降导致单位运输成本有所增长。

港口方面，2022 年，中国神华港口分部持续提升港口作业效率，确保煤炭装船平稳高效，其中黄骅港煤炭下水量连续四年位居全国首位。但受外购煤源不足、到港资源量减少等因素影响，黄骅港和天津煤码头全年累计完成煤炭装船量 250.4 百万吨（2021 年为 261.4 百万吨），同比下降 4.2%。同时，中国神华稳步推进港口大物流业务发展。港口分部全年完成原油、化肥等非煤货物运量 7.7 百万吨。黄骅港 3 号、4 号通用散杂货码头顺利投用。倾力打造智慧绿色港口。大力推行船舶码头岸电应用，加快信息基础设施建设和智能生产运营操作系统研发。黄骅港积极推进减污降碳工程，荣获“中华环境优秀奖”等重要奖项。2022 年，中国神华合并抵消前港口分部营业收入变化不大，而营业成本由 2021 年的 3 241 百万元增加到 3 481 百万元，增幅 7.4%，主要是因为燃油费、疏浚费等增长所致。

航运方面，2022 年，中国神华航运分部持续做好船舶安全管理监督，全力保障煤炭运输需求。充分利用自有船舶返程空载运力，积极挖掘市场货源，非煤货物运量持续增长，外贸货运量大幅提升。全年完成航运货运量 136.3 百万吨（2021 年为 121.2 百万吨），同比增长 12.5%；完成航运周转量 133.6 十亿吨海里（2021 年为 112.1 十亿吨海里），同比增长 19.2%。由于平均海运价格的下降，中国神华 2022 年航运分部营业收入由 2021 年的 6 195

百万元下降到 2022 年的 6 051 百万元，下降 2.3%。营业成本因航运货运量增长而增加 3.9%，致使航运分部利润总额下降 29.6%。

④ 煤化工分部生产经营情况。

中国神华煤化工业务为包头煤化工的煤制烯烃一期项目，主要产品包括聚乙烯（生产能力约 30 万吨/年）、聚丙烯（生产能力约 30 万吨/年）及少量副产品（包括工业硫黄、混合碳五、工业丙烷、混合碳四、工业用甲醇、精甲醇等）。2022 年，包头煤化工煤制烯烃装置连续稳定运行 8 760 小时，平均生产负荷、聚烯烃产品合格率均达到 100%。积极应对原料价格上涨，及时调整聚烯烃产品结构，增加精甲醇、纤维料等高附加值产品产量，实现经济效益最大化。2022 年，聚烯烃产品产量 693.7 千吨（2021 年为 644.5 千吨），同比增长 7.6%。包头煤制烯烃升级示范项目已完成能耗水耗指标获取、建设用地办理等前期工作。中国神华聚乙烯、聚丙烯产品销售情况如表 6-10 所示。

表 6-10　中国神华聚乙烯、聚丙烯产品销售情况

名称	2022 年		2021 年		变动	
	销售量/千吨	价格/（元/吨）	销售量/千吨	价格/（元/吨）	销售量/%	价格/%
聚乙烯	358.4	6 765	332.8	6 641	7.7	1.9
聚丙烯	340.6	6 613	315.6	6 853	7.9	(3.5)

由表 6-10 可知，中国神华聚乙烯、聚丙烯产品销售量均有所增长，导致煤化工分部营业收入增长 9.0%。2022 年，煤化工分部共耗用 4.8 百万吨煤炭，全部为公司内部销售的煤炭（包括中国神华自产煤和采购煤）。由于煤炭价格上涨，导致聚烯烃产品单位生产成本同比增长。因此，煤化工分部的利润总额由 2021 年的 706 百万元下降至 2022 年的 533 百万元，下降 24.5%。

⑤ 结论。

总体来看，从营业收入变化的角度看，2022 年中国神华营业收入同比增长的主要原因是：

A. 多台新机组投产，售电量同比增长 15.2%；受益于国家电价政策调整，公司平均售电价格同比增长 20.1%。

B. 受煤炭市场供求关系影响，公司平均煤炭销售价格同比增长 9.5%。

C. 聚乙烯、聚丙烯销售量同比分别增长 7.7%和 7.9%。

从营业成本变化的角度看，中国神华营业成本变化的主要原因有：

A. 外购煤成本同比下降，主要原因是外购煤销售量及其采购成本减少。

B. 原材料、燃料及动力同比增长，主要原因是发电量增长，燃煤采购价格上涨。

C. 人工成本同比增长，主要原因是员工人数增长，社保缴费政策性增长，以及超额完成经营指标，员工绩效工资增长。

D. 其他成本同比增长的主要原因是煤炭子分公司矿务工程费、煤炭开采服务支出、煤炭洗选加工费，以及煤炭及电力子分公司维简安全费增长。

（4）分红情况

按照有关法律法规及公司章程的规定，公司的利润分配政策保持连续性和稳定性，充分考虑对投资者的回报。公司优先采用现金分红的利润分配方式，其利润分配政策符合《国务院关于进一步提高上市公司质量的意见》和中国证监会关于鼓励上市公司现金分红的指导意见。

2007 年以来，中国神华一直坚持高比例分红。2007—2021 年，除了 2007 年、2008 年及 2015 年外，其余年度分红金额均超过百亿元，如图 6-3 所示。分红率方面，2016 年以前，公司年度分红率稳定在 40% 左右，2016 年一反常态，分红率猛增至 260.09%，当年分红 590.72 亿元，创下迄今为止的历史新高。2021 年，公司分红金额为 504.66 亿元，也超过当年净利润，分红率为 100.76%，详见表 6-11。WIND 数据显示，2007—2021 年，中国神华累计实施了 15 次现金分红，累计分红金额高达 3 205.29 亿元。上市以来，中国神华实现的净利润累计数为 6 188.60 亿元，整体分红率达 59.98%。而纵观 A 股 5 000 多家公司，上市以来累计分红超过千亿元的企业并不多。仅以截至 2021 年度为例，中国神华累计派发红利 3 205.29 亿元，是贵州茅台 1 485.81 亿元的 2.16 倍，还超过了招商银行、中国平安等巨头，仅次于工商银行、农业银行、中国石油、中国银行、中国石化等五家企业。毫无疑问，在 A 股市场上，中国神华的盈利能力、分红能力均处于领先位置。

图 6-3　中国神华 2012—2022 年股利支付情况

（数据来源：同花顺 iFind）

表 6-11　中国神华 2012—2022 年分红情况明细

年份	已现金分红总额/万元	归母净利润/万元	期末未分配利润/万元	股利支付率	收益留存率/%	每股股利/元	股息率/%
2022	5 066 472.59	6 962 600	27 950 700	72.77%	27.23	2.55	9.23
2021	5 046 604.07	5 008 400	26 026 000	100.76%	−0.76	2.54	11.28
2020	3 596 202.11	3 917 000	24 630 800	91.81%	8.19	1.81	10.05
2019	2 506 092.18	4 325 000	23 270 600	57.94%	42.06	1.26	6.90
2018	1 750 286.60	4 386 700	20 721 300	39.90%	60.10	0.88	4.90
2017	5 949 205.99	4 503 700	18 240 700	132.10%	−32.10	3.42	14.76
2016	5 907 217.28	2 271 200	19 678 600	260.09%	−160.09	0.46	2.84
2015	636 467.85	1 614 400	18 040 500	39.42%	60.58	0.32	2.14
2014	1 471 831.91	3 741 900	17 922 900	39.33%	60.67	0.74	3.65
2013	1 810 000	4 567 800	15 980 700	39.63%	60.37	0.91	5.75
2012	1 909 400	4 850 600	13 537 600	39.36%	60.64	0.96	3.79

数据来源：同花顺 iFind。

6.2.2　中国神华历年现金分红情况

(1) 现金分红

同花顺数据显示，截至 2023 年 3 月，包括兖矿能源、中国神华、招商银行等在内的 30 家上市公司披露 2022 年度利润分配方案。其中兖矿能源拟每股派发现金红利 4.30 元(含税，下同)，同时，每股派送红股 0.5 股，以公司总股本 49.49 亿股计算，合计拟派发现金红利 212.79 亿元，占公司当年净利润比例的 69.98%。中国神华拟每股派发现金红利 2.55 元，按公司总股本 198.69 亿股计算，拟派发现金红利约 506.65 亿元，占 2022 年度中国企业会计准则下归属于该公司股东净利润的 72.8%。中国神华从 2007 年 10 月上市至 2023 年 10 月共进行现金分红 17 次，从中国神华历年披露的年报来看，中国神华自上市以来便一直保持着分红习惯。公司高度重视股东回报，提高现金分红比例下限，旨在回应投资者特别是中小投资者的诉求，给予投资者更好的收益确定性。

中国神华超 500 亿元现金分红预案，一次分掉超七成净利，引起了广泛的关注和讨论。公司高分红的背后，既有公司自身的经营状况和发展战略的影响，也有市场环境和政策导向的影响，主要包括以下几个方面：首先，中国神华的确业绩亮眼。中国神华是中国最大的煤炭生产企业之一，也是全球最大的煤炭供应商之一。公司主要从事煤炭开采、生产、运输和销售等业务，涉及煤炭、电力、化工等多个领域。近些年，中国神华积极推进转型升级，加快技术创新和产业协同，提高产品质量和附加值，推动煤炭产业向高质量发展。从财务报表来看，中国神华的表现主要得益于煤炭价格的上涨和销售量的增加，以及公司自身的成本控制和效率提升。同时，中国神华也积极开展多元化经营，推进新能源、新材料、新技术等领域的布局，以寻求更多的增长点和发展机会。其次，2022 年煤炭产业的发展给中国神华带来了足够的支撑。近年来，随着国家能源结构调整和环保政策的推进，煤炭供给受到了一定的限制和约束，而需求仍然较为旺盛，导致煤炭价格持续上涨。这使得煤炭企业的盈利能力得到了一定的提升，也为现金分红提供了一定的支撑。最后，从政策角度看，为促进企业稳健发展，国家一直鼓励企业加大现金分红力度，提高股东回报率。此次，中国神华抛超 500 亿现金分红预案也是在这一政策导向下的表现。从这几年的新政也能发现，中国神华的投资者对于中国神华的分红也有比较多的兴趣，作为上市公司，中国神华以持续的高现金分红作为给投资者的答卷是吸引更多的投资者和资金、提高公司的市场表现和竞争力的有效举措。

不可忽视的是，根据信号传递理论，现金分红也可能带来以下问题：一是可能会影响公司投资。现金分红会使公司的现金流减少，从而影响公司的投资和扩张计划，有可能影响公司的长期发展和竞争力。二是降低公司股票价值，现金分红会使公司的资产减少，对公司的股票价值和市值产生一定的负面影响。三是不利于股东长期收益。现金分红虽然可以提高短期股东的回报率，但会降低公司未来的盈利能力和成长潜力，对股东的长期收益不利。因此，这种分红到底是好还是坏，还需要冷静看待。

截至 2023 年 10 月中国神华派现与募资对比情况如图 6-4 和图 6-5 所示。

中国神华分红情况见表 6-12、表 6-13。

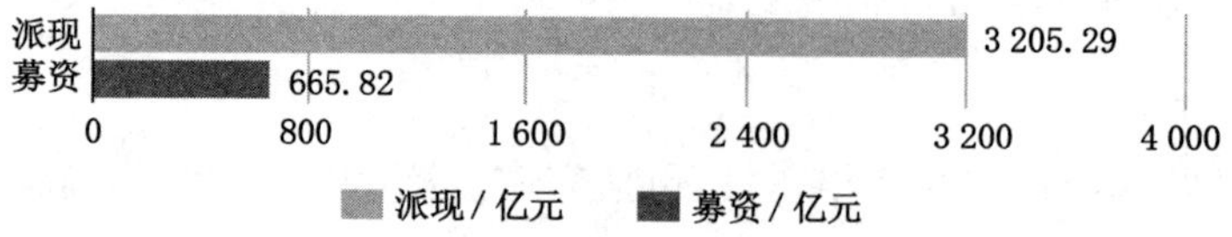

图 6-4　中国神华派现与募资总额对比情况

（数据来源：证券之星）

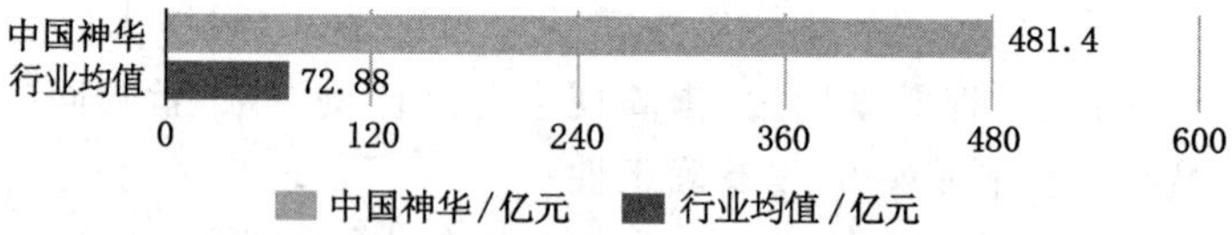

图 6-5　派现金额占募资金额的比重：中国神华与行业均值对比情况

（数据来源：证券之星）

表 6-12　2007—2021 年中国神华现金分红方案

公告年份	分红年份	分红方案(每 10 股)		
		派息/元	送股	转增
2022	2021	25.4	0	0
2021	2020	18.1	0	0
2020	2019	12.6	0	0
2019	2018	8.8	0	0
2018	2017	9.1	0	0
2017	2016	4.6+25.1	0	0
2016	2015	3.2	0	0
2015	2014	7.4	0	0
2014	2013	9.1	0	0
2013	2012	9.6	0	0
2012	2011	9.0	0	0
2011	2010	7.5	0	0
2010	2009	5.3	0	0
2009	2008	4.6	0	0
2008	2007	1.8	0	0

数据来源：中国神华 2008—2022 年度报告。

表 6-13　2013—2022 年中国神华现金分红情况

报告年份	净利润/百万元	现金分红总额/百万元	股利支付率/%
2022	69 626	50 466	72.48
2021	50 269	35 962	71.54
2020	39 170	25 061	63.98
2019	43 250	17 503	40.47
2018	43 867	18 100	41.26
2017	45 037	59 072	131.16
2016	22 712	6 365	28.02
2015	16 144	14 718	91.17
2014	37 419	18 100	49.18
2013	45 678	19 094	41.80

数据来源：中国神华 2013—2022 年度报告。

从表 6-13 可知，中国神华 2017 年股利支付率出现较大波动，回落后稳步上升。2017 年开始，政策加强，鼓励上市公司提高分红率，提高股东回报，中国神华跟进政策节奏，3 月 17 日晚，中国神华发布《关于派发特别股息预案说明的公告》称，中国神华第三届董事会第 24 次会议审议通过《关于公司特别、股息分配的议案》，建议以现金形式派发特别股息 2.51 元/股（含税），共计 499.23 亿元（含税）。此次派息总额占公司截至 2015 年年底未分配利润 1 049.92 亿元的 47.5%，占截至 2016 年年底未分配利润 1 538.46 亿元的 32.4%。此外董事会还决定，派发 2016 年度现金股息 0.46 元/股（含税），共计 91.49 亿元（含税）。总共每股分红为 2.97 元，股息率为当天收盘价的 17.8%。与高额分红对应的是不俗的业绩。当晚，中国神华还公布了 2016 年年报，2015 年公司实现营收 1 831.27 亿元，同比增长 3.4%；实现净利润 227.12 亿元，同比增长 40.7%，公司未分配利润达 1 538 亿元。Wind 资讯显示，中国神华的大股东为神华集团有限责任公司，持股占公司总股本的 73.06%，此次将分得 431 亿元的分红；H 股股东占总股本的 17%，相应分去 100 亿元的分红；中证金和汇金公司持股总共 3.42%，分红得 20 亿元；其余为公/私募基金公司和散户，分红约为 40 亿元。此次中国神华巨额特别派息，代表中国神华从价值投资的理念出发，助力国有上市公司进一步完善分红机制，不断提高各个资本投资者的回报。

受益于高股息的驱动，中国神华当日股价直接涨停。中国神华强势派息的做法史无前例，直接将多年的净利润一次性派完，这与市场上大部分不够重视股东回报的企业形成了鲜明的对比，高息后的中国神华投资价值持续提高。根据股价走势来看，2017 年 3 月 20 日公告大规模派息前，中国神华的股价是 22.13 元，2022 年后复权股价是 45.05 元，2022 年的股价是 45.05 元，也就是说中国神华的股价涨幅高达 103.6%，年平均涨幅为 15%，这是分红带来的投资价值力量。从中国神华多年来的分红活动上看，公司已经形成了比较可靠的分红传统，这种分红传统与业绩走势尤其是行业的周期性波动密切相关。

从表 6-13 可以看出中国神华历年现金分红情况。中国神华的税前分红率为 5.01%，行业排名第四（大有能源 8.16%、恒源煤电 6.49%、兖矿能源 6.39%、陕西煤业 4.94%）；股利支付率为 72.48%，行业排名第一（新大洲 A74.26%、大有能源 66.15%、陕西煤业 60.05%、苏能股份58.33%)；分红融资比466.58%，行业排名第三(兖矿能源3 206.93%、陕西煤业1 455.45%、上海能源375.75%)。

(2) 现金流状况及利润水平

企业分配现金红利，不仅要有利润还要有现金。现金既是企业发展的动力和源泉，也是偿还债务本息和分配红利的保障，有承上启下的作用。一个企业的货币资金规模决定了其分红能力。另外，应收账款、应收票据、交易性金融资产等流动资产可能在短期内变现补充货币资金，成为企业现金分红的潜在资金来源。相对于静态货币资金指标，每股现金净流量指标能够反映企业整体获取现金的能力，考虑了经营、投资和筹资活动现金使用及需求，部分筹资活动获取的现金须专款专用，不能用来分红。投资活动现金净流量的起伏波动也影响指标的预测准确性。经营活动现金净流量指标更能够反映企业当期自主获取、支配现金能力以及持续获得现金的潜力。只有经营活动创造的现金才具有较强的稳定性，是企业未来经营和对内、对外投资和偿还债务本息及盈余分配的可靠资金来源。企业内部投资是为经营活动服务的，投资现金将转化为经营活动的现金流入，后续投资资金来源应由剩余经营活动现金来满足。筹资获取的现金除对外投资外，最终都将服务于经营活动，产生经营活动的现金流，通过分红方式回报于投资者。一般情况下，经营主导型企业在发展战略上主要关注企业的发展和生产经营活动，这类企业通常体现在账上有较多的往来款项和固定资产。它们的发展是内源性的，即主要通过自身的经营活动来实现增长和扩张，投资活动现金净流量负情况较多。投资主导型企业的发展重心不在于生产经营，而是进行投资业务，如投资入股其他公司形成长期股权投资等。企业的收益主要来源于投资收益。投资活动产生的现金净流量可能成为现金分红的来源渠道。每股经营活动现金净流量是分配现金股利的重要参考指标。但投资现金和筹资活动现金流出有时具有刚性，如果为实现发展战略目标而进行固定资产建造、无形资产研发等内部投资事项需要有资金保障，即将到期的金融性负债本金和需要本期支付的债务利息都要安排资金偿还，这些都依赖于企业经营活动现金流，因此，每股经营活动现金净流量为正不能说明企业对现金股利分配的真实保障程度。经营活动现金流量还需有补偿力和战略支撑力，如维持简单再生产的资本更新，含折旧、摊销，以及可以投资扩张的战略支撑、向股东支付现金股利的能力。

中国神华自2007年上市以来一直保持着较高的经营活动现金净流量，2009年之后至今更是从未低于500亿元，这正是公司2013年通过股东大会明确除特殊情况外每年以现金方式分配的利润不少于归母净利润的35%的底气。虽然2013—2015年煤炭价格降低导致公司的归母净利润大减，但是公司经营活动现金净流量却从2013年的542.88亿元增加至2015年的554.06亿元。2016年之后，中国煤炭行业实施供给侧结构性改革，煤价大幅反弹，中国神华的盈利能力随之跃升，经营性现金流净额大增，除了2019年为631.06亿元，其他年份均在800亿元以上，2020年上升至812.9亿元，即使是在支付了250.61亿元的现金分红后，期末现金余额仍高达1 128.8亿元，较上年同期增加了711.3亿元。2022年，中国神华经营活动产生的现金流量净额突破千亿元，实现1 097.34亿元。中国神华每年都在创造巨额经营性现金流量，且留存有充裕的现金余额，足以满足投资和分红所需，如表6-14和图6-6所示。

表 6-14　2013—2022 年中国神华经营活动产生的现金流量净额与现金分红

年份	2013	2014	2015	2016	2017	2018	2019	2020	2021	2022
经营活动产生的现金流量净额/百万元	54 288	69 069	55 406	81 883	95 152	88 248	63 106	81 289	94 575	109 734
现金红利/百万元	19 094	18 100	14 718	6 365	59 072	18 100	17 503	25 061	35 962	50 466

数据来源：中国神华 2013—2022 年度报告。

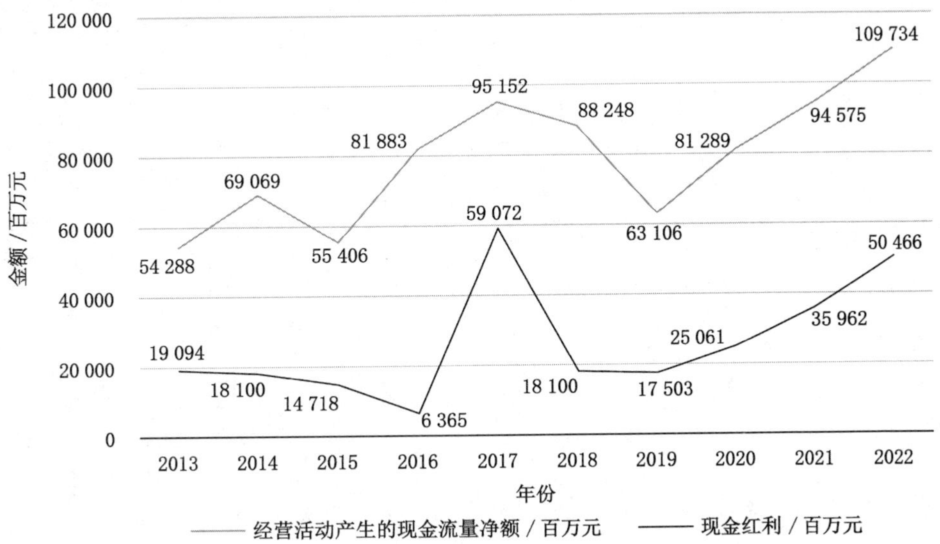

图 6-6　中国神华经营活动产生的现金流量净额与现金分红的对比关系

未来，中国神华既面临机遇，也面临挑战。中国政府将继续加大供给侧结构性改革力度，深入推进去产能、去库存、去杠杆、降成本、补短板五大任务，加速淘汰落后产能，推动煤炭、电力企业的兼并重组，实现规模化、清洁化发展；国家运输通道及地方铁路建设等，都将带来新的并购和投资机会。中国神华作为煤炭行业龙头企业，产能及产量均为行业内第一，对煤炭行业走向及煤价走势均有较强的掌控能力。除了煤炭产业外，中国神华还经营电力、运输等下游产业，全产业链格局使其拥有超凡的抗风险能力。在煤炭行业探底回升及兼并重组背景下，中国神华作为行业龙头，将占据整合主体地位，成为未来行业洗牌中的最大受益者。但同时也应该认识到，煤炭行业增量扩能的发展方式已发生改变，市场竞争模式随之发生变化。国际经济复苏缓慢，国内经济结构处于调整期，对能源包括煤炭的需求增速放缓。煤炭市场将呈现波动态势，煤价虽回暖，但长期来看，仍面临下行压力。电力业务加快发展的难度增加。经济增速放缓，导致用电需求增速放缓；国家加快调整电力结构，严控新增火电装机容量；电力体制改革等因素，将使得行业竞争加剧。资源环境约束增强，环保、生态风险逐步加大。供给侧结构性改革仍然进行中，神华得到的利润收益却不能新建项目扩产能。把现金分给股东提高资金利用率，侧面说明公司陷入了发展瓶颈。随着国家供给侧结构性改革的推进，中国神华能否持续盈利，能否突破发展瓶颈，能否保持之前稳定的现金分红政策，特别股息的支付能否有下一次，这需要我们去关注和思考。

思考题

阅读中国神华现金股利分配案例，回答下面的问题：

1. 股利政策的种类及其对公司的影响？中国神华采用了哪些股利政策？

2. 查阅资料，现金股利政策有哪些相关理论？影响公司现金股利政策的因素有哪些？

3. 通过案例对中国神华财务状况的描述，讨论其高额、持续现金分红的财务支撑是什么？什么是特别股息？此次中国神华为什么发放巨额特别股息？

第 7 章　煤炭企业并购与重组

本章主要包括企业并购与重组理论综述，以及煤炭企业并购与重组案例。通过学习，掌握公司并购的概念与类型，理解公司并购的程序和动因；掌握公司并购的价值评估方法；理解公司并购的主要支付方式的含义，了解各种支付方式的特点；理解公司重组方式；理解财务危机的含义及财务危机产生的原因，掌握财务危机预警方法；理解企业重整、债务和解和破产清算的含义及其程序。

7.1　理论综述

7.1.1　公司并购

一般来说，并购的概念有广义和狭义之分。狭义的并购是指我国《公司法》所规定的公司合并，包括吸收合并(merger)和新设合并(consolidation)。狭义的并购使并购活动的双方或一方消失，实现资本集中，并形成一个新的经济实体。广义的并购除了包括狭义的并购外，还包括收购(acquisition)或接管(takeover)，是为了对目标公司进行控制或者施加重大影响而收购部分股权或资产的活动，这种收购不以取得目标公司的全部股权或资产为目的，主要是通过收购实现对目标公司的控制或重大影响。收购或接管虽然也是公司扩张的重要形式，但是被收购或接管的公司仍然存续，并没有消失，也不需要成立新的经济实体。本书采用的是广义的并购概念，既包括吸收合并和新设合并，也包括收购或接管。

7.1.1.1　并购的概念

(1) 吸收合并

吸收合并也称兼并，是指由一家公司吸收另一家或多家公司加入本公司。吸收方存续，被吸收合并的目标公司不再作为一个独立经营实体而存在，并取消原法人资格。存续公司应承接被吸收合并公司的所有资产和负债。合并以后，存续公司应到工商行政管理部门办理变更登记手续、继续享有法人资格，被吸收合并的目标公司应当到工商行政管理部门办理注销登记手续。

(2) 新设合并

新设合并是指两家或多家公司合并成一家新的公司，原合并各方解散，取消原法人资格的合并方式。合并后新设立的公司应当承接合并各方的全部资产和负债。新设合并之后，原合并各方都应当到工商行政管理部门办理注销登记手续，新设立的公司应到工商行政管理部门办理设立登记手续。

(3) 收购

收购是指一家公司为了对另一家公司进行控制或实施重大影响，用现金、非现金资产或股权购买另一家公司的股权或资产的并购活动。实施收购之后,被收购公司的法人地位不消失,依然存续和经营。收购可以是在证券市场上公开进行要约收购,也可以通过私下协议收购。要约收购就是由一家公司直接向目标公司的股东发出购买其股票的公开要约。在证券市场上公开要约收购的成本比较高。通常收购方称为并购公司、收购公司或标购公司,被收购方称为被收购公司、目标公司或标的公司。

(4) 接管

接管是一个比较笼统的概念,通常指一家公司的控制权变更。这种变更可能是由于股权的改变如收购而发生的,也可能是由于托管或委托投票权的变化而发生的。因此,接管概念的外延要比收购大。接管方通常称为投标者,投标者发出要约,用现金或证券换取另一家公司的股票或资产。如果该要约被接受,目标公司将放弃对其股票或资产的控制权,将控制权转移给投标者以换取相应的报酬(如投标者的股票、债权或现金等)。

7.1.1.2　并购的类型

公司并购按照不同的标准可以划分为不同的类型。

(1) 按照并购双方所处的行业分类

按照并购双方所处行业性质不同,可以分为横向并购、纵向并购和混合并购三种类型。

① 横向并购。横向并购是指两个或两个以上同行业公司之间的并购。横向并购的双方公司生产同类产品或者经营同类业务,在并购之前是竞争对手,通过横向并购可以消除竞争,扩大市场份额。在横向并购活动中,通常是优势公司兼并劣势公司,从而形成规模经营,增强公司的市场竞争能力。但有时为了避免恶性竞争,也可能是两家实力相当的公司之间并购,从而实现资源的更合理配置。由于横向并购是竞争对手之间的并购,由此可能形成垄断,因此,许多国家法律对于可能形成高度垄断的横向并购活动会进行限制。

② 纵向并购。纵向并购是指公司与其供应商或客户之间的并购。纵向并购通常是优势公司兼并与本公司生产经营紧密相关的上下游公司。例如,发电公司与煤炭公司之间的并购。纵向并购双方是处于同一产业链的上下游公司,双方之间的经营业务具有互补性,通过纵向并购可以实现纵向产业一体化,有利于相互协作,加强生产经营过程各个环节的配合,缩短生产经营周期,节约费用。由于纵向并购公司之间原来是合作关系,不是竞争对手,双方都熟悉彼此的生产经营状况,因此并购之后容易整合,这有利于提高公司整体经营效率。

③ 混合并购。混合并购是指与本公司生产经营活动无直接关系的公司之间的并购。混合并购双方既不是同行业竞争对手,也不是同一产业链上的供应商或客户,它们原来在经营活动上没有任何关系。例如,一家制药公司并购一家房地产开发公司。混合并购的目的是扩大生产经营范围,减少长期经营一个行业所带来的特定行业风险。公司通过混合并购可以进入一个新的行业,实现多元化经营,从而分散投资风险。

(2) 按照并购的出资方式分类

按照并购的出资方式不同,可以分为出资购买资产式并购、出资购买股票式并购、以股票换取资产式并购和以股票换取股票式并购四种类型。

① 出资购买资产式并购。这种并购是指收购公司使用现金购买被收购公司的全部资产,一般属于吸收合并,收购公司将被收购公司的全部资产购买之后,被收购公司就成为收购公司的一部分,被收购公司并入收购公司后其原有的法人资格被取消。对于产权关系、债

权债务关系比较清晰的公司，采用这种并购方式能够做到等价交换、交割清楚，没有遗留纠纷。一般来说，这种并购方式比较适合非上市公司。

② 出资购买股票式并购。这种并购是指收购公司通过出资购买被收购公司股票，要求被收购公司必须是上市公司。收购公司出资购买被收购公司的股票既可以通过场外市场进行，也可以通过场内市场进行。但这种方式要受到有关证券法规信息披露的制约，通常当收购的股票数量达到一定的比例时需要进行公告或者公开要约收购。因此，通过出资购买股票方式进行并购，往往会使股价飙升、收购成本激增。例如，根据我国《证券法》的规定，收购方在证券市场上买入一家上市公司已发行的股份达到5%时，应当在该事实发生之日起3日内向国务院证券监督管理机构、证券交易所作出书面报告，通知该上市公司，并予以公告；当买入的股份达到30%时，继续进行收购的，应当依法向该上市公司所有股东发出收购该上市公司全部或者部分股份的要约。

③ 以股票换取资产式并购。这种并购是指收购公司向被收购公司发行本公司的股票来交换被并购公司资产，必须由并购双方签订协议，收购公司同意承担被收购方的债务责任，被收购方同意解散公司，并将持有的收购公司股票分配给其原有股东。

④ 以股票换取股票式并购。这种并购是指收购公司直接向被收购公司的股东发行本公司股票，以交换其所持有的被收购公司股票。一般来说，交换股票的数量至少要达到能够控制被并购公司的持股比例才能达到并购的目的。通过这样的股票交换，被并购公司原股东成为并购公司的股东，而并购公司成为被并购公司的股东，从而实现对被并购公司的控制或重大影响。采用这种并购方式进行并购后，被收购公司或者成为收购公司的子公司继续其经营活动，或者通过解散清算而将资产全部并入收购公司。

(3) 按照并购程序分类

按照并购程序不同，可以分为善意并购和非善意并购。

① 善意并购。善意并购也称友好并购，是指收购公司与被收购公司双方通过友好协商达成并购协议而实现的并购。这种并购一般是收购方确定目标公司之后，直接与目标公司的管理层接洽，协商并购事宜，也可能是被并购公司出于某种原因主动提出转让经营控制权而向收购公司提出并购请求。无论是何种原因发生的并购，由于这种并购是建立在双方自愿、协商的基础上实现的，因而属于善意并购。并购双方经协商达成并购协议之后，必须提交股东大会表决通过才能生效。

② 非善意并购。非善意并购也称敌意收购，是指收购公司不是直接向目标公司提出并购要求，而是在资本市场上通过大量收购目标公司股票的方式实现并购。非善意并购不是建立在并购双方友好协商的基础上的，而是强行并购，因此极有可能遭到被收购公司的抵制。

(4) 按照并购是否利用杠杆分类

按照并购是否利用杠杆分类，可以分为杠杆并购和非杠杆并购。

① 杠杆并购。杠杆并购是指收购公司仅出少量的自有资本，而主要以被收购公司的资产和将来的收益作抵押筹集大量的资本用于收购的一种并购活动。由于这种并购是一种高度负债的并购方式，因此称为杠杆并购，通常杠杆并购的筹资额会占收购总价的70%以上。

② 非杠杆并购。非杠杆并购是指收购公司主要利用自有资本对目标公司进行收购的并购活动。早期的公司并购活动大多属于非杠杆并购。非杠杆并购并非绝对不进行借贷筹

资，只是借贷数额较少，大部分收购资本都是收购公司的自有资本。

7.1.1.3　公司并购的程序

公司并购既是一种经济行为，也是一种法律行为，必须遵循一定的法律程序。公司并购的程序一般如下。

(1) 并购双方提出并购意向

公司并购前通常由并购的一方或双方提出并购意向，并购意向也可以由公司的大股东提出。并购意向经双方确认之后，双方应互换有关资料，并就并购的有关事宜进行谈判。如果是吸收合并，双方应明确吸收方向被吸收方支付多少费用或者转让多少股份；如果是新设合并，双方要协商各自的资产以何种方法估价投入新设的公司，被并购公司的股东在新设公司中占有多少股份。公司在进行并购谈判时，还应对原有的债务清偿办法作出明确规定。

(2) 签订并购协议

签订并购协议主要适用于善意并购。并购各方就并购的有关具体事宜进行谈判并达成一致意见之后，就可以由并购各方的法人代表或其代理人签订并购协议。公司并购协议一般应包括以下几项内容：① 合并前各公司名称与住所、合并后公司的名称与住所；② 存续公司或新设公司因合并发行股份的数量和种类；③ 如果是以换股的方式合并，应明确合并时的换股比率；④ 如果以支付现金的方式进行合并，应明确合并支付的金额；⑤ 合并前各方的资本处理方法；⑥ 合并前各方的债权、债务及其处理方法；⑦ 存续公司的公司章程是否变更，或者新设公司的章程如何订立；⑧ 合并的日期；⑨ 合并各方认为应载明的其他事项。

(3) 股东大会通过并购决议

并购协议必须经股东大会通过，形成合并决议之后才能生效。根据我国《公司法》的规定，股东大会对公司合并作出决议，必须经代表 2/3 以上表决权的股东通过才具有法律效力。

(4) 通告债权人

公司并购协议经过股东大会决议通过之后，即具备法律效力。并购各方应当在法定期限内通知债权人，债权人可以自接到通知后在法定期限内提出合并异议，如果超过法定期限，债权人未提出异议，即可视为承认公司的合并。根据我国《公司法》的规定，公司应当自作出合并决议之日起 10 日内通知债权人，并于 30 日内在报纸上公告。债权人自接到通知书之日起 30 日内，未接到通知书的自公告之日起 45 日内，有权要求公司清偿债务或者提供相应的担保。

(5) 办理合并登记手续

公司并购完成以后，被合并的公司消亡，取消法人资格，应当到工商行政管理部门办理注销企业法人资格的手续，吊销营业执照。存续的公司或新设的公司应当在法定期限内持相关文件到工商行政管理部门办理登记手续，并进行公告。合并的公司在向工商行政管理部门申请登记时，必须提供以下文件：① 合并申请书；② 政府部门的批准文件；③ 合并各方股东大会同意合并的决议；④ 合并合同；⑤ 存续公司或新设公司的章程；⑥ 经注册会计师验证的合并前后各方的资产负债表、利润表及注册会计师的查账报告等；⑦ 应当提交的其他文件。

7.1.1.4　公司并购的动因

公司进行并购，理论上有不同的解释，从而形成了不同的并购理论。通常的观点认为并购可以产生协同效应。协同效应是公司管理层热衷于并购的主要理由。协同效应的主要来源有：

(1) 收入增加

公司合并之后，可以通过战略协同、营销策略的调整或者减少竞争等手段，使合并后的公司取得比两家单一公司更多的收入，从而使并购产生协同效应。

(2) 成本下降

合并后的公司可能会比两家单一公司更有效率，从而降低经营成本。一般而言，公司并购后可以用以下方式提高经营效率。

① 规模经济效应。规模经济是指大规模生产带来的经济效益，企业在一定产量范围内，随着产量增加，产品的平均成本会降低，从而给企业带来盈利增长。追求规模经济效应是横向并购的一个重要理由。企业通过合并可以在行政管理、会计核算、财务控制等方面进行集中管理，从而节约大量的固定成本支出，为企业带来规模经济效应。

② 纵向整合的经济效应。正如横向并购可以获得规模经济效应一样，纵向并购也可以为企业带来规模经济效应。企业通过纵向并购，使产业链上下游的协作更加容易，这有利于促进合作，方便管理沟通。然而，纵向并购并非越多越好，超过了一定限度反而使管理效率降低。如今，越来越多的企业发现通过配套服务和配件产品外包生产，反而可以提高效率，降低成本。

③ 资源互补性。如果两家公司资源互补，通过合并就可以实现 1＋1＞2 的效果，合并后的公司就会比原来两家单一公司更有价值。

④ 消除低效率。由于不同公司的效率存在差别，高效率的公司收购低效率的公司，可以提升被收购公司的经营效率，使得整个社会的经济活动效率有所提高。

7.1.1.5　公司并购的价值评估

公司并购的价值评估是指对目标公司的价值进行评估。这是公司并购的一个重要问题，它决定了并购公司收购目标公司所付出的代价。如果高估了目标公司的价值就会导致并购公司付出过高的代价，从而使并购公司的收购成本提高，增加并购风险。在实践中，许多公司并购失败的重要原因之一就是对目标公司的估价过高。

在对目标公司进行价值评估时，采用不同的价值评估方法可能会得出不同的评估结果。因此，并购公司应根据目标公司的实际情况来确定合适的价值评估方法。在实践中，目标公司的价值评估方法主要有成本法、市场比较法、现金流量折现法和换股并购估价法。

(1) 成本法

成本法也称资产基础法，是指以目标公司的资产价值为基础对目标公司价值进行评估的方法。确定目标公司的资产价值，关键是要选择合适的资产价值标准。根据资产的价值标准不同，成本法可以分为账面价值法、市场价值法和清算价值法。

① 账面价值法。账面价值法是将会计账簿中记录的公司净资产的价值作为公司价值的方法。公司净资产的价值等于总资产的价值减去负债总额后的余额。由于净资产的账面价值是直接根据会计核算的数据来确定的，因此比较客观，不受人为因素的影响。但是，这种方法是一种静态估价方法，它没有考虑资产的价值变化和资产的收益情况，因而具有一定

的局限性。在实践中，资产的实际价值可能因各种因素的影响而偏离其账面价值。例如，会计上一般按历史成本确认资产价值，但是由于通货膨胀，资产的实际价值已经远远超过当初购置时的历史成本；技术进步可能使某些资产（如机器设备等）发生贬值；由于公司的商誉、高效的管理等组织方面的因素使得公司多种资产的组合能够产生规模效应，具有很强的盈利能力，从而使资产组合的总价值大于各个单项资产账面价值之和。账面价值法主要适用于一些简单的并购活动，尤其是资产的账面价值与实际的市场价值偏离不大的非上市公司。

② 市场价值法。市场价值是资产评估中使用的一个重要价值类型，也是评估师在评估业务中使用最多的价值类型。无论评估对象是某一特定的资产还是一个企业，在评估行业中对市场价值都有一个专业的定义，它是指在公平竞争的市场上由买卖双方在自愿协商的基础上确定的交易价值。相对于账面价值法，市场价值法的优点在于考虑了资产实际价值的变化，并且是以公平竞争的市场环境下的资产交易为假设前提所评估出的价值。因此，市场价值易于为人们所接受。

③ 清算价值法。清算价值是指在评估对象处于被迫出售、快速变现等非正常市场条件下的价值估计数额。在无法持续经营的情况下，公司作为一个整体已经丧失了增值能力，由于深陷财务危机可能导致公司破产清算，此时，公司将被迫出售各个部门和全部实物资产，出售取得的收入扣除债务后的净额就是公司的清算价值。清算价值法主要适用于陷入财务困境的企业的价值评估。

(2) 市场比较法

市场比较法也称相对价值法，是以资本市场上与目标公司的经营业绩和风险水平相当的公司的平均市场价值作为参照标准，以此来估算目标公司价值的一种价值评估方法。市场比较法的基本假设是：在完全的市场中，类似的资产应该具有类似的价值。因此，在难以通过其他方法确定评估对象的价值时，可以参照市场中类似资产的市场价值作为评估依据，并经过合理的调整之后估算出评估对象的价值。市场比较法根据所选择的观测变量不同，可以分为市盈率法、市净率法和市销率法等。

① 市盈率法。市盈率法根据参照公司的平均市盈率水平来确定目标公司的市盈率，据此来评估目标公司的价值。

② 市净率法。市净率法根据参照公司的平均市净率来确定目标公司的市净率，并据此来评估目标公司的价值。市净率是公司的市场价值与净资产的比值，也可以用每股股价除以每股净资产来计算。

③ 市销率法。市销率法根据参照公司的平均市销率来确定目标公司的市销率，并据此来评估目标公司的价值。市销率是公司的市场价值与年销售收入的比值，或者用每股股价除以每股年销售收入来计算。

以上三种市场比较法一般适用于对股份有限公司的价值评估。上市公司信息披露及时、充分，资本市场对类似的公司常常有相近的估值水平，这为采用市场比较法提供了合理的依据。

(3) 现金流量折现法

现金流量折现法是资产价值评估的一种重要方法，其基本原理是：资产价值等于以投资者要求的必要投资报酬率为折现率，对该项资产预期未来的现金流量进行折现所计算出的现值之和。对于经营性资产来说，其价值并非简单取决于资产的购置成本或者现行市场价格。从投资的角度来看，一项资产的价值主要取决于在其寿命期限内能够给投资者带来的期望报酬（通常以现金流量来表示）。现金流量折现法既可用于单项资产的价值评估，也可以用于对一个公司的价值评估。

在公司并购决策中，目标公司的净现金流量指该公司未来持续经营期限内所创造出的自由现金流量。自由现金流量按照计算的范围不同，可分为公司自由现金流量和股权自由现金流量。下面分别介绍公司自由现金流量和股权自由现金流量的估值方法。

① 公司自由现金流量折现模型。公司自由现金流量是以目标公司为主体计算出的现金流量，它是公司经营活动产生的税后现金流量扣除资本性支出和净营运资本增加额后剩余的净现金流量。公司自由现金流量是公司在一定期间内为包括普通股股东、优先股股东和债权人在内的所有投资者创造的净现金流量。

在采用公司自由现金流量评估公司价值时，目标公司价值等于以公司的加权平均资本成本作为折现率对公司自由现金流量折现的现值。

② 股权自由现金流量折现模型。股权自由现金流量是公司普通股股东所能获得的现金流量。股权自由现金流量与公司自由现金流量的差异在于其计算涉及税后利息费用和负债净增加额，它是公司自由现金流量扣除税后利息费用，再加上负债净增加额后的净现金流量，如果存在优先股，还需扣除优先股股利。

在采用股权自由现金流量评估公司价值时，目标公司价值等于以公司的股权资本成本率作为折现率对股权自由现金流量折现的现值。

（4）换股并购估价法

如果并购双方都是股份公司，则可以采用换股并购即股票换股票方式实现并购，并购公司用本公司股票交换目标公司股东的股票，从而实现对目标公司的收购。在有效市场环境下，股票的市场价格反映了公司价值，股东财富取决于股票价格的高低。因此，在并购活动中，并购的协同效应也应当反映在股票价格上，只有并购后并购双方原有股东所持有的股票市值大于并购前所持有的股票市值时，并购活动才能被双方股东接受。采用换股并购时，对目标公司的价值评估主要体现在换股比例的大小上。

7.1.1.6　并购的支付方式

在公司并购活动中，支付方式的选择是并购顺利完成的重要环节，不同的支付方式对并购公司和目标公司会产生不同的影响。在实践中，公司并购的支付方式主要有现金支付、股票支付和混合证券支付。

（1）现金支付方式

① 现金支付方式的概念。

现金支付方式是并购公司以现金为支付手段完成对目标公司收购的一种并购支付方式。它是并购活动中最为常用的支付方式，可分为现金购买资产和现金购买股份。

② 现金支付方式的优点。

第一，现金支付方式简便、快捷，易于为并购双方所接受。对于并购公司来说，采用这种支付方式可以迅速完成并购活动，使有抵触情绪的目标公司措手不及，没有充分的时间实施反收购措施，也使潜在的竞争公司没有充分的时间筹措资金来竞购。因此，在有敌意收购活动中常常采用现金支付方式。

第二，现金支付方式可以保证并购公司的股权结构不受影响。并购公司采用现金支付方式不会增加公司的股票股数，原有股东的持股比例不会发生变化，控制权不会被稀释。这有利于获得股东的支持，顺利完成并购活动。

第三，目标公司的股东可以即时收到现金，比其他支付方式承担的风险小。因此，目标公司股东乐于接受这种支付方式。

③ 现金支付方式的缺点。

第一，对于并购公司来说，需要在有限时间内准备大量的现金，容易导致公司现金流量紧张，可能会形成较沉重的财务负担。

第二，对于日标公司的股东来说，在收到现金时须确认资本利得收益，形成纳税义务，缴纳资本利得税，因此，这种支付方式无法延迟纳税，目标公司的股东不能获得税收利益。税收的影响可能对边际税率较低的中小股东或者享有免税政策的机构投资者来说无关紧要，但是，对于边际税率较高的股东来说影响较大。

④ 现金支付方式的影响因素。

第一，并购公司的现金流量状况。由于现金支付方式需要并购公司支付大量的现金，可能会给并购公司带来流动性不足的问题，导致公司现金短缺，影响其偿债能力。并购公司在选择这种支付方式时，应当充分估算未来的现金流量状况，避免陷入财务困境。

第二，目标公司所在地有关资本利得税收的法规。不同国家或地区资本利得税的税率有很大差别，并购公司在采用现金支付方式时，应当考虑资本利得税的因素，如果资本利得税的税率较高，就会增加收购成本。

第三，目标公司股票的平均成本。在协议并购时，如果采用现金支付方式，必须考虑目标公司股东所持有股票的平均成本。因为收购价格与目标公司股票的平均成本之差形成资本利得，需要缴纳资本利得税。如果目标公司的股票平均成本较低，就会产生较多的资本利得收益，由此增加了目标公司股东的税负，在这种情况下，双方可能要对支付方式作出特殊的安排，以减轻税负。

（2）股票支付方式

① 股票支付方式的概念。

股票支付方式是指并购公司以增发本公司股票作为支付手段来收购目标公司的一种支付方式，可分为股票购买资产和股票交换股票两种方式。股票购买资产方式是指并购公司以其增发的股票交换目标公司的全部或者部分资产。股票交换股票方式是指并购公司以其增发的股票交换目标公司股东的股票，也称换股并购。

② 股票支付方式的优点。

第一，并购公司不需要支付大量的现金，因而不会影响并购公司的现金状况。

第二，并购完成之后，目标公司的股东并没有丧失其股权，而是成为并购公司的股东，并且可以获得并购所实现的价值增值。

第三，目标公司的股东可以推迟收益的确认时间，避免在并购后缴纳资本利得税，获得延迟纳税带来的好处。

③ 股票支付方式的缺点

第一，对于并购公司来说，原有股东的控制权被稀释。由于股票支付方式需要发行新股，这势必改变原有的股权结构，目标公司的股东成为并购公司的股东，使并购公司的原股东持股比例下降，控制权被稀释。

第二,股票支付方式手续烦琐,办理时间较长。采用股票支付方式时,并购公司必须向证券监督管理部门提出增发新股的申请,经证券监督管理部门审核批准之后才可以发行新股进行收购。发行新股会受到一定的限制,办理时间较长,手续较烦琐,可能会延迟并购时间。

第三,采用股票支付方式,可能会引起股票价格波动,给并购带来一定风险。

④ 股票支付方式的影响因素。

第一,并购公司的股权结构。采用股票支付方式会影响并购公司的股权结构,原股东控制权会被稀释,因此应当考虑并购公司原有股东在多大程度上会接受股权的稀释。

第二,每股利润的变化。如果目标公司的盈利状况较差,或者并购价格过高,采用股票支付方式可能会使并购后的公司每股利润下降,导致股票价格下跌。

第三,每股净资产的变化。采用股票支付方式并购目标公司,可能会引起并购公司每股净资产发生变化,从而对股票价格产生影响,因此应当考虑对每股净资产的影响。

第四,财务杠杆的变化。采用股票支付方式并购目标公司,可能对并购后公司的资产负债水平产生较大影响,因此,并购公司必须事先计算采用这种支付方式并购后公司的资产负债率是否合理。

第五,当前股票价格水平。并购公司的股票价格水平是并购公司选择支付方式的一个重要影响因素。如果并购公司股票价格处于上升阶段,股票价格较高,此时选择股票支付方式对并购公司比较有利,增发的新股也乐于为目标公司股东所接受;反之,并购公司股票价格处于下降阶段时,目标公司股东不愿意持有新股,可能会抛售套现,导致股票价格进一步下跌。

(3) 混合证券支付方式

混合证券支付方式是指并购公司以现金、股票、认股权证、可转换债券等多种形式的组合作为收购目标公司的支付方式。采用混合证券支付方式可以取长补短,发挥多种支付方式各自的优势,既可以减少现金支付,避免并购公司因现金紧张而影响并购,也可以通过各种支付方式的比例安排,有效降低目标公司股东资本利得税的税负。因此,这种支付方式可以兼顾并购双方的利益,在并购活动中也越来越多地被采用。

7.1.2　公司重组

关于公司重组的概念,在理论界并没有形成统一的观点。一般而言,公司重组是指公司为了实现其战略目标,对公司的资源进行重新组合和优化配置的活动。公司重组的根本目的是实现公司的战略目标,属于战略层面的问题,而不是具体经营层面的问题。公司重组有广义与狭义之分,广义的公司重组包括扩张重组、收缩重组和破产重组三种类型。扩张重组是指扩大公司经营规模和资产规模的重组活动,主要是通过公司并购实现规模扩张;收缩重组是指对公司现有的经营业务或资产规模进行缩减的重组活动,主要包括资产剥离、公司分立、股权出售、股份置换等方式;破产重组是指对濒临破产的公司进行债务重整,以使其恢复正常的经营状况的重组活动。狭义的公司重组仅仅包括收缩重组。此处所讲的公司重组是指狭义的公司重组。

下面主要介绍三种常见的公司重组方式:资产剥离、公司分立和股权出售。

7.1.2.1　资产剥离

(1) 资产剥离的概念

资产剥离是指公司将其拥有的某些子公司、部门或固定资产等出售给其他经济主体,以获得现金或有价证券的经济活动。由于出售这些部门或资产可以取得现金收入，因此资产剥离并未减小资产的规模，而只是资产形式的转化，即从实物资产转化为货币资产。但是从公司的经营业务角度来看，则实现了经营规模的缩减。最为常见的资产剥离形式是母公司将一个子公司或者部门出售给另一个公司。在这个交易过程中，对于出售方而言实现了经营业务的收缩，对于购买方而言则实现了经营业务的扩张。

(2) 资产剥离的原因

① 盈利状况欠佳。如果公司的某一子公司或部门的盈利状况欠佳，长期以来其投资收益率无法达到公司要求的最低投资收益率，那么公司就应考虑将其出售。公司要求的最低投资收益率是公司用来评价各个部门业绩的最低收益率标准，通常可以采用公司的资本成本率作为最低投资收益率标准。有时公司管理层可能不愿意剥离盈利状况欠佳的部门，因为这样就等于承认其管理不力或者先前的收购决策有误。但是，从股东利益出发，公司应当尽早进行资产剥离，以免这些部门拖公司业绩的后腿。

② 经营业务不符合公司的发展规划。有些部门的业务可能不再符合公司的未来发展规划，公司可能希望脱离这一行业，此时就需要对这些部门进行剥离。尽管这些部门对公司的利润可能依然有贡献，但是会占用公司许多资源，并且不符合公司的未来发展方向，因此，将其出售更有利于公司的未来发展。从公司的角度来看，必须考虑继续持有该部门的机会成本。从社会的角度来看，将这些部门出售给其他更有经验的公司，能更好地发挥这些资产的价值，创造更多的财富。

③ 负协同效应。公司并购的一个主要动机是追求并购的协同效应，但是并非所有并购都可以产生协同效应。如果并购后不能进行有效整合，则可能事与愿违，产生负协同效应。负协同效应是指某一部门单独衡量时的价值要超过其在公司整体结构中的价值，即这个部门对于公司价值的贡献要小于其市场价值。在这种情况下，外部收购者的开价可能超过该部门在公司中所体现的价值。

④ 资本市场的因素。资产剥离可能会给公司以及被剥离出去的部门在资本市场上赢得更多的机会。结构复杂的大型公司可能会令投资者感觉难以归类，从而影响其投资意愿。例如，制药公司属于非周期性行业，受经济周期的影响很小，而房地产开发公司属于周期性较强的行业，不同的投资者对这两个行业会有不同的偏好，有的投资者愿意投资制药公司，而有的投资者愿意投资房地产开发公司，但是一家兼营制药和房地产的综合性公司，就会令投资者难以判断该公司应属于哪一类型的行业，从而影响其投资意愿。如果该公司将制药业务和房地产开发业务进行剥离，则会更吸引投资者，为公司带来更多的资本市场机会。

⑤ 增加现金流入量。公司通过资产剥离出售一些非战略性的资产或部门，能够立刻给公司带来大量的现金流入，改善公司的现金流量状况。有时处于财务困境的公司通常会被迫出售有价值的资产来改善其现金流量状况。

⑥ 被动剥离。公司进行资产剥离大多是主动的，但有时也可能是被动的，这主要是因为政府的反垄断管制。如果政府认为一家公司存在垄断情况，就可能根据反垄断法强制公司进行资产剥离，这种剥离称为被动剥离。

(3) 资产剥离的财务估价

公司在进行资产剥离时，应对计划出售的子公司、部门或资产进行价值评估。通常评估过程应当包括以下几个基本步骤：

① 估计被剥离部门或资产的税后现金净流量。在估计被剥离部门或资产的税后现金净流量时,必须考虑其与公司之间的相关性,因为被剥离的部门或资产可能给公司的税后现金净流量带来正面或者负面的影响,在估价中必须考虑这些因素。

② 确定被剥离部门或资产所适用的折现率。确定折现率应当考虑被剥离部门或资产的风险特性,通常可参照与之业务相同且规模相近的公司的资本成本率来确定折现率。

③ 计算现值。用确定的折现率对被剥离部门或资产的税后现金净流量进行折现。

④ 计算被剥离部门的价值。如果出售的是公司的固定资产,不需要负担任何负债,则上一步所计算的现值就是被剥离资产的价值。如果出售的是公司的一个部门或子公司,还要减去该部门或子公司所应负担的负债的市场价值,才可计算出该部门或子公司作为原公司一部分所具有的价值。之所以使用负债的市场价值,是因为市场在确定负债的当前价值时已经对其现值进行了计算。

经过以上步骤对被剥离部门或资产进行估价,就可以决策资产剥离是否可行。如果扣除交易费用后资产剥离取得的出售收入大于其在公司中所体现的价值,则说明资产剥离交易可行;否则,说明资产剥离交易不可行。

7.1.2.2　公司分立

(1) 公司分立的概念

公司分立是公司收缩经营规模的一种重要方式。在西方的第五次并购浪潮中,许多大型公司开始寻求通过分立和剥离的方式实现股东价值最大化,公司分立变得更加流行。公司分立是指一个公司依法分成两个或两个以上公司的经济行为,分立成立的公司股份仍由母公司的股东持有。公司分立有两种形式,即新设分立和派生分立。新设分立是指将一个公司分割成两个或两个以上的具有法人资格的公司;原公司解散。新设公司应当依法向工商行政管理部门办理登记手续;原公司消亡,应办理注销手续。派生分立是指一个公司将原公司的一部分资产和业务分离出去另设一个新的公司,原公司存续。派生的新公司应当依法向工商行政管理部门办理登记手续,并可取得法人资格;原公司因派生新公司而减少了注册资本的,应当办理变更注册资本的手续。

(2) 公司分立的原因

① 提高公司运营效率。公司的生产经营达到一定规模时才是最经济的,生产经营规模太大或太小都不利于提高公司的经济效益。生产经营规模太小,会使单位业务量分摊的固定成本太多,从而影响公司的经济效益;生产经营规模太大,往往会降低管理效率,容易滋生官僚主义,也会影响公司的经济效益。对规模庞大的公司进行分立,有利于加强公司管理,提高运营效率,更好地适应市场变化。

② 避免反垄断诉讼。与被动剥离的原因相同,当公司规模过大而面临政府反垄断管制时,有可能因涉嫌垄断而遭到诉讼,而公司分立就可以避免发生这种诉讼,当然这种分立可能是非自愿进行的。

③ 防范敌意收购。公司分立可以成为反收购的一种手段。当公司面临敌意收购时,可能会分立出某些部门以削弱自身对收购者的吸引力,这种公司分立可以称为防御性分立。但是,如果这种防御性分立降低了股票价值,可能会遭到股东的反对。

④ 财富效应。公司分立与资产剥离的主要动机之一是许多人相信负协同效应的存在。如果公司分立之后,各新公司的价值之和大于原来公司的价值,就可以为股东带来财富效

应。20世纪70—90年代西方一些学者的研究表明，无论是资产剥离、股权出售，还是公司分立，都能够为股东带来正的财富效应。

(3) 公司分立的程序

公司分立的程序主要包括以下几个步骤：① 提出分立的意见；② 制订分立重组计划；③ 签订分立协议；④ 股东大会通过分立重组决议；⑤ 办理分立登记手续。

(4) 公司分立的财务可行性分析

公司分立是一种经济行为，目的是谋求经济利益最大化，因此，需要对公司分立进行财务可行性分析，可以采用贴现现金流量法计算出分立前后的公司价值并进行比较。只有当分立后的各公司价值之和大于分立前的公司价值时，公司分立方案才是可行的。

(5) 公司分立的重大财务事项

公司分立涉及一系列重大的财务事项，这些财务事项直接影响分立后各方的经济利益，因此，在分立时必须进行公正合理的处理。通常涉及的重大财务事项主要有股东权益的处理、资产的分割和评估、债务的负担和偿还等。

7.1.2.3　股权出售

股权出售是指公司将持有的子公司的股份出售给其他投资者。与资产剥离相比，资产剥离出售的是公司的资产或部门而非股份，而股权出售则是出售公司所持有的子公司的全部或部分股份。如果仅是出售部分股份，则公司将继续留在子公司所处的行业当中。股权出售后，母公司可能不再继续拥有对子公司的控制权，子公司的股东发生变化，一般会组建新的管理团队来独立经营公司。

股权出售的动机与资产剥离交易基本相同，所产生的效应也相近。研究表明，股权出售能够给母公司股价带来正面影响，从而为股东带来正的财富效应。

7.1.3　财务预警

财务危机是公司财务管理活动中的一个重要问题。每次经济衰退都会有大量的企业陷入财务危机，有的不得不申请破产。下面主要介绍财务危机的含义、原因、征兆以及预警等内容。

7.1.3.1　财务危机的含义

关于财务危机的定义，虽然学术界的认识存在一定差异，但对于企业财务危机的表现还是存在一些共识，如经营亏损、股利减少、股价下跌、解雇员工、违约、破产等。财务危机也可称为财务困境或财务失败，是指企业由于现金流量不足，无力偿还到期债务，而被迫采取非常措施的一种状态。企业发生财务危机的主要标志就是现金流量短缺并呈持续状态，无力履行偿还到期债务的义务，不得不采取在现金流量正常情况下不可能采取的非常措施，如变现重要的经营性资产、高息借贷停发现金股利、债务重组、申请破产等。发生财务危机的企业大多也同时会发生经济失败，但是，经济失败是从企业的盈利能力来描述企业的经营状态，而财务危机是从企业的偿付能力来描述企业的经营状态。企业的财务危机实质上是一种渐进式的积累过程，表现为不同的轻重程度，企业的违约、无偿付能力、亏损等都可视为财务危机的一种前期表现，破产倒闭只是财务危机的终极结果。

7.1.3.2　财务危机的原因

财务危机对企业具有重大的危害，在实践中，我们需要研究更为详尽的引发财务危机的原因,为企业改善经营管理、预防财务危机提供更有价值的意见。约翰・阿根提 (John Argenti) 在有关学者研究的基础上,通过案例分析和理论研究,总结出了 8 个导致企业财务危机的主要原因。

(1) 企业管理结构存在缺陷

企业高级管理层存在结构缺陷,会导致企业重大决策失误,由此可能给企业带来重大损失。阿根提认为企业管理结构缺陷主要表现在首席执行官独裁,一人拥有很大的权力,其他董事不作为;高管团队知识结构不平衡,财务职能弱化,缺乏管理深度等。

(2) 会计信息系统存在缺陷

可靠的会计信息可以帮助管理层及时发现问题,为其作出正确决策提供依据。但是,失败的企业会计信息系统常常是不健全的,主要表现在:缺乏预算控制系统,或者预算控制系统不健全;缺乏对现金流量的预测;没有成本核算系统,对资产价值的估价不当。不健全的会计信息掩盖了问题,使财务风险不断积累,直到危机爆发。

(3) 面对经营环境的变化,企业不能及时采取恰当的应对措施

经营环境的变化可分为五大类:第一,市场竞争环境变化,如出现新的竞争对手,竞争对手开发出新的产品等;第二,经济环境的变化,如国家经济政策的调整、经济周期的变化、利息率的变化、通货膨胀、汇率变化等;第三,政治环境的变化,国家政治环境的重大变化必然会影响经济资源的配置,从而对企业经营活动产生影响;第四,社会环境的变化,如人们生活方式的变化、消费习惯的变化、社会人口年龄结构的变化、社会对污染或消费者保护态度的变化等;第五,技术变化,如技术的更新变革。当市场竞争环境、经济环境、政治环境、社会环境和技术条件等因素发生重大变化时,失败的企业往往反应迟钝,不能采取恰当的应对措施,从而在市场竞争中失败。

(4) 制约企业对环境变化作出反应的因素

来自政府或社会的一些限制因素可能会制约企业对环境变化的反应,降低企业的自由度,导致企业付出较高的成本。如政府要求企业承担过多的社会责任,可能会占用企业大量的资源,使企业经营效率低下。

(5) 过度经营

企业过度经营有许多表现形式,例如:过度筹资降低了资金利用效率,以牺牲利润率的方式追求销售额的增长等。

(6) 盲目开发大项目

管理层过于乐观,盲目开发大项目,高估项目的收入或低估项目的成本,导致企业现金流量紧张。企业经常开发的大项目主要包括并购、多元化经营、开发新产品、项目扩张等。如果管理层对大项目判断错误,就可能导致项目失败,给企业造成重大损失。

(7) 高财务杠杆

在经济环境不景气、企业经营业绩下降的情况下,较高的资产负债率会加大财务风险,导致企业发生亏损和现金流量紧张。

(8) 常见的经营风险

任何企业都会面对一些常见的经营风险,这些经营风险一般不会导致企业经营失败,但是对于实力弱小、管理水平较低的企业来说,常见的经营风险也可能使其陷入财务危机。

7.1.3.3 财务危机的征兆

企业发生财务危机之前总会有一些征兆，如果能察觉这些征兆，就可以采取有效措施预防财务危机的发生。下面主要从财务指标和经营状况两个方面分析财务危机的主要征兆。

(1) 财务指标的征兆

企业在日常经营过程中，通过观察现金流量、存货、销售量、利润、收账期、偿债能力等指标的变化，可以察觉财务危机的苗头。

① 现金流量。企业出现财务危机首先表现为缺乏偿付到期债务的现金流量。如果企业经营活动现金流量不断减少，现金流入小于现金流出，并且这种趋势在短时间内并无好转的迹象，就需要引起管理层的注意，及时采取措施，避免现金流量状况继续恶化。

② 存货异常变动。保持一定数量的存货对于均衡生产、促进销售有着重要的意义。除季节性生产企业外，对于正常经营的企业来说，存货量应当比较稳定。如果在某一时期企业出现存货大幅增加或大幅减少的异常变动，就应当引起注意，这可能是企业财务状况出现问题的早期信号。

③ 销售量的非预期下降。销售量的下降会引起企业管理层的高度关注，但是大多数人往往将销售量的下降仅看作营销问题，采用调整价格、产品品种或加强促销等手段来解决，而不考虑财务问题。事实上，销售量的非预期下降会带来严重的财务问题。比如，当一个销售量正在下降的企业仍在大规模向其客户提供赊销时，管理人员就应该预见到其现金流量将面临困境。

④ 利润严重下滑。利润指标是一个综合性的指标，是企业一切经营活动的最终成果。如果企业销售额不增加，成本却不断攀升，就会导致盈利空间逐步缩小，甚至出现亏损。几乎所有发生财务危机的企业都要经历 3～5 年的亏损，随着亏损额的增加，历年的积累被蚕食，而长期亏损的企业又很难从外部获得资金支持，这就出现了财务危机的明显征兆，长期下去企业必然陷入财务困境。

⑤ 平均收账期延长。收账期是反映企业应收账款周转速度的一个重要指标。平均收账期延长，会增加企业在应收账款方面的投资，占用大量的资金。当企业的现金余额由于客户迟缓付款而逐渐减少时，较长的平均收账期就会成为企业严重的财务问题。所以，管理层应重视企业的收账期，以免问题变得更为严重。

⑥ 偿债能力指标恶化。反映企业偿债能力的财务指标主要有资产负债率、利息保障倍数、流动比率、速动比率等，如果这些财务指标在连续多个会计期间不断恶化，就是财务危机的明显征兆。

(2) 经营状况的征兆

企业在发生财务危机之前，在经营状况上可以看到一些危险的信号，下面一些征兆需要引起特别关注。

① 盲目扩大企业规模。企业规模的扩大通常有两种形式：一是内部扩充；二是外部扩张。内部扩充会增加固定资产投资，耗用企业大量现金，如果某一时期公司的固定资产大幅增加，但其生产能力和营销能力未能形成很好的配合，则易导致资金大量沉淀，流动资金紧张。盲目的固定资产扩充往往给财务危机的形成留下隐患。公司并购是外部扩张的一条捷径，作为一种高风险、高收益的行为，不少企业只看到其好处，而忽视了可能的风险。如果企业同时在许多地方大举收购其他企业，同时涉足许多不同领域，则可能使企业负担过重，出

现资金紧张问题。因此，对于企业大量的收购行为要多加注意，避免埋下财务危机的隐患。

② 企业信誉不断降低。信誉是企业在长期经营中创立和积累起来的，是企业的一种重要的无形资产。信誉好的企业能顺利地从银行取得贷款，也能从客户那里享受更多的信用。一旦信誉受损，企业的筹资就会变得十分困难，关联企业间的经济往来、信誉结算将无法开展。企业信用状况将变得更糟，表现为经常拖欠银行贷款、推迟支付货款、迟发员工薪酬等。企业信誉度降低是财务危机的重要征兆。

③ 关联企业趋于倒闭。由于赊销业务的大量存在，企业之间形成了紧密的债权债务关系。当一个企业出现财务危机时，就可能影响关联企业的财务状况。一旦发现关联企业经营情况和财务状况发生异常变化，有财务危机的征兆，就要及时采取措施，防止企业陷入财务困境。

④ 产品市场竞争力不断减弱。产品市场竞争力的高低主要体现在企业产品所占的市场份额和盈利能力上。如果企业产品市场占有率很高，且盈利能力空间很大，说明企业市场竞争力很强；反之，如果企业的产品出现积压，市场占有率明显下降，或产品市场份额未变，但盈利空间明显缩小，就说明企业市场竞争力在减弱，从而埋下了财务危机的伏笔。

⑤ 无法按时编制和报送财务报表。无法按规定的时间编制财务报表，财务报表不能及时报送，会计信息延迟公布，一般都是财务状况不佳的征兆。

7.1.3.4 财务危机的预警

财务危机预警也称财务预警，是指根据企业经营状况和财务指标等因素的变化对企业经营活动中存在的财务风险进行监测、诊断和报警的方法。财务预警作为一种诊断工具，对企业的财务风险进行预测和诊断，避免潜在的财务风险演变成财务危机，防患于未然。财务预警系统可以及时发现企业经营活动中存在的风险因素，当可能危害企业财务状况的风险因素出现时，财务预警系统能预先发出警告，提醒管理层尽早做好准备或采取对策以避免财务危机发生。

为了监测和预报财务危机，国内外学者运用不同的预测变量，采用各种数学工具和方法建立了大量的财务预警方法和预警模型。下面介绍几种主要的财务预警方法和模型。

(1) 定性分析法

定性分析法是通过对企业的经济环境、经营状况和财务状况的判断与分析，预测企业发生财务危机的可能性，具体内容如表7-1所示。

表7-1 财务预警的定性分析法

经济环境	经营状况	财务状况
经济增长率下降或经济衰退	盲目扩张、过度经营	财务杠杆过大、负债金额过大
通货膨胀、失业率上升	市场营销失败、销售下滑	经营亏损
金融市场动荡	预算控制系统缺乏	现金流量恶化
产业政策的不利变化	管理水平低下	应收账款收账期延长
市场竞争加剧	人才流失	存货周转率下降
技术变化	对环境变化反应迟钝	债务违约
政府管制	销售合同违约	成本核算系统不健全
税法变化、税率提高	研发费用削减	粉饰财务报表

表 7-1 中列出了企业在经营过程中可能会引发财务危机的各种因素的变化。这种分析只是一种定性的判断,在实践中还需要根据企业的具体情况进行更详尽的考察和诊断,才能有效地作出财务危机预警。

（2）单变量预警模型

单变量预警模型是指运用单一变数、个别财务比率来进行财务预警。单变量预警模型属于定量分析法,最早建立单变量预警模型进行财务危机预测研究的是菲茨·帕特里克(Fitz Patrick)。1932 年,菲茨·帕特里克以 19 家公司作为样本,运用单个财务比率将样本分为破产组和非破产组,结果表明判别能力最高的是"净利润/股东权益"和"股东权益/负债"两个比率。1966 年,威廉·比弗(William Beaver)沿用这样的思路提出了单变量预警模型,他使用 5 个财务比率对 79 个失败企业和相同数量、同等资产规模的成功企业进行比较研究后发现,预测财务危机准确率最高的是债务保障率,其次是资产净利润和资产负债率,并且离失败日越近,预见性越强,在财务危机发生前 5 年的预测准确率可达 70%,在财务危机发生前 1 年的预测准确率可达 87%。

比弗采用单变量模型进行财务危机预测研究以后,很少有人沿用单变量方法进行分析预测,原因在于单变量模型有以下缺点:

① 从单变量模型的财务意义来看,企业的财务状况不可能通过单一财务比率就可以完全掌握,可能某一财务比率单独考虑时预测效果不显著,但与其他财务比率一同考虑时却可以增强解释力。此外,不同的财务比率可能对同一企业有相互矛盾的预测,以致难以判断。

② 从单变量模型的统计方法来看,它只考虑变量的集中趋势,而没有考虑变量的离散程度。这种对变量变异程度考察的缺失,使得单变量研究未能对所产生的结果作进一步解释,而且单变量模型没有考察所有变量之间的相关程度。

③ 和其他利用财务比率的财务预警方法一样,单变量模型也受行业区别、通货膨胀、地区区别、虚假会计信息的影响。单变量分析只是笼统地说明了公司正处于困境或未来可能处于困境,但不能具体证明公司可能破产或何时破产。

（3）多变量预警模型

为了克服单变量预警模型存在的缺陷,获得更好的财务危机预测模型,学者们从 20 世纪 60 年代起,提出并发展了多变量财务危机预警模型,预测精度和效率得到极大提高。多变量预警模型也属于定量分析法,其中使用最广泛的是多元线性函数模型,下面介绍的 Z 值模型就属于多变量预警模型。

Z 值模型是美国学者爱德华·奥特曼(Edwards Altman)在 20 世纪 60 年代提出的。Z 值越低,企业就越有可能破产。奥特曼提出判断破产企业和非破产企业的临界值 Z,当 Z 值大于 2.99 时,企业在短期内不会破产;当 Z 值小于 1.81 时,企业破产的可能性非常大;Z 值介于 1.81～2.99 之间时,属于"未知区域"或"灰色区域",说明企业的财务状况不稳定,较难估计企业破产的可能性,但作为一个简单的判断标准,2.675 是破产企业与非破产企业的分界点。

7.1.4 破产、重整与清算

7.1.4.1 企业破产的概念与程序

（1）企业破产

企业破产是市场经济条件下的一种客观经济现象,它是指企业在市场竞争中,由于各种原因不能清偿到期债务，通过重整、和解或者清算等法律程序，使债权债务关系依据重整计划或者和解协议得以调整，或者通过变卖债务人财产，使债权人公平受偿。

企业是否达到破产界限，需有明确的法律标准。关于企业法人的破产界限，《中华人民共和国企业破产法》（简称《企业破产法》）第二条规定：企业法人不能清偿到期债务，并且资产不足以清偿全部债务或者明显缺乏清偿能力的，依照本法规定清理债务；企业法人有前款规定情形，或者有明显丧失清偿能力可能的，可以依照本法规定进行重整。

（2）破产程序

现代破产制度主要包括三个基本程序，即重整、和解与破产清算。重整与和解可以统称为破产重组。

重整程序是指对陷入财务危机但仍有转机和重建价值的企业，根据一定程序进行重新整顿，使企业得以维持和复兴，并按约定的方式清偿债务的法律程序。启动重整程序后，不对无偿付能力的债务人进行财产清算，而是在法院的主持下由债务人与债权人达成协议，制订重整计划，规定在一定的期限内，债务人按一定的方式全部或部分清偿债务，同时债务人可以继续经营其业务。重整程序是一种再建型的债务清偿制度，其立法目的在于促进债务人复兴，这是企业破产法律制度的国际惯例，它使得企业破产法不仅是一部市场退出法和死亡法，还是一部企业恢复生机法和拯救法。在提出破产申请后，陷入困境的企业依然有可能通过有效的重整避免破产清算。在重整期间，债务人可以在管理人的监督下自行管理财产并继续进行经营活动。

和解程序是指在债务人无法清偿到期债务的情况下，由债务人提出债务和解协议并向法院提出和解申请，经债权人会议通过和法院认可后，按照和解协议规定的条件清偿债务的法律程序。根据我国《企业破产法》的规定，债务人可以直接向法院申请和解，也可以在法院受理破产申请后、宣告债务人破产前，向法院申请和解。债务人申请和解，应当提出和解协议草案。

破产清算程序是指在债务人无法清偿到期债务的情况下，由债务人或债权人向法院申请对债务人进行财产清算，并公平偿还债权人的法律程序。法院裁定受理破产申请后，应当指定管理人。管理人在破产程序中承担重要的职责，负责债务人财产的管理和处分，决定债务人的内部管理事务，代表债务人参加诉讼或者其他法律程序。

7.1.4.2　企业重整

我国《企业破产法》对企业重整规定了完整的法律程序。根据《企业破产法》的规定，企业重整应当按如下程序进行。

（1）重整申请

依据《企业破产法》的规定，债务人不能清偿到期债务，并且资产不足以清偿全部债务或者明显缺乏清偿能力的，或者有明显丧失清偿能力可能的，债务人或者债权人可以直接向法院申请对债务人进行重整。法院经审查认为重整申请符合法律规定的，应当裁定债务人重整，并予以公告。自法院裁定债务人重整之日起至重整程序终止为重整期间。重整期间又称重整保护期，《企业破产法》设立重整期间的目的在于使管理人或者债务人能够在这段法定的保护期内提出重整计划草案，供债权人分组表决通过、法院认可。

（2）重整计划的制订和批准

债务人或者管理人应当自法院裁定债务人重整之日起 6 个月内，同时向法院和债权人会议提交重整计划草案。债务人或者管理人未按期提出重整计划草案的，法院应当裁定终止重整程序，并宣告债务人破产。

(3) 重整计划的执行

法院裁定批准的重整计划对债务人和全体债权人均有约束力，并由债务人负责执行。已接管财产和营业事务的管理人应当向债务人移交财产和营业事务。但是，在重整计划规定的监督期内，管理人应监督重整计划的执行，债务人应当向管理人报告重整计划执行情况和债务人财务状况。监督期届满时，管理人应当向法院提交监督报告。

(4) 重整程序的终止

重整程序的终止分为正常终止和失败终止两种情况。正常终止是指重整计划经债权人会议通过，并经法院批准后，债务人成功执行了重整计划，债务问题得以解决，重组程序正常终止。失败终止是指在重整期间发生了法律规定的情形后，经管理人或者利害关系人请求，法院裁定终止重整程序，并宣告债务人破产。

7.1.4.3　债务和解

债务和解也称债务重组，是指在债务人发生财务危机的情况下，债权人按照其与债务人达成的协议或法院的裁定作出让步，使债务人减轻债务负担，渡过难关，从而解决债务人债务问题的行为。通过债务重组，债务人可以延长债务的偿还期限，减轻债务负担，调节资本结构，从而走出困境。

(1) 债务和解的方式

① 以资产清偿债务。这种债务和解方式是指债权人和债务人达成协议或者经法院裁定，由债务人用现金或非现金资产来清偿全部或部分债务。但是，债权人通常要作出一定程度的让步，如减免部分债务本金或利息等。这样可以缓解债务人的财务压力，有助于债务人摆脱困境，并且债务人可以由此得到债务重组收益。

② 债权转为股权。这种债务和解方式是指经债权人和债务人协商，债权人将全部或部分债权转作对债务人的股权，对于债务人而言，则是将其负债转为股东权益不再需要偿还。这样实际上改变了负债企业的资本结构，也减轻了债务人的债务负担。

③ 修改债务条件。这种债务和解方式是指经债权人和债务人的协商对债务合同的某些条款进行修改，如延长偿还期限、降低利率、减免应付未付利息、减少本金等。这种债务重组方式主要是为了减轻债务人的债务负担，使其尽快摆脱困境。

以上三种债务和解方式可以组合应用，如部分债务以资产来清偿，部分债权转为股权，或者部分债务修改债务条款等。

(2) 债务和解的程序

企业在符合债务和解条件的情况下，可以与债权人协商债务和解，对企业进行整顿。通常债务和解应遵循以下程序。

① 提出申请。企业进行债务和解应由债务人向法院提出申请。债权人已经向法院申请债务人破产的，债务人也可以向法院提出债务和解申请。债务企业自己申请破产的，如果债权人有债务和解的明确表示，债务人也可以在法院宣告破产前，向法院申请债务和解。债务人在申请债务和解时，应当提出债务和解协议，明确申明进行债务重组的理由，包括企业的经营状况、债务总额、不能偿付债务的理由，以及进行债务重组的必要性和可行性。

② 签订债务和解协议。债务人提出的债务和解协议草案须经债权人会议表决通过。

债权人会议通过和解协议的决议，应由出席会议的有表决权的债权人过半数同意，并且其所代表的债权额占无财产担保债权总额的 2/3 以上。债权人会议通过和解协议后，应由法院裁定认可，并终止和解程序。经人民法院裁定认可的和解协议，对债务人和全体和解债权人均有约束力，债务人应当按照和解协议规定的条件清偿债务。

③ 债务和解程序终止。债务人按照和解协议履行债务清偿义务，按照和解协议减免的债务，自和解协议执行完毕时起，债务人不再承担清偿责任，债务和解程序顺利终止。

7.1.4.4　企业清算

(1) 企业清算的概念

企业清算是企业在终止过程中，为终结现存的各种经济关系，对企业的财产进行清查、估价和变现，清理债权和债务，分配剩余财产的行为。任何企业不论出于何种原因终止，都应当进行清算工作。清算是企业终止阶段的主要工作，企业的经济法律关系只有通过清算才能予以了结。

企业出现以下情形之一，应当进行清算：① 营业期限届满或企业章程规定的解散事由出现；② 股东大会决议解散；③ 因企业合并或分立需要解散；④ 依法被吊销营业执照、责令关闭或者被撤销；⑤ 依法宣告破产。

(2) 破产清算的程序

根据我国《企业破产法》的规定，企业破产清算的基本程序如下：

① 提出破产申请。我国《企业破产法》规定，破产申请可由债务人向法院提出，即自愿破产，也可由债权人向法院提出，即非自愿破产。债务人或债权人向法院提出破产申请，应当提交破产申请书和有关证据。

② 法院受理破产申请。法院接到破产申请后应进行受理与否的审查。法院裁定受理破产申请后，应当指定管理人。管理人可以由有关部门、机构的人员组成的清算组或者依法设立的律师事务所、会计师事务所、破产清算事务所等社会中介机构担任。

③ 债权人申报债权。法院受理破产申请后，应当确定债权人申报债权的期限，债权人应当在法院确定的债权申报期限内向管理人申报债权。债权人申报债权时，应当书面说明债权的数额和有无财产担保，并提交有关证据。申报的债权是连带债权的，应当说明。管理人收到债权申报材料后，应当登记造册，对申报的债权进行审查，并编制债权表。

④ 召开债权人会议，选举债权人委员会。债权人会议是由依法申报债权的所有债权人组成的，决定债务人在破产期间的重大事项。第一次债权人会议由法院召集，自债权申报期限届满之日起 15 日内召开。债权人会议可以决定设立债权人委员会。债权人委员会由债权人会议选任的债权人代表和一名债务人的职工代表或者工会代表组成。

⑤ 法院宣告债务人破产。法院对债务人的破产申请进行审理，对符合破产条件的企业下发破产宣告裁定书，正式宣告债务人破产。法院宣告债务人破产后，应当自裁定作出之日起 5 日内送达债务人和管理人，自裁定作出之日起 10 日内通知已知债权人，并予以公告。债务人被宣告破产后，债务人称为破产人，债务人财产称为破产财产，法院受理破产申请时对债务人享有的债权称为破产债权。

⑥ 处置破产财产。管理人负责处置破产企业的财产。管理人在法院宣告债务人破产后，应当接管破产企业，开展清产核资、资产评估等工作，对破产财产和破产债权进行认定，清理、回收、管理、处分破产企业财产，代表破产企业参加诉讼和仲裁活动。在必要的情况

下，管理人可以组织破产企业继续进行生产经营活动。管理人应当及时拟定破产财产变价方案，提交债权人会议表决。破产财产变价方案经债权人会议表决通过或者法院裁定后，管理人应当适时变价出售破产财产。

⑦ 分配破产财产。破产财产变价处置后，管理人应当及时拟定破产财产分配方案，并提交债权人会议表决。债权人会议通过破产财产分配方案后，管理人将该方案提请法院裁定认可后，由管理人执行。

⑧ 终结破产程序。管理人完成最后的破产财产分配后，应当及时向法院提交破产财产分配报告，并提请法院裁定终结破产程序。法院应当自收到管理人终结破产程序的请求之日起15日内作出是否终结破产程序的裁定。裁定终结的，应当予以公告。管理人应当自破产程序终结之日起10日内，持法院终结破产程序的裁定向破产人的原登记机关办理注销登记。

7.2 华电能源并购锦兴能源

7.2.1 并购各方介绍

7.2.1.1 收购方华电能源基本情况

华电能源股份有限公司（简称华电能源）成立于1993年2月，是黑龙江省政府和原电力工业部首批股份制试点企业之一，公司A、B两种股票分别于1996年7月1日和1996年4月22日在上海证券交易所上市，成为国有电力资产上市的第一股。2002年，公司划归中国华电集团有限公司（简称华电集团），成为该公司在黑龙江省的发展主体和资本运作平台。

华电能源是黑龙江省最大的发电供热企业，全资、控股8家热电联产企业和2家新能源发电企业，公司装机容量745.07万千瓦，总供热面积1.42亿平方米，是哈尔滨、齐齐哈尔、牡丹江、佳木斯四个城市的主要热源单位。公司控股1家从事智慧供热的电气公司，全资1家从事供热工程及环保服务的能源工程公司。

截至本次并购日前，华电集团直接持有华电能源44.80%的股份，是华电能源的控股股东，国务院国有资产监督管理委员会为华电能源的实际控制人。华电能源股权结构如图7-1所示。

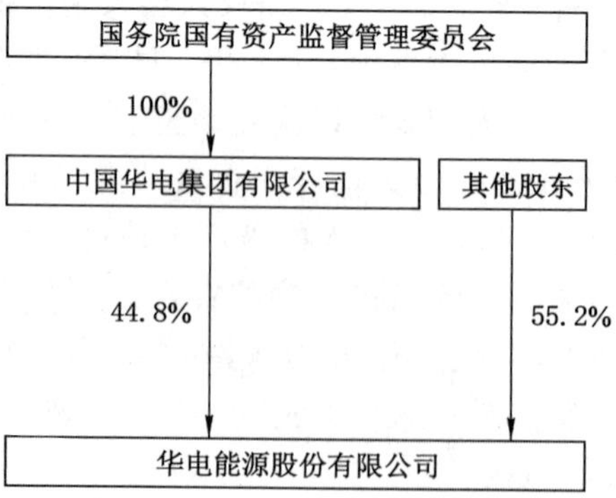

图7-1 华电能源股权结构图

7.2.1.2　出让方华电煤业基本情况

华电煤业集团有限公司(简称华电煤业)成立于 2005 年 8 月,是中国华电集团有限公司专门从事煤炭及相关产业开发、运营的专业公司。华电煤业坚持“煤为核心、产业协同”的原则,按照煤为核心、物流通畅、运销高效的产、运、销一体化发展思路,积极有序推进煤炭及相关产业开发。华电煤业已跻身 5 000 万吨级特大型煤炭企业行列,并形成了以煤炭为核心,集煤、电、路、港、航为一体的综合产业体系,在 2022 年中国煤炭企业 50 强营业收入榜中排名第 20 位、中国煤炭企业煤炭产量千万吨以上企业中排名第 14 位。

截至本次并购日前,华电集团直接持有华电煤业 76.36%股权,并通过下属其他企业间接控制华电煤业 23.64%的股权,为华电煤业的控股股东。国务院国有资产监督管理委员会持有华电集团 90%股权,为华电集团的实际控制人。华电煤业股权结构如图 7-2 所示。

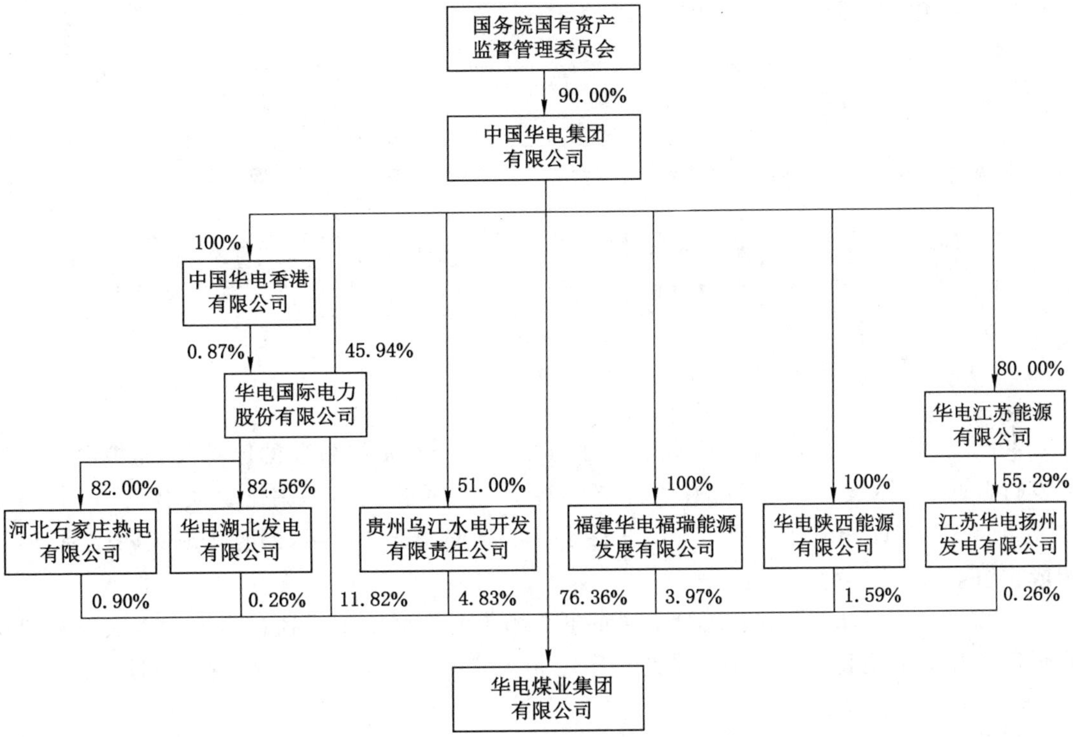

图 7-2　华电煤业股权结构图

7.2.1.3　标的方锦兴能源基本情况

山西锦兴能源有限公司(简称锦兴能源)成立于 2003 年 11 月,其经营范围包括煤炭开采、洗选加工、煤炭销售;煤炭、化工、电力、新能源项目的开发、投资建设、生产经营及相关技术咨询服务;工矿物资、设备采购;物流运输;铁路、公路运营;系统培训;住宿及餐饮服务;货物的装卸搬运、仓储;铁路客货运输业务服务及场站服务;货运代理服务。锦兴能源对外投资 3 家公司,有 2 处分支机构。

截至本次并购日前,锦兴能源的控股股东为华电煤业,持有 51%股权,山西唐融和山西都宝各持有 24.50%股权,锦兴能源实际控制人为国务院国资委。锦兴能源股权结构如图 7-3 所示。

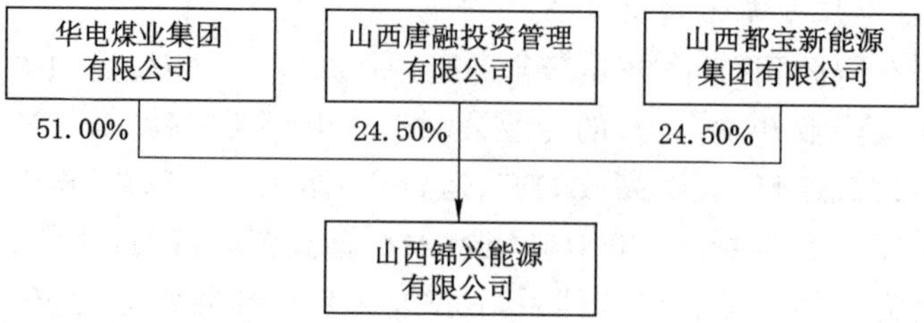

图 7-3　锦兴能源股权结构图

7.2.2　并购过程

华电能源并购重组过程如图 7-4 所示。

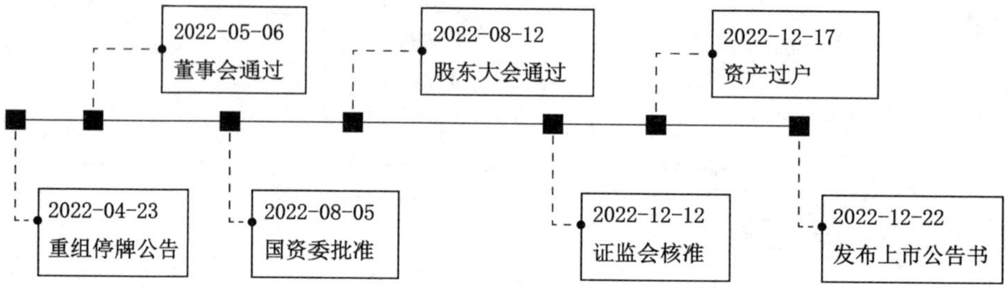

图 7-4　华电能源并购重组过程图

2022 年 4 月 23 日，华电能源发布关于筹划重大资产重组事项的停牌公告，拟向华电煤业发行普通股（A 股）购买其持有的锦兴能源 51.00%股权并募集配套资金，公司股票于 2022 年 4 月 25 日开市起停牌。本次交易预计构成重大资产重组，同时构成关联交易，但不构成重组上市。

2022 年 5 月 6 日，华电能源第十届董事会第十九次会议审议通过了关于本次发行股份购买资产并募集配套资金暨关联交易预案的相关议案。经向上交所申请，公司股票于 2022 年 5 月 9 日开市起复牌。

2022 年 8 月 5 日，国务院国资委出具《关于华电能源股份有限公司资产重组和配套融资有关事项的批复》，原则同意公司本次交易的方案。

2022 年 8 月 12 日，华电能源 2022 年第一次临时股东大会审议通过关于本次发行股份购买资产并募集配套资金暨关联交易方案的议案。

2022 年 11 月 17 日，中国证监会上市公司并购重组审核委员会召开 2022 年第 21 次并购重组委工作会议，对华电能源发行股份购买资产并募集配套资金暨关联交易事项进行了审核。根据会议审核结果，公司本次重组获得有条件通过。

2022 年 12 月 12 日，华电能源收到中国证监会核发的《关于核准华电能源股份有限公司向华电煤业集团有限公司发行股份购买资产并募集配套资金申请的批复》，公司发行股份购买资产并募集配套资金暨关联交易事项获得中国证监会核准。

2022 年 12 月 17 日，华电能源收到中国证监会的核准文件后积极组织开展标的资产过户相关工作，截至本公告披露日，本次交易之标的资产过户手续及相关工商变更备案登记已完成。

2022 年 12 月 22 日，华电能源本次发行股份购买资产的新增股份在中国证券登记结算有限责任公司上海分公司办理完成了登记手续，并取得“证券变更登记证明”。

2023 年 1 月 6 日，华电能源本次募集配套资金非公开发行股份在中国证券登记结算有限责任公司上海分公司办理完成了登记手续，并取得“证券变更登记证明”。

7.2.3　并购动因

7.2.3.1　外部并购动因

(1) 国家倡导煤炭行业深化供给侧结构性改革

煤炭产业是我国重要的基础产业，煤炭产业的可持续发展关系到国民经济的健康发展和国家能源安全。近年来，国家出台了一系列政策，深入推进煤炭供给侧结构性改革。在深化供给侧结构性改革、提高能源发展质量的背景下，2020 年 6 月国家能源局印发《2020 年能源工作指导意见》，指出要坚持煤炭产能置换长效机制，推动煤炭行业“上大压小、增优减劣”，有序建设大型现代化煤矿。《煤炭产业政策》指出，要深化煤炭企业改革，推进煤炭企业的股份制改造、兼并和重组，提高产业集中度，形成以大型煤炭企业集团为主体、中小型煤矿协调发展的产业组织结构。

(2) 响应国有企业改革，实现国有资产的保值增值

2020 年，党中央、国务院提出了关于深化国有企业改革的决策部署，印发了《国企改革三年行动方案(2020—2022 年)》，要求通过实施“国企改革三年行动”，形成更加成熟的中国特色现代企业制度，加快建立健全市场化经营机制，优化国有资本布局，推动战略性重组和专业化整合，推动国有经济发展，切实增强国有资本竞争力。

(3) 煤价上行引发煤电企业业绩波动

2021 年，全球能源供应紧张，国内煤炭市场供需形势变化，煤价涨幅较大，2021 年 10 月 15 日，国家发展改革委印发《关于进一步深化燃煤发电上网电价市场化改革的通知》，燃煤发电电量原则上全部进入电力市场，燃煤发电市场交易电价上下浮动范围原则上扩大为不超过 20%，高耗能企业市场交易电价不受上浮 20%限制，取消工商业目录销售电价，推动工商业用户全部进入电力市场。尽管如此，动力煤期货一度上涨至 2 000 元/吨，现货价格涨至2 500 元/吨以上。受煤价高位运行等因素影响，煤电板块企业经营业绩发生较大波动，面临较大的经营压力。

7.2.3.2　内部并购动因

(1) 提升公司资产质量，改善财务结构

当前煤炭市场宏观表现较好，锦兴能源具备较为突出的盈利能力，华电能源通过本次交易将锦兴能源纳入上市公司主体，以提升公司归母净资产、资产质量和市场竞争力。同时，通过将募集配套资金用以补充流动资金以及偿还银行贷款等，能够有效改善公司的财务结构，减轻财务压力，降低财务费用，从而实现盈利能力的提升。

(2) 整合煤炭资源，实现上市公司可持续发展

本次交易收购资产具有丰富的煤炭资源储量和优质的煤炭产品质量。华电能源作为煤电企业，通过上市公司重组方式，对煤炭资源进行整合，改良资产结构，实现煤电联营和煤电

互保，平抑行业周期波动影响，增强企业抗风险能力，实现上市公司的可持续发展。

(3) 肩负社会责任，保障东北老工业基地能源安全

华电能源作为黑龙江区域电力供应和能源保障的重要支柱企业，发电装机容量占黑龙江省煤电装机容量的比例约为25.89%，是当地居民供热的主要热源，肩负东北老工业基地振兴和维护当地社会稳定的重要使命。公司通过本次交易改善自身资产结构，全面提升经营业绩及盈利能力，增强当地电力供应和能源保障能力，更好地为保障当地经济和民生作出贡献。

7.2.4 并购重组方案

本次交易方案包括上市公司发行股份购买资产和募集配套资金两部分。

7.2.4.1 发行股份购买资产

华电能源拟向华电煤业发行股份购买其持有的锦兴能源51.00%股权，本次交易完成后，锦兴能源将成为上市公司控股子公司。经交易双方充分协商确定，以2022年2月28日为评估基准日，锦兴能源51.00%股权的交易价格为1 073 254.041 9万元。

本次股份发行全部采取向特定对象非公开发行的方式，发行对象为华电煤业，股票种类为境内上市的人民币普通股(A股)，每股面值为人民币1.00元，发行价格为2.27元/股，本次新增股份数量为4 727 991 374股，华电煤业以其持有的锦兴能源股权认购本次发行的股份。2022年12月22日，华电能源已办理完毕本次发行股份购买资产的新增股份登记，相关股份登记到账后正式列入上市公司的股东名册。

7.2.4.2 募集配套资金

华电能源本次发行为募集配套资金非公开发行的股份，发行对象为华电集团、中国华融资产管理股份有限公司、国新投资有限公司、中国国有企业结构调整基金二期股份有限公司、诺德基金管理有限公司、深圳市纵贯私募证券基金管理有限公司纵贯债券增强一号私募证券投资基金、浙江探骊私募基金有限公司探骊优选成长一号私募证券投资基金、上海铂绅投资中心(有限合伙)铂绅三十七号私募证券投资基金，发行股份的种类为境内上市A股普通股，每股面值为1.00元，发行价格为2.21元/股，发行股份数量为1 212 669 683股，均为有限售条件的流通股，募集配套资金总额26.80亿元。本次募集配套资金用于支付本次交易的相关交易税费以及中介机构费用、补充华电能源和锦兴能源流动资金以及偿还债务等。2023年1月6日在中登公司上海分公司完成证券变更登记。

7.2.5 并购效应

7.2.5.1 主营业务结构变化，实现产业链延伸

华电能源所处行业为电力、热力、燃气及水生产和供应业，主要业务为向公司发电资产所在的区域销售电力产品和热力产品，以满足当地社会和经济发展的需求，此外，华电能源从事一定规模的煤炭生产销售业务。锦兴能源主营业务为煤炭开采、洗选加工、煤炭销售等。

结合表7-2，可以看出华电能源2018—2021年主营业务构成是售电占70%左右，供热占20%～25%，煤炭占比不到1%。本次交易完成后，公司2022年主营业务构成变为煤炭占45.62%，售电占38.35%，占供热14.60%，公司第一主业由售电变为煤炭，售电2018—

2021 年毛利率不到 10%，而 2022 年煤炭的毛利率高达 64.07%。公司煤炭板块经营能力得到较大程度的提升，煤炭板块成为上市公司重要的盈利来源，进一步强化上市公司发电、供热、煤炭、工程“四位一体”的产业格局，提升可持续发展能力、抗风险能力以及后续发展潜力，为上市公司整体经营业绩提升提供保证。

表 7-2　2018—2022 年华电能源四大主业构成表

项目	2018 年	2019 年	2020 年	2021 年	2022 年
一、煤炭					
收入/万元	6 030.28	10 477.22	9 648.24	2 030.37	861 090.55
成本/万元	3 438.22	7 848.16	7 466.46	4 794.25	309 373.09
毛利/万元	2 592.05	2 629.07	2 181.78	−2 763.88	551 717.46
毛利率/%	42.98	25.09	22.61	−136.13	64.07
业务收入比例/%	0.61	0.97	0.90	0.21	45.62
二、售电					
收入/万元	705 061.42	770 717.87	763 597.91	688 687.92	724 010.11
成本/万元	665 950.51	706 977.36	732 641.43	739 244.94	737 856.84
毛利/万元	39 110.91	63 740.51	30 956.48	−50 557.03	−13 846.73
毛利率/%	5.55	8.27	4.05	−7.34	−1.91
业务收入比例/%	71.90	71.18	71.56	70.26	38.35
三、供热					
收入/万元	235 019.03	245 955.71	255 870.73	254 671.51	275 623.52
成本/万元	282 276.34	273 436.10	319 083.60	372 930.31	435 201.86
毛利/万元	−47 257.31	−27 480.38	−63 212.87	−118 258.80	−159 578.34
毛利率/%	−20.11	−11.17	−24.71	−46.44	−57.90
业务收入比例/%	23.97	22.71	23.98	25.98	14.60
四、工程					
收入/万元	4 813.47	23 258.58	7 977.76	6 388.01	4 625.15
成本/万元	3 831.59	19 443.23	5 432.70	4 942.62	2 895.52
毛利/万元	981.88	3 815.36	2 545.06	1 445.39	1 729.63
毛利率/%	20.40	16.40	31.90	22.63	37.40
业务收入比例/%	0.49	2.15	0.75	0.65	0.25

数据来源：Wind。

7.2.5.2　股权结构变动，实际控制人不变

本次交易前，华电集团直接持有华电能源 44.80% 的股权，为华电能源控股股东，华电能源实际控制人为国务院国资委。根据标的资产交易作价测算，本次发行股份购买资产完成前后上市公司的股权结构变化情况如表 7-3 所示。

表 7-3 华电能源并购前后股权结构变化表

项目	交易完成前		交易完成后(不考虑配套融资)		交易完成后(考虑配套融资)	
	持股数量	持股比例	持股数量	持股比例	持股数量	持股比例
华电集团控股	881 126 465	44.80%	5 609 117 839	83.78%	6 428 574 856	81.30%
华电集团	881 126 465	44.80%	881 126 465	13.16%	1 700 583 482	21.51%
华电煤业	0	0.00%	4 727 991 374	70.62%	4 727 991 374	59.79%
其他股东	1 085 548 688	55.20%	1 085 548 688	16.22%	1 478 761 354	18.70%
合计	1 966 675 153	100.00%	6 694 666 527	100.00%	7 907 336 210	100.00%

数据来源:华电能源公开披露资料。

本次交易完成后,上市公司控股股东将由华电集团变为华电煤业,实际控制人仍为国务院国资委,本次交易不会导致公司控制权变更,并购后股权结构如图 7-5 所示。

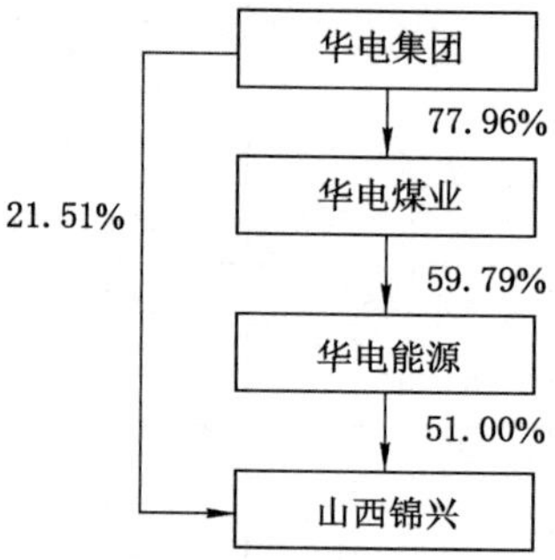

图 7-5 并购后股权结构图

7.2.5.3 财务状况改善,盈利能力提高

根据华电能源财务报告以及天职国际出具的《备考审阅报告》,不含募集配套资金影响,本次交易完成前后上市公司主要财务指标比较如表 7-4 所示。

表 7-4 华电能源并购前后主要财务指标变化表　　单位:万元

项目	2022 年 6 月 30 日/2022 年 1—6 月			2021 年 12 月 31 日/2021 年度		
	交易前	交易后(备考)	变化率	交易前	交易后(备考)	变化率
资产/万元	2 155 879.17	3 268 537.58	51.61%	2 263 372.82	3 454 812.51	52.64%
负债/万元	2 526 503.50	2 936 220.34	16.22%	2 473 369.97	2 968 397.17	20.01%
归属于母公司所有者权益/万元	−361 049.72	95 371.69	126.42%	−210 854.57	148 274.61	170.32%
营业收入/万元	517 059.58	929 124.56	79.69%	980 177.50	1 891 960.75	93.02%
营业利润/万元	−155 843.31	68 211.49	143.77%	−311 433.16	222 721.62	171.52%
净利润/万元	−155 731.32	8 525.93	105.47%	−312 509.66	82 190.00	126.30%
归属于母公司股东的净利润/万元	−145 299.29	−61 528.09	57.65%	−293 687.25	−92 390.42	68.54%
基本每股收益 /元	−0.738 8	−0.091 9	87.56%	−1.493 3	−0.138 0	90.76%

数据来源:华电能源公开披露资料。

本次交易完成后，华电能源的资产规模、营业收入和归属于母公司的净利润等主要财务指标预计将得到提升，公司的业绩水平将得到改善，符合公司及全体股东的利益。

根据 Z 值模型，结合华电能源的财务数据，得出 2019—2023 年第三季度的 Z 值分数，如表 7-5 所示，从中可以看出华电能源 Z 值明显低于警戒值 1.81，财务状况堪忧，企业破产的可能性非常大，但在 2022 年并购重组后显著升高，2023 年 9 月 Z 值接近 1.81，说明公司财务状况明显改善。

表 7-5　2019—2023 年第三季度华电能源 Z 值表

项目	2019 年	2020 年	2021 年	2022 年	2023 年 9 月
X_1 营运资本/总资产/%	−48.32	−26.11	−38.97	−12.48	−13.71
X_2 留存收益/总资产/%	−8.90	−14.15	−27.18	−16.26	−18.43
X_3 息税前利润/总资产/%	4.20	−1.36	−9.98	7.89	21.23
X_4 当日总市值/负债合计/%	16.01	21.54	24.81	68.31	75.82
X_5 营业收入/总资产/%	45.72	46.96	43.31	57.19	86.67
Z 值分数	−0.01	0.04	−0.60	0.86	1.60
Z 值同比增减	0.11	0.06	−0.64	1.46	—
Z 值结果描述	堪忧	堪忧	堪忧	堪忧	堪忧

数据来源：Wind。

思考题

1. 结合华电能源 2017—2022 年财务报表，分析公司进行此次并购重组的动因。
2. 华电能源此次并购重组的影响有哪些？
3. 结合华电能源最新的财务信息，分析公司并购绩效。

【分析思路】

1. 对企业进行内外部动因分析，通过查阅报表，分析企业近几年的财务状况、经营业绩，结合我国证券市场退市制度，分析出华电能源进行此次并购的真正动因。

2. 可以从华电能源业务结构、股权结构、财务状况、经营业绩等方面进行分析，评价并购对华电能源的影响。

3. 可以运用事件研究法分析市场绩效，运用传统财务指标分析、EVA 等方法分析财务绩效。

7.3　永泰能源破产重整

永泰能源因受融资政策不断缩紧、债务规模较大、部分对外投资短期无法形成现金流及收益造成“短贷长投”等因素影响，于 2018 年发生债券违约并触发交叉违约条款，引发连锁反应，造成永泰能源债务风险进一步蔓延，无法清偿到期债务且明显缺乏清偿能力。这场危机涉及金额巨大，债权人众多，2 万余名公司职工面临待岗安置，32 万多户 A 股股民投资可能归零。2020 年 9 月 25 日永泰能源进行破产重整，2020 年 12 月 30 日重整完成，永泰公司在治理结构、资产结构、基本面等方面发生根本性改善，重回良性发展轨道，经营业绩持续向好。

7.3.1 永泰能源基本情况

永泰能源成立于1992年7月30日，注册地址位于山西省晋中市灵石县翠峰路79号，法定代表人为公司董事长王广西。1998年5月13日，经中国证监会核准，公司股票在上海证券交易所上市交易，证券代码为600157。经营范围包括：综合能源开发；大宗商品物流；新兴产业投资（自有资金）；煤矿机械设备、电气设备、工矿配件制造、修理、销售、租赁、安装及技术咨询服务，矿山支护产品生产、销售；煤炭销售。

截至2020年9月25日，永泰能源总股本为1 242 579.53万股，全部为流通A股，资本公积金为980 547.05万元，其中股本溢价部分为979 196.88万元。永泰能源的控股股东为永泰集团。

截至2020年9月25日，永泰集团持有永泰能源402 729.24万股，占永泰能源总股本的32.41％，公司实际控制人为自然人王广西先生。

7.3.2 永泰能源破产重整始末

2018年7月5日，永泰能源发行的2017年度第四期短期融资券未能按期兑付，构成实质性违约，引起了广泛关注，又由于债券发行时设置了投资者保护条款，债券违约时便触发了交叉违约条款。

2020年8月3日，河南省豫煤矿机有限公司以永泰能源不能清偿到期债务并且明显缺乏清偿能力为由向晋中市中级人民法院（简称晋中中院）申请对永泰能源进行重整。

2020年9月25日，晋中中院经审查后认为，永泰能源不能清偿到期债务并且明显缺乏清偿能力，符合重整条件，裁定受理永泰能源重整一案，并于同日指定永泰能源清算组担任管理人。至此，永泰能源重整案进入了司法重整的新阶段，其股票因此由“永泰能源”变更为“＊ST永泰”，以此提示投资者该股票存在退市风险。

2020年11月17日，永泰能源第一次债权人会议通过最高人民法院全国企业破产重整案件信息网成功召开，参会率高达90％；会议听取了管理人对重整进展的工作报告，并表决通过了《关于成立债权人委员会相关事项的议案》，成立了债权人委员会，指定了债权人会议主席。第一次债权人会议后，在晋中中院的监督指导下，管理人协助永泰能源以市场化、法治化的方式，制定了重整计划草案，通过资本公积金转增股票、留债展期、降息支付、现金清偿等多种配套措施进行清偿安排，保障了各债权人以及债务人的利益。

2020年12月16日，第二次债权人会议及出资人组会议成功召开，并高票通过了永泰能源重整计划草案。同日，晋中中院裁定批准永泰能源重整计划，并终止重整程序，永泰能源重整案进入执行阶段。

2020年12月29日，永泰能源在管理人的监督下，完成了重整计划规定的现金清偿、留债通知、股票划转、现金及股票提存等事项，重整计划执行已符合执行完毕标准。

2020年12月30日，晋中中院作出（2020）晋07破1号之三《民事裁定书》，裁定确认永泰能源重整计划执行完毕，并终结永泰能源重整程序。至此，永泰能源重整案取得圆满成功。

7.3.3　永泰能源破产重整前情况

7.3.2.1　资产情况

永泰能源账面资产主要由其他应收款、长期股权投资等构成，根据资产评估机构出具的《资产评估报告》，以重整受理日即 2020 年 9 月 25 日为基准日，永泰能源资产账面价值为 6 631 917.29 万元，按照清算价值法进行评估，评估总值为 2 792 272.44 万元。

7.3.2.2　负债情况

(1) 债权申报情况

截至 2020 年 11 月 24 日，共有 715 家债权人向管理人申报债权，申报债权金额 5 076 749.41 万元，其中申报的有财产担保债权为 818 068.22 万元，申报的普通债权为 4 258 681.20 万元。

(2) 债权审查情况

经管理人初步审查确定，且已提交第一次债权人会议核查，截至本重整计划提交之日，债权人、债务人均未提出异议的债权总额为 3 636 486.27 万元，其中有财产担保债权为 542 584.83 万元，普通债权为 3 093 901.44 万元。上述债权的金额及性质最终以晋中中院裁定确认的结果为准。

(3) 预计债权

永泰能源预计债权主要包括如下三种情形：

第一，债权人已进行债权申报，且管理人已经初步审查，但截至本重整计划提交之日尚未经债权人会议核查的债权，申报总额为 1 154 314.69 万元，其中有财产担保债权为 183 767.38 万元，普通债权为 970 547.31 万元。此部分债权以债权人会议核查，并经法院裁定确认为准。

第二，债权人已进行债权申报，但因涉诉未决、需进一步补充证据材料等原因导致管理人尚无法出具审查意见的债权共计 187 098.71 万元，均为普通债权。

第三，根据公司财务账簿记载、公司说明及管理人掌握的情况，未在债权申报期限内申报但账面记载的债权尚有约 33 594.12 万元，性质均为普通债权。

7.3.2.3　偿债能力分析

根据评估机构出具的“偿债能力分析报告”，如永泰能源破产清算，假定其财产均能够按评估价值变现，按照《企业破产法》规定的清偿顺序，担保财产变现所得优先用于偿还有财产担保债权，剩余其他财产的变现所得优先支付破产费用、共益债务及职工债权，剩余财产用于向普通债权人分配，普通债权受偿率约为 36.57%。具体计算过程如表 7-6 所示。

表 7-6　永泰能源破产清算计算表　　　金额单位：万元

项目	清偿测算
资产评估值	2 792 272.44
减：有财产担保债权优先受偿部分	487 181.99
减：破产费用（含预计财产处置税费）及共益债务	77 830.00
减：职工债权	1 966.18

表 7-6(续)

项目	清偿测算
剩余可供向普通债权人进行分配的财产	2 225 294.27
清算状态下普通债权总额	6 085 314.20
清算状态下普通债权的清偿比例	36.57%

根据“偿债能力分析报告”，永泰能源破产清算状态下的普通债权清偿率为 36.57%，但管理人认为，这一清偿率仍存在很大的不确定性，永泰能源实际破产清算状态下的普通债权清偿率较上述预估并不乐观。

如永泰能源破产清算，能够达到上述普通债权清偿率的前提，一方面为财产均能够按照评估价值变现，另一方面为破产费用和职工债权能够控制在评估机构预测的范围内。但根据永泰能源的实际情况以及破产财产处置的实践经验，如果永泰能源破产清算，主要资产将被迫进行快速变现，价值会大打折扣；对外债权账龄较长，回收难度极大。这些因素都会导致可用于普通债权清偿的财产价值进一步降低。加之司法实践中破产清算程序耗时极为漫长，可能会带来超过预期的费用。基于以上因素，永泰能源在破产清算状态下普通债权实际清偿率可能比“偿债能力分析报告”预计的更低。

7.3.4 永泰能源破产重整计划

7.3.4.1 出资人权益调整方案

永泰能源债务违约后，已无力清偿到期债务，目前已经进入重整程序。为确保债权人会议顺利表决通过重整计划，避免被宣告清算，最大限度维护出资人权益，出资人和债权人需共同作出努力，共同分担实现公司重生的成本。因此，需要对永泰能源出资人的权益进行调整。

(1) 资本公积金转增股票

以永泰能源现有总股本 1 242 579.53 万股为基数，按照每 10 股转增 7.88 股的比例实施资本公积金转增股本，共计转增约 979 196.88 万股股票。转增后，永泰能源总股本将由 1 242 579.53 万股增加至 2 221 776.41 万股。

(2) 转增股票的分配及要求

转增股票不向原股东进行分配，而是全部按照本重整计划的规定向债权人进行分配以抵偿债务及支付相关重整费用。为保障永泰能源恢复持续盈利能力，增强各方对永泰能源未来发展的信心，充分体现控股股东的担当与对永泰能源的支持，控股股东永泰集团自晋中中院裁定批准重整计划之日起五年内不减持其所持有的永泰能源股票；永泰能源董事(独立董事除外)、监事、高级管理人员及永泰能源与所属子公司相关核心管理人员、永泰集团及其所属企业管理层人员(前述人员以公司已披露的增持公告中相关增持人员为准)自重整计划裁定批准之日起三年内不减持其所持有的永泰能源股票。

同时，为了实现债权人有序退出，维护全体债权人利益，受让本次转增股票的债权人，自受让转增股票之日起六个月内不减持其所持有的本次转增的永泰能源股票；自受让转增股票之日起六个月后每个季度减持其所持有的本次转增的永泰能源股票的比例不超过六分之一(每个季度可减持但未减持的本次转增的股票，可累计至以后任意季度减持)。

7.3.4.2　债权分类方案

根据《企业破产法》的相关规定和债权审查确认情况，永泰能源重整设有财产担保债权组和普通债权组，具体情况如下：

(1) 有财产担保债权组

有财产担保债权组的债权总额为726 352.22万元，共计7家债权人，包括经管理人初步审查确定，且已提交第一次债权人会议核查，截至本重整计划提交之日，债权人、债务人均未提出异议的债权542 584.83万元，以及预计债权中管理人已经初步审查，但截至本重整计划提交之日尚未经债权人会议核查的申报金额183 767.38万元。

(2) 普通债权组

普通债权组的债权总额为4 251 547.46万元，共计598家债权人，包括经管理人初步审查确定，且已提交第一次债权人会议核查，截至本重整计划提交之日，债权人、债务人均未提出异议的债权3 093 901.44万元，预计债权中债权人已进行债权申报，且管理人已经初步审查确定，但截至本重整计划提交之日尚未经债权人会议核查的申报金额为970 547.31万元，暂缓确定债权187 098.71万元。

永泰能源不涉及职工债权和税款债权，债权人会议由有财产担保债权组、普通债权组对重整计划进行分组表决。

7.3.4.3　债权调整及受偿方案

(1) 有财产担保债权

① 永泰能源以自有财产为自身债务提供抵质押担保的债权，经法院裁定确认后，由永泰能源在担保财产评估价值范围内留债延期清偿。对于以拟处置资产提供抵质押担保的债权，就担保财产的变现价款优先受偿，拟处置的担保财产未处置完毕的，应按照相应担保财产清算评估价值，预计转入普通债权的额度及重整计划规定的普通债权调整方案预留偿债资源，在担保财产处置完毕后，财产变现价款按照本重整计划规定的受偿方案向其清偿。

担保财产评估价值范围内留债延期清偿具体安排如下：

留债期限：12年。

清偿：前四年每年清偿5%，中间四年每年清偿7%，后四年每年清偿13%。2021年作为第一年，以此类推。

留债利率：按重整计划提交法院及债权人会议前最近一期全国银行间同业拆借中心公布的五年期贷款市场报价利率(LPR)确定，利息以未清偿留债金额为计算基数，自重整计划获得法院裁定批准之日起算。

还款时间：自2021年始至2032年止，每年5月、11月的20日为结息日，结息日的次日为付息还本日，首个付息还本日为2021年5月21日，上述日期如遇法定节假日或休息日，则顺延至其后的第1个工作日，顺延期间兑付款项不另计利息。

担保方式：留债期间原财产抵质押担保关系不发生变化，在永泰能源履行完毕上述有财产担保债权清偿义务后，有财产担保债权人应解除对担保财产设定的抵质押手续，并不再就担保财产享有优先受偿权。未及时办理解除抵质押手续的，不影响担保物权的消灭。

② 永泰能源以其持有的华瀛石化股权等财产为石化板块债务提供质押担保的债权，处置华瀛石化股权时，将予以优先清偿。拟处置的华瀛石化股权未处置完毕的，由石化板块相应子公司按债务协议重组安排继续偿还，不占用永泰能源偿债资源，永泰能源担保措施予以

保留。

③ 永泰能源以自有财产为煤炭板块债务提供抵质押担保的债权，由煤炭板块相应子公司按债务协议重组安排继续偿还，不占用永泰能源偿债资源，永泰能源担保措施予以保留。

（2）普通债权

永泰能源主债权具体调整方法如下：

以债权人为单位，每家债权人 50 万元以下（含 50 万元）的债权部分，由永泰能源在重整计划执行期限内以现金方式全额清偿；超过 50 万元的债权部分按照如下调整及受偿方案清偿：

① 以子公司财产提供抵质押担保的普通债权。鉴于永泰能源子公司与永泰能源财务报表上的合并和经营上的完整性，且永泰能源经营业务主要来源于子公司，为保留子公司的经营性资产，由子公司提供财产担保的债权与永泰能源提供财产担保的债权作同等处理，即永泰能源子公司提供财产担保的债权，参照有财产担保债权清偿方案进行清偿。

② 融资租赁类债权。永泰能源与石化板块联合承租的融资租赁债权，债权人可以选择在石化板块协议重组，也可以选择在永泰能源受偿。选择在永泰能源受偿的，对应融资租赁物评估价值部分与有财产担保债权留债延期部分调整及受偿方案一致，扣除前述融资租赁评估价值的剩余债权作为普通债权，按照无抵质押的普通债权的受偿方案予以清偿。

③ 无永泰能源及其子公司财产提供抵质押担保的普通债权。对于无永泰能源及其子公司财产提供抵质押担保的普通债权及有财产担保债权对应担保财产评估值无法覆盖的债权部分，其中：本金、合同（票面）利息，根据本重整计划的清偿方案清偿，具体清偿方案如下：

第一，留债延期清偿。每家债权人超过 50 万元的债权部分按照 20.78%的比例留债延期清偿，具体留债延期清偿安排如下：

留债期限：12 年。

清偿：前四年每年清偿 5%，中间四年每年清偿 7%，后四年每年清偿 13%。2021 年作为第一年，以此类推。

留债利率：按重整计划提交法院及债权人会议前最近一期全国银行间同业拆借中心公布的五年期贷款市场报价利率（LPR）7 折确定，利息以未清偿的留债金额为计算基数，自重整计划获得法院裁定批准之日起算。

还款时间：自 2021 年始至 2032 年止，每年度 5 月、11 月的 20 日为结息日，结息日的次日为付息还本日，首个付息还本日为 2021 年 5 月 21 日，上述日期如遇法定节假日或休息日，则顺延至其后的第 1 个工作日，顺延期间兑付款项不另计利息。

第二，以股抵债。每家债权人超过 50 万元的债权部分，在扣除留债延期清偿部分后剩余的债权，以永泰能源资本公积金转增股票按照 1.94 元/股的抵债价格进行以股抵债，即每 100 元普通债权将分得约 51.546 392 股，共计抵偿约 1 899 641.95 万元债权。

以股抵债过程中，若债权人可分得的股票存在不足 1 股情形的，则该债权人分得的股票数量按照“进一法”处理，即去掉拟分配股票数小数点右侧的数字后，在个位数上加“1”。

除本金、合同（票面）利息之外，永泰能源欠付的截至 2020 年 9 月 25 日的违约金、逾期利息、复利、滞纳金、迟延履行期间加倍利息等及其他费用，永泰能源不予清偿。

7.3.5　公司破产重整效果

本次重整计划实施完成后，永泰能源资产负债率由 2019 年的 73.07%下降至 2020 年的 56.35%，利息费用由 2020 年的 32.39 亿元下降到 2021 年的 22.32 亿元，节省利息费用 10.07 亿元，2020 年投资收益中债务重组收益高达 47.72 亿元，当年的营业利润仅有 51.74 亿元。

随着重整后债务偿还计划的不断推进，永泰能源负债规模进一步下降，财务结构更加健康，信用功能快速修复，公司重回良好发展轨道，公司价值得到进一步体现，对公司生产经营产生显著积极影响，为全体债权人与出资人提供预期更好、质效更高的回报。公司立足于现有综合能源核心业务基础，充分发挥资源禀赋及区位优势，坚持和推进"聚焦主业、提质增效"的发展战略，致力于发展成为具有区域竞争力的大型综合能源供应商。

思考题

1. 根据我国相关法律规定，企业破产的界限是什么？谈一下企业破产清偿顺序。
2. 根据永泰能源案例，当企业处于破产界限时，应当如何在破产与重整之间抉择？
3. 永泰能源的重整计划，对于债权人、投资者、职工、国家等利益相关者的影响如何？
4. 结合 2018—2022 年永泰能源年报，分析公司重整前后的变化。

【分析思路】

1.《中华人民共和国企业破产法》第一章总则和第十章破产清算相关条款。

2. 破产与重整的选择依据是债务人与债权人对公司预期的破产价值和重整价值大小。根据永泰能源的自身情况，按"偿债能力分析报告"和企业重整计划等，分析重整价值与破产价值的大小。

3. 可以从债权人、投资者、职工、国家等利益相关者的收益、风险、时间等方面进行分析。

4. 对永泰能源的财务状况、经营成果、现金流量进行综合分析与评价，可以借助 Z 值模型、EVA 等理论。

第 8 章 煤炭企业集团财务管理

本章主要包括企业集团财务管理理论综述和煤炭企业集团财务管理案例两部分，通过学习，熟悉企业集团的概念与特点，理解企业集团的类型及特点，熟悉企业集团的组织结构，掌握企业集团财务管理特点，理解企业集团的财务管理体制，熟悉企业集团的财务机构及其职责划分，熟悉企业集团筹资的特点与方式，掌握企业集团资金集中管理的模式。

8.1 理论综述

8.1.1 企业集团财务管理概述

8.1.1.1 企业集团的概念

“企业集团”一词源于第二次世界大战后的日本。它是以资本(产权关系)为主要纽带，通过持股、控股等方式紧密联系、协调行动的企业群体。它是一种大型企业联合体，是若干个公司联合在一起，相互有着某种直接的或间接的经济利益联系的企业组织形式，一般是由众多具有法人资格的企业以资本相互渗透而形成的多层次、多法人的企业联合体。

我国《企业集团登记管理暂行规定》将企业集团定义如下：企业集团是指由多个经济法人在自愿互利的基础上，以追求规模经济效益为目的，以资本为主要联结纽带的母子公司为主体，以集团章程为共同行为规范的母公司、子公司、参股公司及其他成员企业或机构共同组成的具有一定规模的企业法人联合体。

企业集团不具有企业法人资格。企业集团应具备下列条件：第一，企业集团的母公司注册资本应在 5 000 万元人民币以上，并至少拥有 5 家子公司；第二，母公司和子公司的注册资本总和在 1 亿元人民币以上；第三，集团公司的成员单位均具有法人资格。

8.1.1.2 企业集团的类型

按内部联结纽带划分，企业集团大致有以下几种类型。

(1) 契约型集团

契约型集团是以产品、资源、技术、生产协作、销售等为内容，通过契约形式组建的企业集团。从法律地位、组织形式、利益分配等方面来看，成员间是通过合同等契约形式进行的产品生产及销售的横向联合；参与联合的各成员企业拥有完全自主权，享有独立法人地位，原行政隶属关系、税收上缴渠道和方式都不改变，这一般是企业集团初期采用的形式。成熟企业集团的松散型成员也用这种形式，我国大多数企业集团最初都是以这种形式组建的。

(2) 财团型集团

财团型集团与母子型集团的法律特征基本相同，差异在于母子型集团的母公司也从事生产或经营活动，而财团型集团则是以庞大的银行、金融公司为核心，在集团中只是处于控股地位，自身并不从事商品生产或经营活动，即除了资产联结外，没有其他联结纽带，如日本的三菱、三井、住友、富士、三和、劝银六大财团。目前，中国仅有几个具备财团雏形的企业集团，如招商局集团和中信集团。

(3) 母子型集团

母子型集团亦称作股权型集团，母子型集团往往有一个大型产业公司作为核心，其核心通常被称为集团公司，即集团的母公司或支配公司，是企业集团核心经济实体。母公司通过对其他企业、公司的控股，掌握集团控制权，营造起由子公司、孙公司等层级组成的金字塔式的企业组织结构，处于塔尖的母公司通过派往子公司的董事(监事)贯彻其经营目标；子公司用相同的方法控制孙公司。在这种类型的集团中，各成员单位仍是独立的法人，自主经营。但由于被控股的原因，成员企业的决策受母公司影响和支配，所有集团成员最终共同实现集团整体的战略目标。

企业集团内部各成员根据控股、参股的程度以及经济技术协作关系，一般可以分为核心企业、紧密层企业、半紧密层企业和松散层企业等不同的层次。其中，集团公司又称母公司或控股公司，为核心企业；集团公司完全控股的子公司(母公司占其股份总额的50%以上)为紧密层企业；集团公司参股的公司(母公司占其股份总额低于50%)为半紧密层企业；而通过契约连接的企业为松散层企业。企业集团成员间还有产品、经营等连接纽带，而非单纯产权纽带。

在母子型企业集团中，集团成员可分为四个层次：第一个层次——集团公司(即核心企业，法律地位为母公司，公司内部有若干分公司或分厂)；第二个层次——子公司(也称核心层、紧密层，与集团公司是母子关系)；第三个层次——参股、合伙性质的成员企业(也称半紧密层，在集团统一管理下，与集团公司是参股或合伙关系)；第四个层次——契约型企业(也称松散层，在集团统一管理下，与集团公司是契约、合同关系)。

企业集团可能由母公司和很多子公司、孙公司组成，母公司与子公司、孙公司的联系往往都是以资本为纽带。根据母公司在子公司资本中的投入比例不同，子公司可以分为以下四种类型。

① 全资子公司。全资子公司，即子公司的资产100%来自集团，这类子公司实际上是集团从事具体经营活动的部门，它必须完全贯彻集团的意图。所以，这种类型的母子公司关系具有高度的集权性，集团的权限很大，不仅具有一般公司法规定的股东权限，而且集团掌握子公司的一切人事、财务、分配和经营管理方面的控制权和监督权，子公司实际上是集团经营的延伸。但是，过度的集权控制会使子公司经营者失去积极性，因此即便是在全资子公司的体制下也应该处理好集权与分权的关系。否则，面对竞争激烈的变化和变化多端的外部环境，子公司的适应性和灵活性就显得不够。

② 控股子公司。控股子公司，即集团持股50%以上的子公司，它是集团经营的主要承担者，体现集团的主要业务方向，与全资子公司一起承担企业的主营业务，由于控股公司是由两个以上的利益主体投资形成的，因此在处理集团与控股全资公司的关系时，还必须兼顾其他股东的利益。一般来说，集团对这种子公司的控制体现在重大投资决策、资产收益分配、资产重大变动、总经理的任免和企业改制等方面。

③ 参股子公司。参股子公司，即集团持股20%～50%的子公司，它是集团进行多元化经营经常采取的形式，主要体现集团纵向的产业一体化经营和横向的多元化扩张思路，这种

类型的子公司同上述子公司比较起来具有更大的经营自主权。同时，要注意的是，在股权结构较分散的情况下，少量的股权比例就可以实现控股或重大影响。如果是这种情况，企业集团以掌握众多股东中最大股份的方式实现了控股，参股子公司其实是相对控股子公司而言的，其功能作用类似于控股子公司。

④ 关联子公司。关联子公司，即集团持股20%以下的企业，它是集团内松散型的企业群体，体现出集团对外延伸的范围，并同其他关联企业一起组成集团多元化经营的一部分。关联子公司与集团的关系不是那么严密，主要按照公司法、公司章程和双方的意愿进行合法的协作经营，关键是集团应派股东代表出任子公司的董事、监事和其他的管理人员，履行法定的权益。一般而言，母公司可根据子公司生产产品特点、经营领域，以及对母公司或对集团公司的重要程度来决定其投入到各子公司的股本比例。显然，那些对母公司或集团有重要影响的子公司，可考虑全资控股或控股；而对关联程度相对低一些的子公司，可考虑相对控股和参股。此外，母公司还需要根据自己的实力来通盘考虑其投入下属公司的整个投资额以及投资的分散程度。在集团第一层母子公司关系的基础上，子公司同样可以投资于其他企业，从而形成下一个层次的母子公司关系，并依此类推。从集团整体来看，就形成了母公司、子公司、孙公司，乃至曾孙公司等一个以资本为纽带的整体。

8.1.1.3 企业集团的基本特征

企业集团的具体特征与其所在国家、产业特性、所有制结构、内部组织结构等密切相关，但从最基本的层面来看，企业集团有以下特征：

（1）企业集团由多个法人组成

企业集团是由多个法人组合而成的经济实体，但其本身不具有法人资格，集团内各成员保持各自独立的法人地位。由于企业集团本身是以盈利为目的的企业利益共同体，既不是行政性公司，也不是经济管理机构，其整体在法律上不具备法人资格，也没有法律地位，因此不需要统一纳税、统负盈亏。

组成企业集团的成员可以多种多样，包括工商企业、科研单位、金融组织等，一般集团成员是具有法人地位（企业法人或事业法人）、在法律上独立核算的单位，但作为整体的企业集团却不具有法人地位。即使核心企业对下属企业具有经营管理的特权，每个成员企业的管理仍是自主的、自立的。

（2）企业集团的组织结构具有多样性与开放性

企业集团的多样性和开放性是由以下几个方面决定的：第一，集团内部的联结纽带是各种经济利益，包括资本、契约、产品、技术等，联结关系的多样性决定了集团内部组织的复杂性和多层次性。第二，企业集团的组建有合并、兼并、收购、分立、相互持股，乃至直接新建等方式，多种组建形式最终必然形成多样化的组织结构。第三，由于企业集团不是独立的法人，因此集团内部不存在行政隶属关系，下属事业部或子公司在集团共同的发展目标和规划下独立经营，对于企业集团的管理，也就不可能采取固定的方式和强制的关系，这更加促成了集团组织结构的多样化。第四，根据企业集团的具体经营情况、承接项目的要求和安排生产的情况，企业集团内部协作的形式也是多样化的，由此可能形成多种形式、纵横交错的组织结构，并不断调整变动。第五，组成企业集团的各种经济利益在不断变化之中，旧的经济利益会调整或消亡，新的经济利益会产生，经济利益的大小和重要性也不相同，因此企业集团的组织结构与单位企业相比更加多变，其边缘部分也存在模糊性（如某个法人企业有可能同时是两个企业集团的成员）。

(3) 企业集团的规模巨大

这里既指整个集团的规模，也指集团中核心企业的规模。企业集团产生的原因就在于通过联合产生多方面的规模经济和聚合力，具有更好的稳定性和风险分散性，以更好地参与激烈的市场竞争。因此，无论在西方发达国家还是在国内，企业集团的平均规模都大大超出了可比的单体企业的平均规模。在不同国家和不同行业中，规模的大小具有很大的相对性。

从经营来看，企业集团的庞大规模和资金融通实力使其不仅可以形成从技术开发、产品生产到产品销售的有机整体，而且有必要也有可能通过多元化经营来分散经营风险和获取多种机会，所以企业集团的经营范围往往跨行业、跨国界。从目的来看，企业集团有更高的获利能力和更多的获利方式。因为，企业集团有着内部、外部融通资金的便利条件，有着跨行业、跨地区、大范围、多角度经营的特殊功能和有进出口业务的经营权力，乃至跨国经营等特定内容。这些特征使企业集团相对于单个大企业的优势十分明显。

(4) 企业集团的生产经营具有连锁性和多元性

企业集团内部的生产经营联合既有纵向联合，又有横向联合。集团关系既可能是多家生产同类产品的企业的联合关系，也可能是由原料供应、生产加工、销售供应等企业组成的高度连锁相关的关系，还可能是多家企业共同处于一家控股公司控制之下，业务间几乎没有联系，当然也有不少企业集团是几者皆备。当企业集团形成以后，在外界环境压力下可能有实力向相关领域不断扩展，也有可能有动力向其他不相关行业进军。

8.1.1.4　企业集团的组织结构

按照集权、分权程度，企业集团的组织结构主要分为过度集权的组织架构(U形结构)、过度分权的组织架构(H形结构)、集权与分权有机结合的组织架构(M形结构)三种形式。

(1) U形结构：过度集权的组织架构

U形结构，也称为一元结构，是由泰勒首先提出的，是现代企业最基本的一种组织结构形式。它将管理工作按职能划分为若干个部门，各个部门只有很小的自主权，权力主要集中在企业的最高决策者手中。

U形结构的优点：有利于集中领导，统一指挥，便于调配人、财、物；有利于落实总部的战略部署，加强对分部的控制，使整个企业有较高的稳定性。

U形结构的缺点：高层领导者陷于日常的经营活动，无力顾及长期发展战略决策与控制；由于企业的行政机构越来越庞大，各部门之间的协调也越来越困难，管理成本逐渐上升；下级部门的主动性、积极性不能有效发挥。

从企业集团的发展历程看，U形结构主要适合处于初创期且规模相对较小的企业集团，或者业务单一型的企业集团。

(2) H形结构：过度分权的组织架构

H形结构，也称为控股公司结构，集团总部持有子公司部分或全部股份，下属各子公司具有独立的法人资格，所从事的产业一般关联度不大，从而形成相对独立的利益中心和投资中心，控股公司依据其所从事的活动内容，可分为纯粹控股公司和混合控股公司。纯粹控股公司是指其控股目的只是掌握子公司的股份，支配被控股子公司的重大决策和生产经营活动，而本身不直接从事生产经营活动的公司。混合控股公司是指其控股目的是既从事股权控制，又从事某种实际业务经营的公司。

H形结构的优点：子公司作为独立的法人和利润中心，对其经营管理享有高度的自主权，有利于调动其积极性；子公司的经营业务可以分布于完全不同的行业，有助于分散集团的经营风险；集团总部可以摆脱日常经营管理事务，专注于整个集团发展战略的规划与推进。

H形结构的缺点：集团总部不能直接对子公司行使行政指挥权，必须通过股东大会和董事会，加大了控股公司的管理成本；子公司拥有很大的独立性和自主权，集团总部在资源调配方面比较困难；母子公司为独立的纳税单位，相互间的经济往来和盈利需双重纳税。

(3) M形结构：集权与分权有机结合的组织架构

M形结构，也称为事业部制或多部门结构，是U形结构和H形结构两种结构的进一步演化。在这种结构中，各个事业部拥有一定的经营自主权，实行独立经营、独立核算，通常是半自主的利润中心，按产品、区域和服务等来设立。各事业部通常下设职能部门来协调、管理分部的生产经营活动，各事业部虽然以利润为中心，但其利润的计算并非完全依赖市场，而只能在企业统一发展战略的框架内谋求自我发展。

M形结构的优点：各事部虽不是独立的法人，但却是相对独立的利益主体，在利润分配和投资决策等方面有较大的自主权，能灵活自主地适应市场变化；有利于高层领导者摆脱日常事务，集中力量用于重大事项的决策；实现了集权和分权的适度结合，既调动了各个事业部发展的积极性，又能通过统一协调与管理，有效制定和实施集团公司的整体发展战略，能做到上下联动，互相有效配合，反应速度更加敏捷。

M形结构的缺点：事业部之间的横向联系差，容易产生本位主义，影响各成员企业之间的协调；管理层次增加，协调和信息传递困难加大，从而在一定程度上增加了内部交易费用。

M形结构有利于企业集团实行向前、向后一体化，对供应商和客户先前有可能在市场上完成的交易进行内部化，把越来越多的业务活动置于一个企业之中，从而扩大了生产线的规模和产业组织的范围。因此，这种结构适合规模较大、多元化经营的控股公司。

8.1.2 企业集团财务管理体制与内容

8.1.2.1 企业集团财务管理的特点

(1) 企业集团的财务管理主体复杂化

企业集团呈现为一元中心下的多层次复合结构特征。企业集团财务关系涉及面广，涉及各个企业内部即集团内部各成员企业的财务关系，涉及企业集团作为整体对外发生的财务关系。

单体企业的财务管理与企业集团的财务管理相比，变成了“微观”层面上的管理。子公司的财务管理活动既具有独立性，又对集团公司具有服从性。一方面，子公司是独立法人，应具有独立的经营管理权和理财自主权；另一方面，子公司应遵循总部统一的财务战略、财务政策与基本财务制度。

企业集团的核心层(核心企业或集团公司)有两个不同范围的管理主体：一是集团公司本身的财务管理；二是集团公司作为母公司或控股公司针对所属不同类型的成员公司所进行的财务管理。

由于集团组建模式和组织形式的不同，财务管理的主体大大复杂化了，可以是集团公司、控股公司、集团总部、事业部、超事业部、子公司等。而且，构成企业集团的成员在所有制、产权形式、行业、规模，甚至国别上都不一样，这种差别使得财务管理主体更具复杂性。

(2) 企业集团财务管理活动复杂

在筹资方面，企业集团筹资与单个企业筹资的不同之处主要表现在以下两个方面：第一，企业集团筹资的内涵增大。单体企业的内部筹资主要是指企业的积累，而企业集团的内部筹资除了通常意义上的自我资金积累之外，还包括集团内部企业之间的资金融通，即母公司与子公司、子公司与子公司之间的资金相互融通。集团内部企业之间相互提供资金融通的方式是多种多样的，可采取相互持股、发行债券、短期商业信用等形式。集团内部筹资的优势在于筹资成本相对较低，交易费用较少。第二，债务筹资的财务杠杆效应更为显著。企业集团内以股权联结的多层次结构使得财务杠杆效应更为明显：一方面，母公司资本具有一定的负债能力；另一方面，在母公司向子公司投资，形成子公司资本后，又产生新的负债能力，这就从整体上放大了集团资本的负债能力，使企业集团筹资的杠杆效应明显高于单个企业。财务杠杆效应的存在显著扩大了企业集团的融资能力，同时也加剧了企业集团的财务风险。

在投资方面，与单个企业相比，企业集团的投资管理具有更重要的意义。从对外投资来看，不仅投资规模大，投资方范围广，而且投资活动将带来整个企业集团的重组，其复杂程度比单个企业的投资活动要大得多。从内部投资来看，企业集团内部的相互投资以及由此带来的资产重组活动也相当频繁。此外，集团内委托代理关系的存在，使得企业集团投资管理活动更加复杂。

在收益分配方面，企业集团内部有多种分配方式，如利润上缴、投资分成、转移价格、提取管理费等。利润上缴方式适用于集团内部的分公司和全资子公司；投资分成适用于集团下属的控股子公司、联营企业和参股企业。提取管理费用方式是在集团公司内部运作尚不规范的情况下，解决集团公司管理费用来源的办法，适用于集团内部的分公司和全资子公司。内部转移价格也是调节集团内部利润的一种方式。

(3) 企业集团财务管理的基础是控制

企业集团的财务管理是企业集团的基本手段，核心层对企业集团其他层次的控制是管理的基础。企业集团的控制有两个层面：一是对集团中成员的经济控制；二是对企业集团经营业务的实际控制。前者其实是指组织架构和权力分配的问题；后者则是指控制的实际操作以及确定标准、衡量业绩、纠正偏差的过程。两者都反映在目标控制、过程控制与结果控制之中。企业集团财务控制的核心是资本控制，主要通过权限控制、组织控制和人员控制来实现。换句话说，企业集团财务控制可以理解为一个基本层面(控制的框架，包括集权与分权的安排、组织结构的设计与财务人员的职能)与三个环节(目标控制、实施过程控制与监督评价)。

企业集团是一种较为密集的企业外部组织形式，它具有相对的稳定性，因此企业集团比其他企业联合形式更易于控制。从另一个层面上看，财务控制是企业集团内的母公司或核心企业对众多处于不同层次的子公司或非核心企业进行实质性控制的重要方面，企业集团的财务控制在难度上显著增加。这既体现于上述集团财务管理在管理对象、管理层次、管理职能和管理方法上的复杂性，更体现在企业集团的财务体系(财务实行分权管理和集权管理的两难选择)及集团组织结构和财务人员的职能设置上。

(4) 以产权管理为核心

在企业集团这种现代企业组织形式中,集团总部通过直接投资形成被投资企业的法人资本,通过资本控制关系实际控制成员企业的全部资产,实现由资产到资本的转化,并通过这一过程控制企业集团的全部财务资源。对于成员企业来说,母公司是资本的投入者,享有"出资人"所拥有的全部权力,包括资产收益权、重大经营决策权和财务决策权等,形成基于产权资本的管理。产权管理与业务经营是两种不同性质的管理活动,尤其是产权管理具有相对的独立性和系统性,包括资本投资的决策、资本关系的调整(如调整投资比例)、资本的考核与控制。随着产权管理成为企业集团财务管理的一项重要内容,企业集团的财务管理也开始集业务经营与资本经营于一体。对母公司来讲,财务管理偏重于资本经营;对各个子公司来讲,财务管理偏重于业务经营。

对于企业集团财务管理中的产权管理,要特别处理好资本运作与企业集团产业发展的关系。从经济发展的历史来看,金融资本仅为产业资本的发展创造条件,产业资本才是决定经济发展的最终力量,因此企业集团的发展应以产业资本经营为主。也就是说,企业集团应致力于实体资产的长期经营,并以核心产业的发展壮大和实现协同效应为根本。企业集团的长期投资以及收购、兼并等资产重组行为,必须围绕着如何盘活企业集团的存量资产和增量资产,以增强集团核心竞争力,有效实现企业集团的战略转移。这与以从事金融型投资,通过证券投资组合规避风险、获取收益,以及以从事企业"买进—短期经营—卖出"等业务为主的投资银行有根本的区别。

(5) 企业集团财务管理突出战略性

战略一般是指重大的、关系事物全局的、涉及时间相对较长的,同时又决定或严重影响事物发展前途和命运的重大谋划。战略与企业集团的生存发展息息相关,企业集团的财务管理具有明显的战略相关性。

首先,企业集团的形成本身就是战略选择的结果。母公司选择组成集团的成员,是根据自身实力、发展方向、双方的优劣势等情况而定的。集团成员的联结方式,如相互持股、控股、参股、协议等,都是战略的实施和体现。

其次,企业集团的日常经营和竞争也离不开集团战略。企业集团成员众多,职能地位不一,为了协调一致,真正发挥企业联合的规模效应和范围效应,取得与单体企业和其他企业集团相比在竞争中的优势,必须从整体与局部、短期与长期等多个角度出发来考虑集团的生产经营。

最后,企业集团的成长必须有战略指导。集团的规模大小、专业化与多元化的发展方向、自我发展或者以多种兼并或协议的方式成长,都属于集团战略的范畴。财务战略是为了谋求企业资金均衡有效地流动和实现企业整体战略,在分析企业内外环境因素对资金流动影响的基础上,对企业资金流动进行全局性、长期性和创造性的谋划,并确保其执行的过程。企业财务管理的实际效果是在企业的生产和经营中实现的,故财务战略不但是企业战略的主体之一,而且渗透到企业战略的其他部分,如营销战略、人力资源战略当中。所以,企业集团财务管理的一个重要特点是宏观性、战略性的增强。

(6) 企业集团内部的财务管理同时带有强制性和非强制性

强制性是指企业集团财务管理制度一经制定,集团内部成员企业必须遵守执行。前提是集团在制定这些财务管理制度时,要求各成员企业必须参与,对于共同认可的制度性内容,必须贯彻执行。强制性的财务管理制度内容包括对外融资的担保及抵押办法、集团内部融资的办法及利率、内部转移价格的制定与执行、各成员企业较大的投资项目或涉外经营的批准程序、各成员企业主要负责人的职责及薪酬水平、资产负债率水平等。

非强制性是指企业集团成员企业在不违背企业集团财务管理制度的前提下，可以对某些财务事项自行决策。自行决策的内容包括资产处置权、对外融资权、职工工资及福利等。

8.1.2.2　企业集团的财务管理体制

（1）企业集团财务管理体制的类型

财务管理体制是指企业在处理财务活动中的组织框架和管理机制，主要包括组织框架的安排、财务管理权限的划分和财务管理机构的设立等内容。企业集团内复杂的产权关系、多元的财务主体等特征，使选择一种适合企业集团的财务管理体制成为必然，建立企业集团财务管理体制的核心是决策权和控制权的划分问题，即解决集权和分权的关系问题。企业集团财务管理体制按管理权限的集中程度可分为集权型、分权型、混合型三种类型。

① 集权型财务管理体制。在集权型财务管理体制下，财务管理决策权高度集中于母公司，母公司对子公司实行严格的控制，实施统一核算，统一调配资金，并实行集中管理。其特点如下：财务权力高度集中于母公司，对子公司人、财、物和产、供、销实行统一经营、管理、决策和核算。

各成员单位只是执行集团总部的财务决策。集权型财务管理体制的优点：第一，财务管理效率较高，企业信息能实现较充分的纵向沟通，有利于在重大事项上迅速果断地决策，并使各子公司与母公司总体财务目标保持一致。第二，有利于母公司发挥财务调控功能，便于整体协调，能较好地发挥整体资源的整合优势，提高整体资源的利用效率。第三，通过集团产品结构和组织结构的整体优化，有利于降低成本、统一调剂集团资金，从而取得规模效益。

这种模式是基于对子公司经理层不信任的假设上，其最大缺陷在于无法调动子公司经理层的积极性。具体体现在以下五个方面：

第一，因决策信息不灵带来的低效率。最高决策层远离经营现场，信息掌控不完整易造成决策低效率甚至失误。第二，制约了子公司理财的积极性和创造性，部分剥夺了子公司的理财自主权，甚至侵犯了其独立法人的地位。第三，不利于母公司专心从事战略管理。母公司事无巨细地对子公司的日常经营活动与财务活动进行管理，不利于企业整体的长远规划和发展。第四，难以应付复杂多变的环境。由于决策集中、效率降低，因此应付市场变化的能力大大降低。第五，难以对子公司的经理人员的业绩进行评价和考核。子公司的经理人员实质上只是起到母公司“临时工”的角色，对子公司的经理人员的业绩也就无从评价和考核，因此不可能使企业集团管理行为真正规范。另外，在子公司的破产或清算中，无法清理母子公司间的财务利益关系。由于母公司指挥的失败导致子公司破产或清算，会在很大程度上破坏“有限责任”这一原则，也会使母公司财务陷入困境，导致无法理清母子公司间的财务利益关系。

因此，这种模式主要适用于下列三种情况：第一，企业集团的规模不大，且处于组建初期，需要通过集权来规范子公司的财务行为；第二，子公司在集团整体的重要性使得母公司不能对其进行分权，如子公司是母公司的原料供应或采购单位，或是母公司产品的销售对象；第三，子公司的管理效能较差，需要母公司加大管理力度。

② 分权型财务管理体制。在分权模式下，母公司只保留对子公司重大财务事项的决策权或审批权，不干预子公司日常的生产经营、财务事项的决策权与管理，其对于公司的管理

强调的是结果控制，即对子公司完成受托责任的情况进行考核与评价。

分权型财务管理体制的主要优点有以下几点：第一，企业集团高层能够将有限的时间和精力集中于最重要的战略决策；第二，各子公司拥有充分的理财权，财务决策周期短，应对市场变化能力较强，减少了集团公司的决策压力；第三，有利于激发成员单位的工作热情和创造性，从而提高经济效益。

分权型财务管理体制也有其明显的缺陷，主要体现在以下三个方面：第一，易造成诸侯割据、各自为政的局面，不利于整个集团资源的优化配置，可能难以产生财务协同效应。第二，难以统一指挥，由于纵向沟通不及时或不通畅，信息分散化和不对称的现象较常见，重大事项的决策速度被减缓。第三，监督难以到位，容易导致经济活动不规范、成本开支失控财务监控不力、资金分散等，增加了企业集团的资金风险，降低了资金使用效率，不利于及时发现成员单位面临的风险和可能出现的重大经营问题。综上可知，这种模式主要适用于资本经营型企业集团和某些对集团没有重要影响的子公司。

③ 混合型财务管理体制。混合型财务管理体制是指集权与分权相结合的财务管理体制，强调在分权基础上的集权，不仅发挥各成员单位的积极性和主动性，而且从严理财，是一种自下而上的多层次决策的体制。其特点如下：母公司对成员单位在所有重大问题的决策与处理上实行高度集权，子公司对其他一切经济活动具有较大的自主权。此模式的优点如下：有利于综合吸收集权和分权的优点，克服或最大限度地消除过度集权或过度分权的弊端；由母公司对重大问题统一领导，有利于提高企业集团的整体经济利益，增强其在竞争中的实力和应变力；各子公司对其他经营活动拥有相对独立的自主权，能有效地调动其工作积极性并实现其自我约束。但是，母公司往往会造成管理链条较长，相关的监督成本较高，而且难以把握集权和分权的尺度。

企业集团财务管理体制从总体上要解决和面临的最大问题是集权与分权的关系问题。其在体制上，关系着组织结构的设置与权责利的明确；在管理战略上，关系着集团总部对成员企业积极性的判断与专业分工和团队协作机制的塑造。

集权和分权是相对的，没有绝对的集权，也没有绝对的分权，集权和分权没有一个绝对的定量指标来衡量。企业集团应根据外部环境和竞争的需要，结合集团自身生产经营和组织机构的特点以及财务运行模式和环境的差异，创造适合自身特点的财务控制模式。一般来说，集权型财务管理体制能发挥企业集团的整体优势，便于集团宏观调控与指导；而分权型财务管理体制可使下属企业结合自身特点灵活决策，有助于调动下属企业的积极性和创造性。而且，并不是集团内的每一个企业都享有完全的财务管理权利，而是集团公司将其直接控股的子公司的权利分散给它们，然后这些子公司又在各自的下属企业之间选择集权、分权或放权的管理体制。

(2) 企业集团财务管理体制选择的影响因素

在集权与分权财务管理体制选择上，并没有统一的标准，但是有一些影响因素，需要在选择时加以考虑影响企业集团财务管理体制选择的因素是多方面的，既有集团内在的因素，也有集团外部的因素；既有主观的因素，也有客观的因素及历史的原因。

① 财务权利的划分。从管理的角度来看，企业集团与单体企业管理的不同之处主要在于以产权为基础的管理主要反映在重大项目的投资决策、重大的筹资决策、产权收益分配权和主要领导干部的任免权等方面。财务目标决定了财务资源的配置和利用，资源配置的好

坏直接影响到企业当前和未来的经济利益。围绕财务目标产生的不同层次和角度，财务权利大致可以划分为以下四种，它们是企业集团进行财务体制选择时需要重点考虑的。

第一，财务决策权。财务决策权是宏观上经营者财务权力的最高层次。财务决策权还可以分解为财务战略决策权和财务运作决策权，其主要内容包括投资决策权、筹资决策权、财务收益分配权、会计政策决策权、财务领导任免权、资产处置权等。

第二，财务资源调配权。财务资源调配权是指依据具体项目和生产情况调动财务资源的权利，是由财务决策权分化出来的权力。这种权力在分布上依据生产特点和项目性质而异，在分配上依据职务等级而异，如预算审批权、流动资金调配权等。

第三，财务资源使用权。财务资源使用权是最低一级的财务权利，是财务资源调配权行使后的体现，也是保证财务资源真正发挥作用的权利，如购买办公用品、工资奖金分配等。

第四，财务监控权。财务监控权是对其他几个层次的财务权力的分配过程和行使过程进行监督和控制的权利。在较低层面上，财务监控权是财务决策权派生出来的监督财务资源调配和使用情况的权利；在更高的层面上，它是企业所有者监督企业经营者的财务权利。

② 财务环境因素。财务环境分为宏观财务环境和微观财务环境两方面。其中，宏观财务环境主要是指企业理财所面临的政治、经济、法律和社会文化环境；微观财务环境主要是指企业自身的组织形式、所处发展阶段、行业性质和规模等。

8.1.2.3　企业集团的财务机构及其职责划分

尽管由于企业集团规模、业务性质和文化背景等诸多因素的不同，不同的企业集团财务机构及其职责划分具有各自不同的特点，但是一般来说，企业集团的财务机构及其职责是按以下模式划分的。

(1) 集团总部的财务机构

企业集团财务管理总部是集团财务系统的综合管理部门，由首席财务官(CFO)直接领导，总部的财务管理机构一般由会计、财务、审计、资金管理等部门组成。

① 集团总部会计部门的职责权限。作为集团总部日常会计核算工作与会计信息归集、整理与对外财务会计信息披露的唯一提供者，会计部门主要负责以下工作。

第一，集团总部日常会计核算工作。

第二，集团统一拟定会计政策及会计制度。

第三，集团财务信息化建设。

第四，控股企业报表管理与合并、对外信息提供及对外信息披露。

第五，集团下属公司财务报表分析、配合外部审计对集团会计报表鉴证等。

② 集团总部财务部门的职责权限。作为集团财务战略具体实施中心、财务政策传达中心、预算管理中心、财务风险预警中心和财审团队管理中心，财务部门主要负责以下工作。

第一，集团及控股企业财务战略的运行态势监控和维护。

第二，财务通则及制度拟定与监督。

第三，预算及财务计划实施监控。

第四，风险预警与防范。

第五，投资项目管理、税收筹划、资产管理、内部转移价格、股票和期权管理、股利分配政策。

第六，内部管理报表分析。

第七，财审团队建设与管理等。

③ 集团总部资金管理部门的职责权限。作为集团全系统内资金分配、使用、管理、结算、调剂的职能管理部门，资金管理部门主要负责以下工作。

第一，统一集团内结算账户和存款。

第二，办理集团各下属单位的贷款审查、发放、收回。

第三，集团内现金结算、内部资金调剂和企业授信管理

第四，统一管理融资内的担保和贴现业务。

第五，集团内票据的统一保管和管理。汇总各下属单位资金使用情况的旬报表，并提出分析意见。

第六，负责与银行搞好公共关系，保障融资渠道的畅通。

(2) 子公司的财务机构设置

子公司的财务机构设置既要有独立性，又要符合上一级财务部门有效控制的要求。由于集权与分权形式的不同，子公司的财务机构设置可能有很大差别。一般来说，如果子公司与母公司设有同样的财务部门，那么这个部门应归属母公司的相应部门进行对口管理，其决策权限由上级部门授予，并要向上级汇报本公司的预算以及提交财务报告。

(3) 财务总监委派制

财务总监(CFO)是企业集团日常财务工作的直接发动者、组织领导者和最高负责者。财务总监委派制是指集团母公司将子公司的财务总务总监列为母公司财务部门的编制人员，由母公司直接委派并考评，负责子公司的会计核算和财务管理工作，参与子公司的经营决策，并认真执行母公司制定的各项财务管理制度。该制度实际上是两权分离的产物，是在财务监督制度基础之上的创新，其最终目的就是维护作为所有者的母公司的权益，在集团内部母子公司之间形成相互制衡的监督约束机制，在减少子公司投资失误、防范经营风险、避免资产流失等方面发挥着不可或缺的作用。

8.1.3 企业集团筹资管理

8.1.3.1 企业集团筹资的特点与方式

(1) 企业集团筹资的特点

① 筹资内涵扩大。对于单个企业而言，内部筹资主要是指企业的积累，而对于企业集团的内部筹资除了通常意义上的自我资金积累，还包括集团内部企业之间的内部融资，即母公司与子公司、子公司与子公司之间相互提供资金的融通，可采取相互持股、发行债券、短期商业信用等形式。

② 筹资聚合效应显著。一个集团公司是否具有财务优势，最主要的不是业已占有或拥有财务资源的规模，而在于是否拥有或创造出更多、更顺畅的融资渠道，以及有无足够的能力去有效地利用这些渠道筹措资金。在这一点上，集团公司的能力要远远大于单一成员企业。

③ 筹资决策多层次化。在集团公司中，母公司作为核心企业，与其下属各级子公司处于不同的管理层次，各自的融资决策权利、内容大小也各不相同，导致在集团公司内融资决策的多层次化。母、子公司的融资决策权的界定，取决于集团财务管理体制的不同，集团公司在牢牢确立母公司主导地位的基础上，必须充分考虑不同产业、地区、管理层次的企业的

不同情况，合理处理集权与分权的关系，从而最大限度地减少内部矛盾，真正调动集团各层次成员企业的积极性和创造性，保证集团发展规划和经营战略的顺利实施。

④ 财务主体多元化。集团公司的一个重要特点是母公司与被控股的子公司之间在法律上彼此独立的法人资格，并以资本的结合为基础而产生的控制与被控制机制。这是集团公司与事业部机制的重大区别。

事业部机制虽然是大公司所采取的高度分权的体制，但是每个事业部一般没有独立法人资格；集团公司的各子公司均为独立法人，都是利润管理中心或投资管理中心，是较为彻底的分权单位，各子公司具有独立的经营管理机构并独自负有利润责任，拥有独立筹资能力，形成“公司内的公司”，所以集团公司本身就意味着多个理财主体。

（2）企业集团筹资方式

① 外部资金融通。依据筹资决策主体又可分为两种形式：集中型筹资，即由集团公司统一对外筹资，然后以一定方式投入各成员企业使用；分散型筹资，即由成员企业根据规定直接对外筹资。

② 内部资金融通。内部资金融通是指集团公司利用自身拥有的资金和各成员企业的闲置资金，在集团内部进行资金融通使用。集团公司内部资金的调剂和融通主要方式有成员企业之间的借款、相互担保、股权转让或调拨、内部资产重组和内部产品交易、利润留存等。

8.1.3.2　企业集团资金集中管理的模式

（1）统收统支模式

统收统支模式是指企业的一切现金收付活动都集中在企业的财务部门，各分支机构或子公司不单独设立账号，一切现金支出都通过财务部门，现金收支的批准权高度集中在经营者或者经营者授权的代表手中。

统收统支模式有助于企业实现全面收支平衡，提高现金的流转效率，减少资金的沉淀，控制现金的流出，但是不利于调动各层次开源节流的积极性，影响各层次经营的灵活性，以致降低集团经营活动和财务活动的效率。

（2）拨付备用金模式

拨付备用金模式是指企业按照一定的期限统拨给所属分支机构和子公司一定数额的现金，以备使用。在各分支机构或子公司发生现金支出后，持有关凭证到企业财务部门报销以补足备用金。

与统收统支模式相比，拨付备用金模式使得集团所属的各分支机构有了一定的现金经营权。集团所属的各分支机构或子公司在集团规定的现金支出范围和支出标准之内，可以对拨付的备用金的使用行使决策权，但是集团所属的各分支机构或子公司仍不独立设置财务部门，其支出的报销仍要通过集团财务部门的审核，现金收入必须集中到集团财务部门，超范围和超标准的支出必须经过经营者或其授权的代表批准。拨付备用金的优点是有助于企业实现资金预算管理，达到减少内耗的目的。其缺点是资金整合力度偏弱，无法解决资金过多占用的问题。

（3）内部银行模式

内部银行模式是将社会银行的基本职能与管理方式引入企业内部管理机制，从而建立起来的一种内部资金管理机构，主要职责是进行企业或集团内部日常的往来结算和资金调拨与运筹。

该模式要求企业内部所有的单位都必须在内部银行设立账户，各单位遵照内部银行统一制定的结算制度进行日常现金结算及往来核算，内部银行实施银行化管理，对下属各单位统一发放贷款、对外统一筹措资金，实施对企业资金的统一监控。

这种模式的优点是子公司之间通过内部银行的资金调度解决了内部资金盈缺失衡的问题，使得集团整体的对外债务规模降低，提高集团公司整体的信贷信誉等级。其缺点是内部银行不是独立的机构，集团内公司与集团外公司通过内部银行进行结算很不方便；内部银行只是模拟银行职能，与真正的市场化运作还有一定差距；相比投资职能，内部银行更关注融资职能，其投资管理职能有待加强。

(4) 资金结算中心模式

资金结算中心模式通常是由企业集团内部设立的，办理内部各成员或分公司的现金收付和往来结算业务的专门机构。它通常设立于财务部门内，是一个独立运行的职能机构。

在资金结算中心模式下，企业集团需要在银行开设一个集中账户，要求各成员企业在此账户下向其所在地的商业银行实名开设两个账户(一个收款账户、一个付款账户)，用于收支两条线。成员企业还要在结算中心开设虚拟账户，用于内部往来结算及内部计息。集团总部、成员企业、开户银行应就账户的开设、管理及资金结算签订相关的协议。

资金结算中心的主要功能有五个方面：账户管理、内部结算、内部资金配置、外部资金往来业务和投资融资。资金结算中心模式通过账户管理，实现资金融通、资金流动和投资等决策过程的集中化，各子公司仍然拥有较大的经营权和决策权，母公司也能及时掌握子公司的资金状况和经营情况。

该模式能够促进集团内部资金管理专业化，发挥规模优势，提高管理效率。该模式的缺点是作为企业集团的内部管理机构通过行政手段约束子公司的行为，不是完全市场化的资金管理模式；同时结算中心缺乏丰富的融资手段，资金的投资管理力度较弱。结算中心模式主要适用于成长速度较快、资金管理要求较低且集团管控力强的大中型企业集团。

(5) 财务公司模式

财务公司模式是一种经营部分银行业务的非银行金融机构，其经营范围除抵押放款以外，还有外汇、联合贷款、包销债券、不动产抵押、财务及投资咨询等业务。我国的财务公司大多是集团公司发展到一定水平后，由中国人民银行批准，作为集团公司的子公司而设立的，所以，它还担负着集团公司的理财任务。

财务公司与资金结算中心的区别是财务公司是一个独立的法人企业，与其他企业的关系是一种等价交换的市场竞争关系，承担集团公司募集资金、供应资金和投资的功能，并且为集团所属子公司寻找项目供应资金，因而财务公司也行使对子公司和对投资项目资金使用的监控功能。

财务公司模式的优点是实现了完全的市场化运作，资本运作能力和风险防范能力更强；运用多种融资手段，结合集团优势，可进一步优化融资结构，降低融资成本；通过合理的投资，可使集团的闲置资金得到充分有效的利用。其缺点是需要大量高素质的人才，且需要经过中国人民银行的审批，设立比较困难；此外，财务公司模式对子公司的资金监控职能较弱，需要子公司具有健全的公司治理能力。

8.2　龙煤控股集团财务管控

8.2.1* 龙煤控股集团简介

龙煤矿业控股集团，简称龙煤控股集团，是黑龙江省最大煤炭企业集团。

龙煤集团于 2004 年年末成立，由中央下放地方管理的鸡西、鹤岗、双鸭山、七台河四个国有重点矿区整合而成。龙煤集团所属四个国有重点矿区中，鸡西矿区和鹤岗矿区具有百年开发史，双鸭山矿区和七台河矿区也有 60 多年建企史。

2008 年，黑龙江省国资委出资组建了黑龙江矿业控股集团有限责任公司，经营范围为对权属企业进行投资、资本运营管理，并将龙煤集团、四个矿业公司、龙兴集团、省煤机集团整体划入龙煤控股集团。

2009 年，龙煤集团整体变更为黑龙江龙煤矿业集团股份有限公司(简称龙煤股份公司)，是龙煤控股集团的核心主业公司，是集团最为优良的资产，也是集团谋求上市的主体公司。企业经营范围为煤炭生产、洗选加工及销售，电力生产，煤矿专用铁路运输经营，煤炭焦化及煤炭深加工，煤炭生产销售企业相关物资的采购和内部供应。现注册资本 832 633.191 7 万元，其中黑龙江龙煤矿业控股集团有限责任公司为第一大股东，持股比例 82%。其他战略投资者还包括：鸡西矿业(集团)有限责任公司、双鸭山矿业集团有限责任公司、鹤岗矿业集团有限责任公司、七台河矿业精煤(集团)有限责任公司、宁波港集团有限公司、上海汇银投资有限公司、福建七匹狼集团有限公司、黑龙江省电力开发公司、鞍钢股份有限公司、中国华能集团公司、中油资产管理有限公司、中国长城资产管理公司。

龙煤股份公司主要下属全资子公司有：黑龙江龙煤鸡西矿业有限责任公司、黑龙江龙煤鹤岗矿业有限责任公司、黑龙江龙煤七台河矿业有限责任公司、黑龙江龙煤双鸭山矿业有限责任公司。

8.2.2　龙煤控股集团经营模式

龙煤控股集团采用母子公司体制，建立统一的信息网络平台，利用信息化管理的手段，对所属子公司的生产经营进行管理，构建科学规范的内部经营运作模式。

(1) 财务管理

建立财务集中、分级核算、统分结合的财务管理体制。设立财务结算中心，实行内部银行结算、预算化管理、网络化运行。负责公司内外的投融资，制定和实施公司整体的财务计划和风险控制措施，对下属单位财务管理进行监督指导。

(2) 销售管理

对煤炭销售实行“统一调控商品煤总量，统一订货，统一价格、统一调运，统一结算”。对于存续企业的煤炭销售采取收购制，以确保其销售工作纳入龙煤控股集团统一销售的体系。创造条件对地方煤矿实行统一合同、统一价格、统一运输。

(3) 物资管理

建立集中采供的物资管理体制(包括存续企业的煤炭物资供应)。对材料、设备、主要配件等大宗物资实行集中招标采购或网上采购，对低值易耗品和救灾急需物资由分公司根据生产需要自行采购。

(4) 生产管理

建立煤炭生产的科学管理体系,确保各煤炭生产单位按照先进的技术标准和规范组织生产。对煤炭生产单位的技术改造和更新投入进行统一规划。

(5) 安全监察

总经理是安全生产的第一责任者。其主要职责包括:监督检查《煤矿安全法》贯彻落实情况,对各类安检工作进行监督监察,协调上级管理部门,负责对各类安全事故的调查和处理。

(6) 人事管理

各级管理人员实行聘任制,员工实行劳动合同制,建立能上能下、能进能出的新型用人机制。

(7) 工资分配

实行工效挂钩的分配机制。在分公司模拟子公司管理的体制下,分公司根据其产量、销售收入、模拟利润贡献、考核指标完成情况等综合因素确定工资总额,以体现多劳多得的分配原则。

(8) 发展规划

根据煤炭行业发展趋势、国家有关政策、公司自身经营状况等综合因素,研究制定公司中期、长期发展目标,对公司的经营活动进行战略规划管理。

8.2.3 龙煤控股集团财务管控模式

2019 年,借助用友 NC Cloud,龙煤控股集团的财务管理开始从过去的分散管理走向集团统一管控,开启了集团财务管控的新模式。龙煤控股集团 500 余家核算单位实现了在同一个信息化平台进行财务核算的业务处理,实现了财务会计科目体系、组织机构、客商档案、银行账户、人员等基础数据统一。

(1) 财务数据共享

建立了标准化的数据管理平台及核算体系,为各成员单位及集团本部财务核算数据的及时、高效、准确提供了有力保障。针对各二级财务系统独立存在造成的核算口径不一致和数据上报周期长且不一致的现状,通过前期的项目调研和有针对性地对会计科目体系的讨论,形成了全集团统一的会计科目体系,并将该体系作为全集团唯一的核算标准。同时对基础数据进行了深入梳理和核查,形成一套组织机构信息,并将该信息固化到系统中作为部门核算的唯一依据;建立客户、供应商信息有效的准入流程,对长期合作的客户、供应商进行分类处理,对现有客户、供应商进行统一社会信用代码审核,保障数据的真实有效。

通过财务共享服务中心提高财务的智能化运作水平,大幅提升财务工作效率。即引入财务机器人方案,将单据、凭证审核、月结、自动申报、银行对账等标准化的事务型工作交由机器人自动完成,从而提升工作效率,节约人工成本。

通过以上财务基础工作的有效推进和落实,夯实了集团财务管理基础,搭建了标准化、精细化的集团财务信息化管理平台,也为各成员单位财务核算统一了核算口径,同时为各级单位的财务核算工作提供了清晰的指导意见,为集团财务的资金管理、预算管理以及未来的财务共享打下了坚实的基础。

（2）资金统筹管理

资金是企业的血液，传统资金分散管理的方式，不利于激发资金的活力和实现资金价值最大化，信息技术可以促使资金管理模式向科学化、规范化转变。通过用友 NC Cloud 的资金集中管理平台的账户管理、现金管理、银企直连、票据管理等模块，龙煤集团可以实现在资金结算中心统一处理结算业务，以此降低资金成本，有效利用闲置资金。同时，通过 CA 认证等功能，实现对资金业务综合有效的监控，降低潜在风险。并且借助可视化图形分析工具，可以直观地看到企业各项经营数据，以辅助管理者科学决策。通过银企直连，可以线上实时处理相关业务，提高效率，也促进了商业银行对集团服务的改善。

从系统本身来看，现有的资金管理系统综合性强、业务范围广，结合业务经验和信息化产品进行业务培训，也可以为企业培养更多的复合型人才。

就资金调剂来看，可以方便快捷地对内部资金进行调剂，降低融资成本。以集团资金统筹的优势，可以快速解决内部资金盈缺的问题。

（3）智能报销

龙煤集团的报销覆盖了集团各个企业的全业务报账，也可根据企业的场景需求进行灵活配置。通过集团多级费用计划的核定，各级经营核算单位基于费用计划，可以通过电脑或手机端实时上报费用明细，通过业务审批后，对费用进行核算。

从员工报销角度来看，传统的报销方式让员工很头疼，手工录入信息工作量大，也容易出错，对于财务人员来说，要与海量的发票打交道，工作量大。智能报销，员工通过手机扫描单据，系统就可以自动读取数据，无须手工录入，这样员工可以随时随地地记账与报账。而且在提单环节就可以将单据转化成电子影像，完成线上流程和影像的挂接，员工可以快速完成报销。同时系统通过与服务提供商的连接、整合，使财务管控前移至企业的交易发生场景，促使企业支出公开透明、合理合规。

8.2.3.4　业财一体化

数据可以连查到源头，实现业财一体化。集团财务管理平台提供标准接口，可以实现业务系统自动向财务系统传递生成财务凭证。财务凭证可以联查到业务数据，业务数据也可以联查到财务凭证。除了数据源头为手工录入以外，其他数据都可以自动推送生成，避免了手工录入数据的错误和数据不连贯、查询不方便的问题。人工干预减少，提高了数据的准确性，为后续的数据分析和运营夯实了基础。

8.3　神东煤炭集团财务共享

8.3.1　神东煤炭集团简介

神东煤炭集团是国家能源集团的骨干煤炭生产企业集团，母公司为国能神东煤炭集团有限责任公司，于 1984 年开发建设，地处蒙、陕、晋三省区能源富集区，主要负责国家能源集团在神府东胜煤田骨干矿井和山西保德煤矿，以及配套项目的生产运营。同时，受集团委托，代管杭锦能源公司。

神东煤炭集团共有 16 个部门，62 个二级单位，其中生产单位 14 个、专业化服务单位 14 个、综合后勤单位 21 个、全资公司 5 个、控股公司 4 个、参股公司 3 个、代管单位 1 个，如图

8-1 所示。13 个矿井核定产能 1.74 亿吨，其中内蒙古境内 7 个，核定产能 7 900 万吨；陕西境内 5 个，核定产能 8 700 万吨；山西境内 1 个，核定产能 800 万吨。

公司主营煤炭生产及洗选加工，煤炭产品主要是块煤、特低灰煤和混煤，特征是“三低一高”，即低硫(≤0.5)、低磷(≤0.05)、低灰(≤8.5)、中高发热量(5 500 千卡/千克左右)，是优质动力、化工和冶金用煤，被誉为“城市环保的救星”。

公司累计创造中国企业新纪录百余项，获得授权专利 1 220 项、国家科技进步奖 8 项，其中“神东现代化矿区建设和生产技术”获国家科技进步一等奖。公司先后被授予全国五一劳动奖状、中华环境奖、全国质量奖、全国文明单位、中央企业先进基层党组织等荣誉。

8.3.2 神东煤炭集团财务集中管理模式

1998 年之前，神东煤炭集团各二级单位多为自主经营，设置独立财务机构，进行独立会计核算与纳税。1998 年，集团公司创新财务管理体制，取消了二级单位的独立经营资格，在财务部下设财务结算中心，实行统一的财务集中管理。2003 年，神东煤炭集团进一步成立了神东分公司财务核算中心，所属各单位财务人员均划归核算中心统一管理。在核算中心的内部，按照业务划为费用核算与生产成本核算两大板块。在经费单位实施集中核算制，在生产矿井和部分业务量大的辅助单位则实施会计委派制。具体而言，神东煤炭集团的财务管理模式可归纳为 4U2C1E 模式，如表 8-1 所示。

表 8-1 神东煤炭集团 4U2C1E 模式

<table>
<tr><th colspan="2">4U 模式</th><th>2C 模式</th><th>1E 模式</th></tr>
<tr><td rowspan="6">统一核算业务</td><td>统一专项资金核算</td><td rowspan="5">资金集中管理</td><td rowspan="9">财务管理信息化</td></tr>
<tr><td>统一基建项目核算</td></tr>
<tr><td>统一物资集中采购核算</td></tr>
<tr><td>统一会计基础资料</td></tr>
<tr><td>统一业务核算流程</td></tr>
<tr><td>统一票据管理</td><td rowspan="4">财务人员集中管理</td></tr>
<tr><td colspan="2">统一税费管理</td></tr>
<tr><td colspan="2">统一预算体制</td></tr>
<tr><td colspan="2">统一财务制度</td></tr>
</table>

8.3.2.1 4U 模式

4U 模式即统一核算业务、统一税费管理、统一预算体制、统一财务制度。

(1) 统一核算业务

神东将成本核算对象由原煤与商品煤变为商品煤，将成本归集方法由顺序结转分步法变为平行结转分步法。统一核算业务具体包括：统一专项资金核算，分散提取，统一上交，集中使用；统一基建项目核算，基建项目部只需负责报账，分公司基建项目资金由公司财务部集中核算；统一物资集中采购核算，形成完整采购制度，对于应付采购物资款，物资供应中心上报分公司基建部与动力部，审批后财务部据资金情况制订付款计划，总经理再授权物资供应中心主任进行审批；统一会计基础资料，统一账簿格式、凭证装订封面、会计凭证格式、会

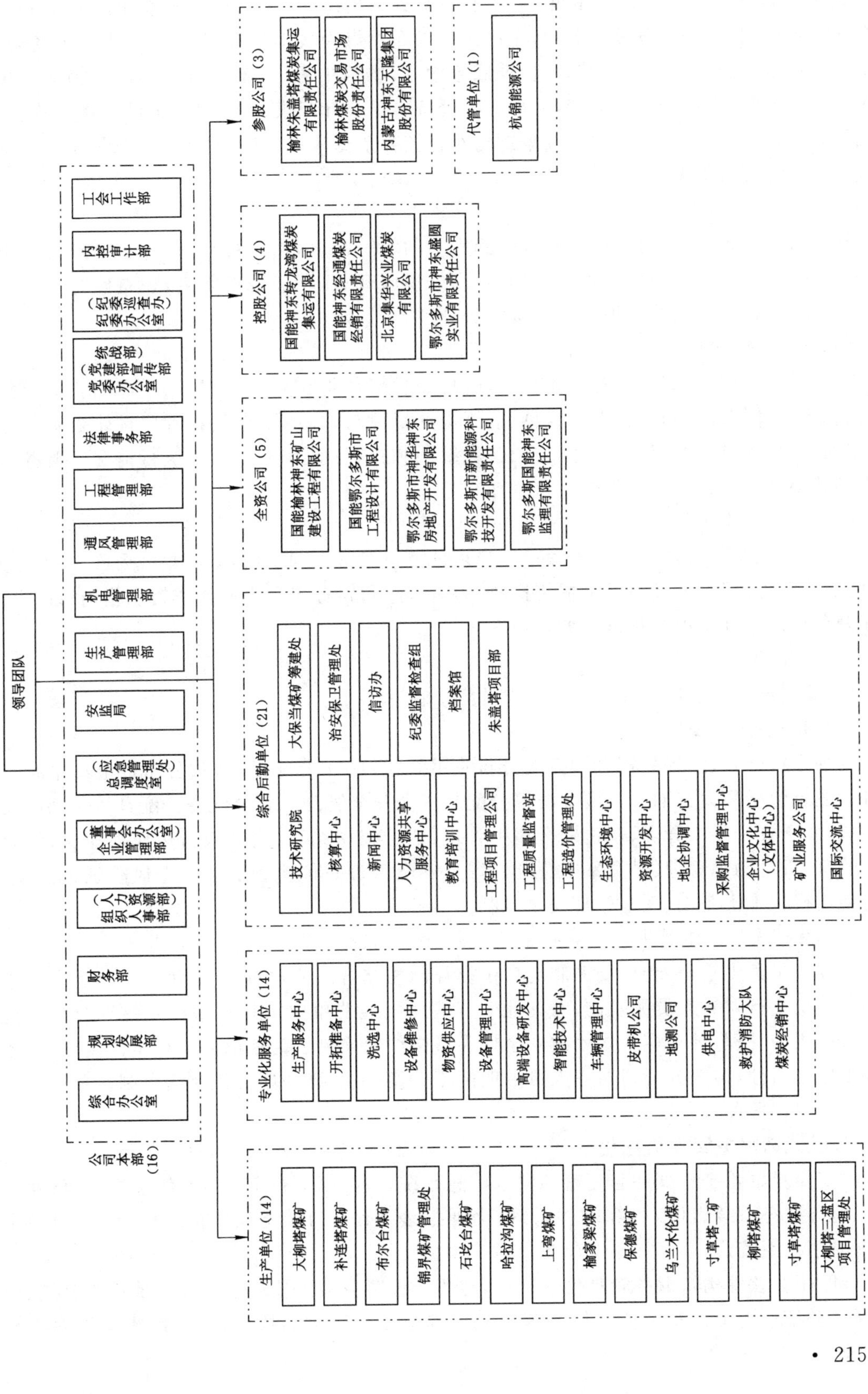

图8-1　神东煤炭集团组织结构图

计报表、内部收据、会计档案、报销单格式，进行会计资料统一，便于统一管理与汇总，有利于规范化企业管理；统一业务核算流程，生产矿井以商品煤为成本核算对象，9个生产准备处、物资供应中心、洗选中心、生产矿井、生产服务中心、维修中心、设备管理中心等作为成本核算单位，记录煤炭生产全过程耗费，明确各类经济事项会计归集，方便计算商品煤成本；统一票据管理，分公司对纳税所在地税收票据与经营核算票据集中管理，财务部与核算中心设专职人员集中管理各类票据。

（2）统一税费管理

统一税费管理，公司对纳税已形成一套完善的统一制度，由于神东分公司地跨陕西、山西、内蒙古，纳税环节与税种较多。为用足、用好税收政策，积极税务筹划，税费实行集中管理，统一汇缴，在此之上按三地煤炭产量实行分税。

（3）统一预算管理

统一预算管理，设立预算管理委员会，由总经理担任组长，人事、财务、生产、企业管理、动力、基本建设等部门的负责人为成员，拟订预算目标与政策，制定预算管理具体措施与办法，审核、平衡预算方案，组织下达，协调解决编制和执行问题，考核分析执行情况。财务部负责预算委员会办公室日常工作。

（4）统一财务制度

统一财务制度，公司组织专人编写了神东分公司经营管理手册，全面整合内部经营管理制度，优化管理流程，逐渐与国际惯例接轨，为全体经营财务人员实务操作提供指南，统一分公司及各单位会计政策与具体账务处理方法。

8.3.2.2　2C 模式

2C 模式包括资金集中管理与财务人员集中管理。

（1）资金集中管理

为加强资金管理，提高资金调控能力与使用效益，成立内部银行，对公司资金集中统一管理。主要包括两大方面——资金统筹分配与资金安全管理。资金统筹分配具体包括收支两条线、专项资金集中管理、基建资金集中管理、资金集中结算、内部银行运作商业化、结算集中管理、资金动态管理、融资集中管理。资金安全管理具体包括资金安全风险抵押制度、资金使用授权审批制度、现金管理安全机制。

（2）财务人员集中管理

财务人员集中管理，会计委派制与集中核算制相结合。公司对10个生产矿井及8个生产辅助单位实行财务人员派驻制，对其他生产辅助及经费单位进行集中统一核算。为实现财务人员集中管理，神东煤炭集团建立会计人员岗位轮换制。为使财务人员全面发展，也考虑到工作连贯性，神东分公司财务人员一般两年轮换一次；建立岗位优化培训制。

8.3.2.3　1E 模式

1E 模式即财务管理信息化。

神东煤炭集团已建立一套完善的财务信息系统，包括网上资金结算系统、材料定额软件系统、财务账务系统、班组核算软件系统、会计报表系统、FTP 文件传输系统、信息网站系统、即时消息系统。

借助用友软件构筑财务管理信息平台，将各单位财务数据依内部管理关系重新分类、聚合，并自动抵消内部交易及债权债务等往来。资金政策制定与执行，由分散式向集中式转变，神东分公司软件系统可实现集中管理模式下的资金管控，优化配置。通过开发财务管理软件，神东煤炭集团实现多组织集中会计核算与监控，实时查看下属单位经营过程与核算结果，并快速完成合并报表。

利用久其报表进行报表合并。神东分公司可利用久其报表系统完成各单位数据上报、数据收集、数据分析、汇总等工作，将报送报表由 5 套合并为 1 套，满足各层级对财务信息的需求；财务部负责数据收集，各二级单位负责数据填写；通过分析检索处理功能，对数据加工，满足数据管理、交换工作。

网上资金结算系统。网上资金管理整体层次应用架构分为以下四层：一是计划管理层，二是业务运营层，三是业务核算层，四是报告分析层。网上资金管理分两步，第一步为内部网上资金结算，各单位结算均通过网上划转，取代每月定期结算制；第二步为内部银行与商业银行对接，实现对外支出网上划转。除此之外，神东分公司会计信息系统还包括自行开发的文件传输系统、公司财务门户网站以及班组核算软件系统。

8.3.3　神东煤炭集团财务共享规划

在神东煤炭集团集中统一财务管理模式下，财务资源配置得到进一步优化，会计核算更加及时、准确，会计监督更加有力，资金得到集中有效使用，财务人员的工作效率显著提高，保障了亿吨级矿区的建设和发展。但随着行业与公司的发展，现有财务管理模式的部分短板在多年的运行中逐步显现，财务领域在公司发展中的支撑作用日益弱化，财务管理在企业发展过程中面临着一些困境：财务职能偏向事务型，决策支持能力不足；业财职能分离，经营管理缺少管控抓手；经营管理信息系统集成度不高，存在信息孤岛；复合型财务管理人才匮乏，制约公司发展。

在大数据、人工智能、移动互联网、云计算、物联网等新兴技术推动下，业务与财务的融合是企业财务转型升级的必然趋势。处在新的发展阶段，为适应发展趋势、解决财务管理面临的困境，神东煤炭集团需通过组织结构调整、流程再造、信息系统建设等措施，构建以财务共享服务中心为基础、管理会计职能充分发挥、战略决策支持作用凸显的财务管理新模式。

转型完成后，公司将建成由战略财务、共享财务、业务财务（分布于各业务单位）共同构成的三位一体财务管理模式，接受公司财务总监统一领导。专业财务作为指导层，负责公司层面控制与管理；业务财务作为控制层，负责决策支持与业务控制；核算财务作为执行层，负责交易业务处理与数据支持。

按照战略财务、共享财务、业务财务（分布于各业务单位）并行的财务管理模式，结合神东公司现有财务组织机构设置情况，对财务部与核算中心的职能定位进行相应调整。主要为：将财务部核算、报表、税务申报等事务型工作下沉至核算中心，财务部专注于专业财务领域，聚焦公司发展战略规划的落地与控制；核算中心将核算业务与管理业务相分离，成立财务共享服务中心，专注于全公司交易处理、会计核算、报表出具和财务信息管理，提供标准化、流程化的财务服务，为专业财务、业务财务提供财务数据支持；各业务单位财务管理团队负责经营决策支持与业务控制，财务政策宣传贯彻，参与经营管理，与专业财务、共享财务密切协作，完成属地财务管理工作。

8.3.3.1　战略财务——以财务管理职能为核心

对财务部现有机构及职责进行调整，下设预算管理、资产管理、税务管理、资金管理、财经政策和综合管理六个科，负责公司整体财务管理工作，其具体职责为：

预算管理科负责建立并修订公司预算管理制度，根据公司年度生产计划安排组织预算编制、预算审核、预算执行情况分析、预算考核，与集团总部对接预算管理工作。

资产管理科负责建立并修订公司资产管理制度，对资本性支出进行经济效益分析，与各二级单位财务管理部门的资产管理工作对接，承担各二级单位资产管理的监管和集团全部资产的管理。

税务管理科负责与各二级单位财务管理部门的税务管理工作对接，承担各二级单位税务管理的监管和集团的税务等工作。

资金管理科负责公司资金计划、资金集中管理、委托贷款、银行账户管理及信用管理。

财经政策科负责搜集、整理、研究、解读国家财务准则、会计准则、行业制度，结合公司实际制定并发布公司财经管理制度。

综合管理科负责部门党政、人事、绩效考核、部门协调等管理工作。

8.3.3.2 共享财务——以财务会计职能为核心

(1) 财务共享服务中心定位

神东煤炭集团财务共享服务中心定位于“服务、专业、监控和价值”，四者之间服务是基础，专业是保证，监控是手段，价值是目标。具体表现为：

第一，财务专业服务提供者。提供统一、标准、高效、规范、专业的财务交易处理服务，提供统一、规范、及时、准确的财务数据。

第二，财务规范监控者。严格执行财务准则和集团财务决策，防范财务风险。

第三，决策优化参考者。通过财务数据的挖掘分析，支持决策制定和优化价值提升。通过全流程管理，推动创新与变革，引领业务活动价值最大化。

(2) 财务共享服务中心机构及职责

财务共享服务中心组织机构及职责如下：财务共享中心为集团提供统一、标准化的会计服务，主要承担全集团所有单位的会计核算以及共享中心的运营支持工作；负责集中账务处理，集中资金支付，提供财务数据，执行财务内控和进行财务人才培养。

财务共享服务中心分为业务处理和运营支持两部分。业务处理包括总账报表科、资产核算科、费用核算科、成本核算科、收入核算科、资金结算科、税务办理科、档案管理科。运营支持包括质量管理科、系统支持科、数据管理科、咨询服务科和综合管理科。

8.3.3.3 业务财务——以管理会计职能为核心

成立财务共享服务中心后，各业务单位财务人员将以管理会计为核心，发挥财务服务和管控职能，成为向业务前端延伸的业务财务人员。业务财务的主要职能是在公司发展战略目标指引下，深入业务前端，针对公司生产、基建、采购、维修等各环节进行分析、预测、规划、监控、激励和评价，运用各种管理工具和方法，为管理者提供财务与非财务信息，协助业务对标、执行标准、控制标准、激励和服务业务达成经营目标。

以管理会计为核心的业务财务将有效解决业财分离问题，业务财务人员深入各业务环节，利用专业知识推动业务决策的科学化。业务财务人员及时将业务数据转化成管理信息，并将发现的问题反馈到公司财务部，更好地支持业务决策。

思考题

1. 财务集中管理和财务共享的联系与区别是什么?
2. 神东煤炭集团构建的财务共享服务模式包括哪些内容?

【分析思路】

1. 财务集中管理和财务共享都是将分散的业务与资源集中处理,但是两者的集中目的、方式和过程不同。

2. 神东煤炭集团构建战略财务、共享财务、业务财务共同构成的三位一体财务管理模式,具体包括:战略财务——以财务管理职能为核心、共享财务——以财务会计职能为核心、业务财务——以管理会计职能为核心。

参 考 文 献

[1] 陈星.中国神华巨额派现的影响因素及动机研究[D].成都:西南交通大学,2018.
[2] 程思瑞.中国神华高派现股利政策的财务效应研究[D].南昌:江西师范大学,2020.
[3] 樊建平,刘俊勇,李哲,等.从财务集中到财务共享:神东煤炭集团的财务管理探索[J].中国管理会计,2019(4):84-93.
[4] 股市动态分析.中国神华:能源航母分红 360 亿[J].股市动态分析,2021(9):19-21.
[5] 郭晗.中国神华高派现动因及财务影响研究[D].重庆:重庆工商大学,2022.
[6] 韩林静,厉国威.高级财务管理[M].2 版.北京:清华大学出版社,2023.
[7] 胡爱荣,姜德伟.财务管理学[M].2 版.北京:科学出版社,2021.
[8] 黄慧君.永泰能源债券违约案例研究[D].北京:中国财政科学研究院,2020.
[9] 靳利军,周晨枫.企业现金盈余分配能力指标分析:以中国神华为例[J].当代会计,2021(16):160-162.
[10] 毛振华,闫衍,袁海霞,等.中国债券市场信用风险与违约案例研究[M].北京:中国社会科学出版社,2017.
[11] 荣文溪.哈佛分析框架在中国神华的应用研究[D].成都:四川师范大学,2022.
[12] 王化成,刘俊彦,荆新.财务管理学:立体化数字教材版[M].9 版.北京:中国人民大学出版社,2021.
[13] 王化成,刘亭立.高级财务管理学[M].5 版.北京:中国人民大学出版社,2022.
[14] 吴倩倩,李军毅,张帆."十三五"背景下煤炭行业财务战略探究:以中国神华为例[J].财会月刊,2018(13):111-118.
[15] 邢天才,王玉霞.证券投资学[M].5 版.大连:东北财经大学出版社,2020.
[16] 于瑞雪,张志强."双碳"战略下传统能源企业转型战略初探:以中国神华能源股份有限公司为例[J].中国煤炭,2023,49(3):23-28.
[17] 中矿(北京)煤炭产业景气指数研究课题组.2022—2023 年中国煤炭产业经济形势研究报告[J].中国煤炭,2023,49(3):2-10.